族群與客家研究理論

THEORIES OF ETHNICITY AND HAKKA STUDIES

張維安、河合洋尚　主編

推薦序

依舊硬頸、依然豐富

周倩 *

關於客家研究的書籍又問世了！繼 2019 年《承蒙：臺灣客家・客家臺灣》（張維安、謝世忠、劉瑞超著）、2021 年《全球客家研究的實踐與發展》（張維安、簡美玲主編）、《客家與族群研究的技藝》（張維安、潘美玲、許維德主編），以及 2022 年《客家與周邊族群關係》（張維安主編），今年（2023 年）出版的這本《族群與客家研究理論》，由張維安老師跟日本學者河合洋尚老師共同主編。瞧，這種出書速度，真是令人讚歎不已！

令人讚歎的還不只如此。上一本《客家與族群研究的技藝》講的是客家研究方法，本書則透過各個領域的理論視角，提供切入客家研究的多方觀點。例如：從德國 Luhmann 的二階觀察、日本學者提出的人類學、歷史學、空間論，還加入了從各式社會理論、文化創新理論、地緣經濟學、語言符號學等，由不同學者從不同的面向來討論客家與族群。

理論，聽起來似乎高深難懂，學生一向視為畏途；但是理論也可精彩迷人，是在探索一個現象或一群人的思想架構。以人文社會研究來說，當然沒有單一

---

* 國立陽明交通大學副校長、倫理長、人文與社會科學研究中心主任、教育研究所暨師資培育中心終身講座教授。

理論可描繪所有時空中所有人的行為或現象，所以我們需要不同的理論來提供我們不同的探索視角，擴大我們的學術想像，豐富我們的研究視野。即便理論有時相似、有時互補、有時扞格，甚至相反，但是理論帶來獨特的思想脈絡與時空側重點，讓我們能透過閱讀，不停地反思，與學者對話，而對所解釋的社會現象，有更深一層的認識與意義。

怎麼會有人想出一本理論的書呢，而且還是跨國的協力之作？作為張維安教授的同事與朋友，我只能說，張教授對客家研究，有自己一套脈絡，這似乎也是他自身客家溯源理論的建構過程。從他主編的系列書籍來看，他已經竭盡所能地對客家研究，貢獻其最精彩的學術生命。客家研究之於他，是身心安頓，是自我實現，是召喚，也是天命。我相信客家研究因為他的努力，大大向前邁進一步，讓研究領域的拼圖更完整，讓後世的客家研究者可以一棒一棒地持續下去！

維安老師，Good Job ！好樣兒！當湛！

編者簡介

張維安

國立陽明交通大學榮譽教授、人文與社會科學研究中心研究員。曾任國立清華大學人文社會學院院長、國立中央大學客家學院院長、國立交通大學客家文化學院院長。學術專長為客家研究、資訊與網路社會、經濟社會學。

河合洋尚

日本東京都立大學人文社會學院社會人類學系副教授、廣東嘉應學院客家研究院客座副教授。學術專長為社會人類學、漢族研究、環太平洋客家研究。

作者簡介（依姓氏筆畫先後順序）

王保鍵

國立中央大學客家語文暨社會科學系教授、客家學院語言平等及政策研究中心主任。學術專長為客家政策及法制、國家語言政策、少數族群語言權利、英國地方政府與政治。

邢光大

日本慶應義塾大學社會學研究科博士候選人。

河合洋尚

日本東京都立大學人文社會學院社會人類學系副教授、廣東嘉應學院客家研究院客座副教授。學術專長為社會人類學、漢族研究、環太平洋客家研究。

俞龍通

國立聯合大學文化觀光產業學系教授。學術專長為客家文化創意產業與區域發展、文化觀光、文化行銷與展演研究等。

胡正光

國立陽明交通大學人文科學中心教授兼主任。學術專長為社會學理論、族群研究、臺灣政治。

張維安

國立陽明交通大學榮譽教授、人文與社會科學研究中心研究員。曾任國立清華大學人文社會學院院長、國立中央大學客家學院院長、國立交通大學客家文化學院院長。學術專長為客家研究、資訊與網路社會、經濟社會學。

陳湘琳（Seong Lin DING）

馬來亞大學語言暨語言學學院副教授。學術專長為社會語言學，主要研究領域是少數族群／語言群體。客家方面的研究論文曾發表在 *Language in Society, International Journal of Bilingualism, Lingua* 等國際期刊。

黃子堅（Danny Wong Tze Ken）

馬來亞大學文學院歷史系教授、文學暨社會科學院院長。長期從事馬來西亞華人研究、中國與東南亞關係研究及沙巴歷史研究。

黃信洋

國立臺灣科技大學通識教育中心專案助理教授。學術專長為文學社會學、全球客家研究、族群博物館研究、社會創新研究。

楊國鑫

新竹縣內思高工教師，國立中央大學哲學研究所博士。長期投入客家研究與客家運動，著有《台灣客家》、《㓾山歌：台灣客家歌謠與文化》、《㓾有好食：台灣客家問題與客家學》等著作。

劉堉珊

國立暨南國際大學東南亞學系副教授。學術專長為人類學理論與方法、離散與移民人群、族群關係、東南亞客家等。

目次

東南亞客家研究案例及其他

導論

張維安 *

一、前言

理論，固然可以在字典上查到定義。不過在讀者的心中，可能並非只有一個說法。記得在學校讀社會學時，從大學生到博士生，每個階段都要修一門「社會學理論」，有時又分成古典社會學理論和當代社會學理論，或進階的選讀批判理論、系統理論，古典時期的馬克思、韋伯、涂爾幹各自發展出不同的社會學理論流派，在當代社會學理論中又有功能論、衝突論、互動論……除了西方的社會學理論，還發展本土社會學理論，有時還把理論分成巨型理論、中程理論。這樣的「理論」仍每日在繼續創造中。不同的理論各有其解釋歷史社會的角度，彼此之間時而互補，時而存在截然不同的論點，這些理論的提出涉及獨特的學術思想脈絡、獨特的歷史社會情境，當然也和發展理論的政治經濟環境、理論家的學養有關。也許沒有接近真理（如果有的話）的理論，不過理論的閱讀，了解理論之間的對話，相互之間的評論、反思，卻有助於我們對社會現象的認識與闡明。《族群與客家研究理論》一書的「理論」概念，適合用

* 張維安（wachang@nycu.edu.tw），國立陽明交通大學榮譽教授、人文與社會科學研究中心研究員。

上述的觀點來理解。「族群與客家研究理論」並沒有提供一個研究族群或客家的框架或指導原則，本書各篇論文也非在一個內部一致的理論典範之下進行寫作，彼此之間有些存有共識，但也存在不同的立場與觀點。

本書的出版作為建構客家學術研究的一環，如韋伯所說，學術工作和一個進步的過程不可分離……在學術園地裡，我們每個人都知道，我們所成就的，在 10、20、50 年內就會過時。這是學術研究必須面對的命運，或者說，這正是學術工作的意義。……在學術工作上，每一次的「完滿」，意思就是新「問題」的提出；學術工作要求被「超越」，它要求過時（Weber, 1946: 138；轉引自黃瑞祺，2013：141），期待未來有其他的研究來補充、來超越。客家族群身分的浮現和學術理念的論述息息相關，不同的理論有不同的發問方式，不同觀點與證據成就了不同的客家樣貌。19 世紀中國客籍縣認同的客家，20 世紀全球化架構下的客家，其所存在的樣貌，其所具有的客家性，需要不同的理論來詮釋。

客家研究這個領域被提出來已經有一段時間，不過客家研究要成為像社會學或人類學這樣的學科，目前還沒有足夠的基礎，現在仍屬於吸收各學科養分的階段，各種社會科學的理論中，有些對於客家議題的關心與思考具有較強的選擇性、親近性，可逐漸吸收或轉化為客家學核心知識的訓練基礎，這些知識可能來自於人類學、社會學、歷史學、政治經濟學、語言學等等；其相應的研究方法，例如田野考察、問卷調查、深度訪談、口述歷史、敘事分析、文化論述等等，也是要做好客家研究所不能缺少的訓練（張維安，2005：3）。相對於客家研究，族群研究似乎要更成熟一些，熟悉各種族群研究的觀點與方法，對客家研究的進程，有一定的幫助。

從實務上來說，在客家研究作為一個專業領域的目標下，最少需要有嚴謹的課程規劃，[1]學術社群組織的建立，[2]專業的客家研究期刊，[3]客家研究專門領域的讀本，[4]專業的學術研討會，[5]客家研究專業的學術單位，[6]更重要的是學術界要有源源不斷的客家研究專書出版。在這個脈絡下，過往客家學界已經做了相當程度的努力，幾年前《全球客家研究》期刊曾經做過許多研究成果的統計，有助於想像客家研究的成績，例如〈客家研究臺灣相關期刊論文書目彙編：2010-2013 年〉（陳璐誼，2014）、〈中文客家叢書目錄整理〉（劉堉珊，2014）、〈臺灣東南亞客家研究目錄整理〉（劉堉珊，2015）、〈2015 年中國客家研究期刊論文書目彙編〉（張珈瑜，2016），特別是〈中英文客家研究相關學位論文書目彙編〉（2011-8）（許維德，2013；張珈瑜，2015，2017，2019）。從許維德等的客家研究相關學位論文統計來看，從 2011 至 2018 年的 8 年間，一共有 1,990 篇與客家研究相關的碩博士論文產出，平均每年 248 篇。易言之，平均每 3 天就有 2 本碩博士論文產出，年輕學子的投入，對客家研究學界實是莫大的鼓舞。

臺灣客家研究已經累積相當多的成果，甚至在研究典範上經歷了一些轉移

---

1 2003 年國立中央大學客家學院設立之初，曾經推動 30 門客家研究課程的「課程規劃」。

2 2004 年 2 月 14 日臺灣客家研究學會正式成立。

3 目前有三份客家研究方面的學術期刊，分別是國立中央大學客家學院出版的《客家研究》、《客家公共事務學報》，以及國立陽明交通大學客家學院出版的《全球客家研究》。

4 這方面有國立陽明交通大學出版社出版的《臺灣客家研究論文選輯》一共 12 本。另外還有《客家研究概論》（徐正光，2011）、《認識臺灣客家》（林本炫、王俐容、羅烈師，2021）等通識教育類的教科書，對於推動客家研究的教學，具有其重要性。

5 公私立學校、文化機構與政府部門，經常舉辦國際性客家研討會，從而有許多研討會論文集或專書的出版。此外，國立中央大學客家學院還定期舉辦研究生研討會，客家委員會接受客家研究專業的博士後研究申請。

6 臺灣北部有三個客家學院，南部有兩個客家研究碩士班。特別是國立中央大學和國立陽明交通大學分別設有培養高階客家研究人才的博士班。

（蕭新煌，2018）。近年來我們則努力在全球客家方面進行比較研究，例如與日本大阪的國立民族學博物館合辦會議，出版《客家族群與全球現象》（河合洋尚、張維安，2020），甚至成立全球客家研究聯盟（2019年12月），出版《全球客家研究的實踐與發展》（張維安、簡美玲，2021）。研究方法方面的成果則出版了《客家與族群研究的技藝》（張維安、潘美玲、許維德，2021），如今《族群與客家研究理論》的出版，則進一步補充了客家研究領域的一塊拼圖。希望本書相關論文的見解可以成為「思考族群或客家研究」的參考。

二、工作坊

作為建構客家學術研究的一塊拼圖，我們在國立陽明交通大學人文與社會科學研究中心的支持下，分別在2021年10月17日、23日、30日、31日四天，以線上會議的方式進行「族群與客家研究理論工作坊」。工作坊之初的構想是希望邀請相關學者引介目前比較常見且有助於研究族群或客家的學說。當時心裡設想的議題大致包括原生論、情境論（工具論）、建構論、集體記憶理論、想像共同體、族群邊界理論、發明的傳統、後殖民論述、多元文化主義、王甫昌的族群想像理論，或王明珂華夏邊緣理論，甚至於系統與生活世界、中間少數族裔理論（A Theory of Middleman Minorities）等等。很意外的是，所有工作坊論文投件的摘要，沒有一篇落在我們想像的範圍之內。

本書大部分篇章來自工作坊所發表的論文，部分則是另外邀請而來。工作坊的論文除了在發表時，評論人所提供的意見之外，論文完稿之後均另外提交匿名審查、修訂才收錄於本書。全書共13篇，除了兩位編者的導論與後記之外，區分為二部分，第一部分是關於族群與客家研究的基礎理論，第二部分是關於東南亞客家的案例及不容易歸類在前兩部分的3篇論文。依序簡述如後。

三、族群與客家研究理論的二階觀察

胡正光所著〈族群研究的若干二階觀察〉，試圖以社會系統理論對族群研究的若干議題進行二階觀察。他指出，社會系統理論的族群研究不是告訴我們「什麼是族群？」而是觀察「社會如何觀察族群？」胡正光指出二階觀察是觀察的觀察，一階觀察可說是「運作的觀察」，系統觀察「某些事正在發生」，於此同時也就進行著溝通。這是一種尋找確定性的觀察，尋找事物的「本質」。相對的，觀察可以觀察任何事物，也可以觀察另一個觀察，即所謂的二階觀察。該文在「族群界線的二階觀察」一節中指出：不論如何用原生性劃分族群界線，都會被看見弔詭，也就是「不能區分」的問題，看見弔詭的二階觀察者試圖解開弔詭，可能提出了新的說法，例如 Barth 提出邊界論將族群界線從原本文化特徵的描述轉換成互動模式的對照，可說樹立了一個族群界線的典範，在社會系統理論來說，就是試圖解開區分弔詭的嘗試。

看見族群界線弔詭的二階觀察者不再將劃分族群界線當成重點，而有建構論的說法，所謂「原生論」與「建構論」的爭辯，其實是一階觀察與二階觀察的差異。建構論代表的是對「區分」弔詭的發現，進而宣稱原生性只是一種「想像」，不是一種「實在」。因為從族群的客觀特質中無法區分族群，觀察者放棄描述族群界線，建構論者轉向「族群如何建構」的提問，例如「客家何以是客家」，不再將客家當作理所當然的存在，而去考掘「客家之前的客家」，觀察客家認同、客家意識的塑造過程。答案通常以一個過程呈現。此文的論點可和張維安一文的觀點對照討論。

張維安的〈客家族群源流理論之知識社會學分析〉一文，處理的議題是北方漢人客家源流學說浮現的時代脈絡。過去客家源流學說中，客家本質主義者假定有一個客觀的、本體論的客家族群存在，所以有「客家的本真性」。該文認為客家成為一個族群是時代的產物，並不存在自然科學式「客家本質」的提問，「先驗的」客家社會實體本來並不存在，客家族群所普遍接受的客家北方漢人說是一個「社會真實」（相對於歷史事實）。該文從知識社會學觀點，探索此種客家源流的知識如何被創造出來？為何創造？誰創造出來的？首先，從韋伯社會學理念型的方法論指出，認識社會現象的部分性、有限性及主觀性；其次從知識社會學的旨趣分析，客家源流知識除了要探索其經驗性、歷史性內容外，更需了解其產生的社會條件跟時代背景。社會科學固然要討論「真實」是什麼，更需要了解產生這種知識見解的社會脈絡與社會背景。

客家北方漢人說使我們思考，客家為什麼想要作為漢人，相對於作為非漢人又如何？客家要作為血統純正的漢人，作為血統沒有這麼純正的漢人又會怎樣？客家作為貴冑之後，客家為何不能主張出身於相對平庸的一般平民？客家如何和其他人群劃界？判準為何？在每一個問題和答案的背後，都可以發現其思想的運作模式，再深入探究就會發現它和客家團體的社會處境，與當時支配社會的意識形態有關。相關細節的討論，請參見該文內容。

河合洋尚的〈客家族群研究的人類學知識分析：從民系論、族群論到空間論？〉一文，為了讓讀者理解客家理論研究的基礎，梳理了客家族群研究史。該文以人類學和歷史學為中心，特別關注 20 世紀 80 年代至 21 世紀初之間逐漸發生的從民系論到族群論的轉換。20 世紀前期客家學的開山鼻祖羅香林提倡的民系論以及客家中原起源說，後來被廣大的社會接受為關於客家的「常識」，但另一方面自上世紀 80 年代開始，中川學等學者開始懷疑羅香林的學說，90 年代房學嘉提出了客家土著起源說。同時，社會人類學家瀨川昌久借用巴爾特（Fredrik Barth）的族群邊界論，指出了客家人與非客家人（廣府人、福佬人、畲族等）的族群範圍不是固定的，會依隨社會背景而變化。加之，日本、中國大陸、臺灣的歷史學家逐漸地探討在 19 世紀後期至 20 世紀前期的社會背景下客家族群認同產生的過程，推進了客家建構論的能見度。

該文支持客家族群建構論，但指出這個理論範例較缺乏關注 20 世紀後期之後客家族群認同產生的過程。不管中國大陸還是臺灣，客家這個詞語在民間被普遍接受，都是 20 世紀後期之後的事情。在 20 世紀前期、中期之前強調客家概念的主要是精英階層，現在被稱為客家的居民，當時民間則稱之為「客人」、「廣東人」、「艾人」、「麻介人」等。一些人類學家指出，「客人」、「廣東人」等的範圍和今日的客家人不一定完全一致。因而，21 世紀 10 年代之後日本等地客家界開始關注客家族群的「再創生」過程。客家族群的「創生」就是 20 世紀前半客家族群認同產生的過程，對此「再創生」是 20 世紀後期，尤其是 20 世紀 80 年代客家族群認同重新產生的過程。該文還論述了「再創生」的課題以及最近的研究動向。

接下來，河合洋尚在〈客家文化研究的空間論轉向緒論〉一文梳理客家文化研究的理論動向。一般被想像的客家文化是客家人在生活當中形成的精神或物質結晶。可是，河合洋尚指出，有人一說起客家文化就形容客家民系具有的——與其他民系不同的——特色，這樣的文化概念與作為生活方式的古典客家文化概念相乖離。以圓樓的例子來講，對梅縣或者臺灣的居民來說，圓樓不是他們在生活當中製造的物質文化，但由於開發商等認為這是客家的特色文化，便建設模仿圓樓形狀的建築。就這樣，客家文化這個概念其實有不同含義。

河合洋尚在回顧客家文化研究當中論述，雖然客家文化研究的成果相當豐富，但學者們卻很少討論客家文化到底是什麼樣的概念。河合洋尚強調，「客家文化」是在學術上發明的，往往是學者將客家和其他族群的生活方式進行區分時運用的概念，後來作為族群特色的客家文化成為被媒體、政府、開發商、商人，甚至居民等利用的資源。尤其是在 20 世紀 80 年代之後，中國內外一些被視為是客家人居住地的區域。雖然這些區域（粵閩贛交界區、廣西博白、陸川、四川成都的洛帶鎮、臺灣南部六堆地區等）裡有不少非客家人居住，但在社會上依然被視為是客家地區。由於政府、開發商、商人、居民等利用客家文化這個論述來描述自己的生活方式，這些地區便成為充滿著客家文化符號的「客家空間」。河合洋尚通過關注客家文化這個概念製造客家人及其生活方式的一面，促進客家文化研究的空間論轉向。可以說他的論調是客家文化研究的二階觀察。

張維安所寫的〈族群主流化理念之探討〉，以楊長鎮的研究為主軸，引介族群主流化的理念。隨著民主化與本土化的進程，臺灣的族群認同開始崛起，族群在社會構成的議題中，逐漸成為論述的軸心。族群議題除了檢視公共體制的偏差與「社會」對於原住民族與客家文化的陌生，甚至於扭曲與偏見外，還與國家認同的向度相互交織。儘管族群部會已經成立多時，族群媒體也相繼設立，不過當前臺灣多元族群理念的加法模式，族群權益嘉年華化的思維，忽略族群權益的結構性問題。多元族群文化認識的表面化，產生許多無助於解決族群權力結構的「多元歡樂」政策，徒有節慶活動（如所謂聯合豐年祭、客家的桐花節、移工的潑水節與開齋節）及觀光消費、歌舞表演的「多元」表象，卻難以翻轉既有權力關係上的不平等。

有鑑於此，族群主流化的概念最早出現在 2011 年民主進步黨《十年政綱》的族群篇。族群主流化理念主張族群政策的想像不應囿限於個別族群支持的範疇，也不是科層體系的部門政策足以因應。…… 族群政策應轉向以族群關係為中心的想像，並參考「性別主流化運動」的思維，進行「族群主流化」的政策重構，其目標是建立一般性公共政策的族群敏感度、建構跨族群文化的公共領域及國家象徵資源的共享共構。族群主流化希望各級政府部門、民間社群都要具備基本的族群敏銳度，並讓社會大眾意識到每個人都是族群關係的當事人，進而促使多元族群都能共同參與社會主流的建構。該文提到幾個理念，對於了解族群主流化的主張有一定程度的幫助：族群人、第四代人權（共同權與群體權）、分族分工的族群行政之不足、族群存在於族群關係之間（族群關係需要從社會脈絡來理解）、弱勢群體的主流化、弱勢議題的主流化。

楊國鑫在〈試論客家學的方法論與理論〉一文中，處理客家學的定義、發生、方法論與理論等大概念，作者認為「客家學」是指研究某一時間點的客家，研究某一地理空間的客家歷史、文化以及生存發展事情的學問。通常是緣於要去解決一些問題，舉例客家語言被打壓，客家文化被流失甚至於被消失時，為了回應、解決這些問題，從而進行相關的研究，而有客家學的產生。除了解決客家族群面臨的問題之外，為了個人的疑惑、驚奇，甚至是為了一些利益，而對客家進行研究，因其對客家問題有所回應、對客家的驚奇有所解讀，或者具有探究客家自我的意義，該文認為這些研究一樣也可稱之為「客家學」。為什麼會有客家學？該文主張客家學的出現緣於回應客家問題或客家驚奇的探究。首先是回應客家族群面臨的問題，不同時空會出現不同的客家問題。其次是解讀客家族群本身內涵的問題，這種研究的客家學有時候具有工具性價值，可以幫助傳教、支持僑政、爭取客家選票等等。

客家學的方法論方面，楊國鑫指出建構客家學理論，需要先探究客家學的方法論。客家學的方法論是以跨領域研究取徑為基礎，來理解這個世界；以長期關注探究客家問題與原因，加上哲學探究來回應客家問題的規範之學；以多元社會文化理論與文化創新理論等來回應客家問題的適應之學；最後，是以將客家驚奇之說放入括弧，將驚奇之說作為研究的議題，不是在毫無反思與研究的情況下，理所當然的接受，將日常生活的「自然態度」，轉化成反思與研究的議題。在客家學理論方面，作者認為凡是能夠理解客家世界的皆是可以運用的理論，皆是客家學的理論。基本上，這代表作者多年來的看法，和本書其他篇章的切入點有一些不同。

王保鍵的〈「國家制度化的族群」概念建構：族群優惠性差別待遇與族群

認同〉，指出國家政策對於族群形塑的效果，「國家制度化的族群」概念指涉，國家法律可以建構族群，如《戶籍法》的省籍登記，造成本省人、外省人的族群之別。原住民身分的認同則是從根據原住民身分法第二條，採認日治戶口調查簿登記資料，2022 年時從單純的「血統」標準，納入文化特徵、族群認同、客觀歷史紀錄作為認定原住民身分的要件。國家法律可以肯認族群，可以再重新定義族群的範圍。在國家制度安排下的人群類屬，及因族群身分所享有的優惠性差別待遇，有助於提升族群身分認同。

相對於過去習慣從本質論、工具論等角度來看族群的形成，這種由國家的政策、法規所形塑出來的族群分類的案例，卻提供了另外一個族群分類的政治經濟基礎解讀。關於臺灣國家制度化族群的形成，該文區分為清領時期、日治時期、國府時期加以分析，從具體的案例以及制度性的資源分配來看，國家政策後果以及制度性的設計，甚至於是人口調查問卷的分類，都可能是形成族群的動因。該文針對國府時期的各項制度安排有詳細的分析，其各種公職考試的分配，正如清領時期省籍與學額的制度設計那樣，牽涉到不同人群的資源分配，制度的資源分配助長了族群認同的歸屬。雖然族群的分類與認同往往受到國家政策的影響，不過王保鍵的論文也提到族群的能動性，他以臺灣原住民的民族正名、還我土地等社會運動的訴求為例，看到原住民族對於國家制度安排的影響。當然這種情形之所以可能發生的民主環境條件，是不可或缺的。

四、東南亞客家研究案例及其他

黃子堅（Danny Wong Tze Ken）的〈On Being Hakka (Hakka as a Dialect Group) in Malaysia〉（論成為馬來西亞的客家〔客家方言群體〕），從沒有一個地方同義於客家開始，討論中國大陸的客家原居於閩粵贛交界區，普遍廣泛分布於華南和四川部分地區的農村、丘陵或者山間的狹長地帶。客家的身分取決於他們擁有共同的文化和經歷，相對於早期定居在粵語區的「本地人」，客家人則是後來者，必須向廣東人挑戰以獲得更好的土地。在中國，客家族群的身分來源，除了源於與粵族的互動外，巴色差會的傳教士學者對於客家人身分的正式化和制度化也有相當的助益。

針對馬來西亞客家原籍縣移民最終成為客家人的議題，這篇文章提出兩條線索，第一條線索著重詮釋王賡武先生對客家特質的觀察，例如，客家族群的流動性，有移民、重新移民的傾向；擁有採礦技能，可以從事採礦活動；熟悉武術，可能參與武裝衝突；與農村地區、土地聯繫在一起；最後是善於組織自己，共同聯繫的因素是共同語言（文化）。第二條線索則是以前面幾個特質為架構，進一步深化了當時還沒有族群意識的新移民，如何從客家原籍縣移民到馬來西亞的過程中，並在這個過程中詮釋其成為客家人的歷史機制。

在移民與分布方面，客家分布在吉打州、霹靂州、雪蘭莪州的歷史，甚至馬來半島的南部，尤其是馬六甲和森美蘭州都和採礦有關。從婆羅洲西加里曼丹的砂拉越古晉石隆門客家也和採礦有關，不同的是錫礦或金礦而已。在檳城島，一群惠州客家人在升旗山南部定居下來，他們與錫礦開採活動的客家聚落有很大不同。浮羅山背的客家人都是農民，是與土地聯繫最緊密的華人社區。英屬北婆羅洲（今沙巴）新的客家基督徒移民，在沒有大型採礦活動的沙巴，主要也從事農業活動，他們與土地連結，至少需要三代人才能離開以土地為基礎的活動。

儘管在中國的客家原籍縣有些人已經被視為客家，但馬來西亞的「客家人」的形成並沒有這麼直接。在歷史上，發生過不同華人礦工群體之間爭奪或地方統治者之間的戰爭，客家人也捲入其中，例如中國惠州和嘉應州兩組客家人主導了錫礦開採領域，但是從馬來亞錫礦的爭奪來看，卻是認同原籍縣的兩組人馬之間的對立，「客家人」的意識似乎還不清晰。後來因為官方的人口調查分類，客家才形成，1860年代檳城的年度報告中，華人被分為三類，即閩南人、粵人、客家人（以閩南語的發音方式Khek命名）。同樣的情況也發生在新加坡人口普查和年度報告中，有一個被稱為Khek的社區。法國殖民當局將客家人列為華人五幫之一。同樣的情況也發生在印度尼西亞，客家人被認為是一個方言群體。以客家語言為基礎，在殖民政府的分類中，「客家」成為一個人群分類。這種因官方統計分類，進一步產生（客家）族群的情形，在臺灣也發生過（張維安，2015），在本書王保鍵教授的論文也有類似的觀察。成為馬來西亞的客家的另外一條線索是客家組織和領導人的推動，客家巴色教會、南洋客屬總會、客家會館開辦的學校，胡文虎、羅香林的影響力等，在論文中有精彩的論說，值得細讀。

黃信洋的〈孔復禮與王賡武的華僑論述及其對於客家新族群性的啟示〉最主要是討論（並對比）孔復禮和王賡武兩位關於海外華人的觀點。孔復禮把「華僑」視為海外華人的原型概念，在海外華人心中，「中國」是一個彈性的概念，核心地帶是自己的原鄉所在，然後再一層層地向外發展，海外華人都是中國原鄉能夠策略性動員的潛在對象。王賡武相較雖也重視華人移民不易被移居國的文化所同化，不過卻會因為不同程度的在地化歷程，讓海外華人的文化出現不同型態的變化。移民的實質處境究竟是「僑居者」抑或「定居者」，而落葉歸根、落地生根到追尋自我的海外華人身分認同類型，也是他接著要加以論述的重點。

概約之，海外華人的型態，有「苦力」到「華民」與「華僑坤商」的形象變化。「華工」、「華僑」、「華裔」到「華人」意涵的斷流，走向海外的華人，從天朝棄民，到革命之母，到近年的新族群性。這些發展和走向世界各地的客家華人的經驗，有相當多相似性、重疊性。海外華人的研究成果，相當程度也能夠用來認識客家華人的歷史。不過相較於其他華人群體，客家族群仍有其獨特之處，如積極找尋移民機會，聚居之地能夠維持語言與文化傳統，具有強烈的地緣、語言、宗教與宗族性的連帶。客籍人士的「公司」如羅芳伯的「蘭芳公司」、劉善邦的「十二分公司」，其發展歷史、組織及與地方的互動可以看出海外客家華人移民群體的獨特性。

劉堉珊的〈東南亞客家研究觀點的回顧與展望〉一文，最重要的目的是希望就東南亞客家研究的發展，提出可著眼的視角及可能性。東南亞客家研究常被視為是廣泛華人研究或「海外華人／華僑」研究的一個分支，許多研究者也從這樣的觀點探討其發展。然而，當代東南亞客家研究的發展，實與「客家研究」在 1980 至 1990 年代的崛起，尤其是由香港、臺灣與東南亞各地研究所逐步建立的跨國學術往來與交流合作網絡有密切關係。

該文從三個脈絡梳理東南亞客家研究發展的過程及其特色：首先是早期的「原鄉」視角，「原鄉」視角強調中國作為原鄉、東南亞客家人群為「海外華人」或「華人華僑」中之方言群。該視角認為東南亞客家社會與中國原鄉具有延續性的連結關係，也因此，多聚焦探討客家遷徙的過程及客居生活中的原鄉連結，強調客家人群的移民性與華人性。其次是當代的族群研究觀點，當代東南亞客家研究開始重視族群研究的觀點與議題，與臺灣客家研究的發展及影響力應有相當密切的關係，客家研究逐漸脫離過去強調移民過程、文化變遷與「原鄉」連結的視角，而朝向關注客家的文化權與政治權利、族群性展現、族群意識、族群關係等，逐漸建立以臺灣在地客家人群為核心的研究典範與議題特色。這個觀點也表現在臺灣學者對東南亞客家研究的議題上。第三是跨域學術網絡的建立與本土化發展，即是說隨著愈來愈多在地研究者的投入，以東南亞客家人群為核心之討論，也逐漸發展出不同於他國研究者的議題特色與理論觀點。這樣的發展，可見於兩個相互影響的研究脈絡。

該文除探討客家研究／東南亞客家研究對不同時期、不同脈絡研究者的意義，也試圖就其理論觀點及議題的變化，提出當代東南亞客家研究的特色及其發展的未來性。

邢光大的〈客家的生產與再生產：資源論典範視域下的客家研究及公共客家研究之可能〉一文，從資源論的方法論來思考「客家的生產和再生產」的議題，相當程度遠離本質論的知識論態度，也不牽涉到族群邊界等認同理論的討論。立足於作者對大陸近年來客家現象的田野考察，作者提出資源論和公共客家學的可能性。

該文認為在資源論客家學的典範中，可以不必再討論什麼是客家的定義，也不必爭論什麼是真的客家和假的客家文化特質，「客家」作為一種資源，客家研究的對象就是將客家學術場域和客家運動場域結合在一起，進行資源化與客家化的討論。圍繞以「客家」為名的資源網絡中，我們會發現每個人對於「客家」有不同的理解，但這些理解被累積、疊加了起來，成為一個開放的合集，而這一客家標籤的疊加，正是不斷被生產、建構的客家所具有的「類本真性」。我們絕不能認為這一種被作為標籤的、不斷疊加的客家叢集是一種假象，因為它為客家大眾的行動及實踐（比如尋根、保護客家話等）提供了合理性（或「意義」）。這個觀點似乎說此「類本真性」已經成為社會真實，這正是我們所認識、所研究的客家，而客家研究、客家學同時也可能是這些「類本真性」的來源。最後，提出了客家公共學的方向，從客家文學、客家米酒、客家地區的廟會和宗族，可以由學者和民眾一起來寫作、一起來建構來論述。由學者和非學者共同建構的「公共客家學／客家研究」典範，似乎逐漸成為一種新的趨勢。在這個論述脈絡中，作者主張「我們不需要定義客家的具體內容，因為對每個主體而言其解釋並不相同，但一致的是每個主體都在以自己的方式生產名為客家的資源」。

俞龍通的〈客家產業經濟研究的理論與途徑：回顧與展望〉一文，以臺灣客家產業經濟研究為對象，作者指出隨著客委會成立後相關政策和計畫性地推動，以及客家研究院系所的成立，客家產業經濟研究在質、量方面皆有增加。針對文獻，該文綜整與回顧了這些作品所彰顯的客家產業經濟議題、觀點、概念、方法或理論。概約來說，作者提出客家產業經濟研究的議題具有以下的特點：第一，在客家產業仍舊存在定義不明和理論界線模糊的問題。第二，治理的討論數量不少，多數較著重在治理過程之公私協力夥伴關係建構的討論，以文化為治理的討論漸成重點。第三，文化意象與文化再現多數使用傳播領域的理論，探究的主題相當多樣，主要出現在影視和文化觀光產業的電影、電視、平面媒體到博物館策展。傳統刻板印象仍舊主導客家產業經濟意象符號，客家文化的創新力量仍舊薄弱，是為一大隱憂，創新的力道與幅度仍舊不足。第四，客家產業經濟研究亟須關切產業經營管理課題，特別是客家產業多數面臨轉型與升級的壓力，及地方創生與鼓勵青年返鄉的政策需求。

針對以上的議題，客家產業經濟所使用的理論具有跨領域的特色，援引到的理論與方法包括：經濟社會學、文化人類學鑲嵌理論、公私協力治理理論、文化治理理論、文化象徵學與詮釋學理論及策略管理、文化創意產業、文化觀光管理。

陳湘琳（Seong Lin DING）的〈語言符號景觀：理論、方法與實地研究〉一文，以韓國首爾的語言和符號景觀為研究對象，進而引申對客家研究的意義。陳湘琳的論文所討論的內容是韓國首爾的語言和符號景觀研究，不過就像該文前言所說的理論、方法以及相關的觀點，對於東南亞、臺灣的客家研究具有一定的參考價值。

作者指出，語言景觀其實更多的是一個地方的主觀展示，而不是一種客觀表現。通過對語言符號景觀的觀察，不但可以界定、標記某一語言群體所居住的地理空間，也同時可以成為社會語言學現象的索引，由此引導外來者對相關的公共／地理空間有更系統和深入的認識。語言景觀研究可以幫助人們「對宏觀的社會政治意義有更好的理解」。語言符號景觀研究可以為東南亞／臺灣族群／客家研究提供不同的理論、方法和視角，成為當代社會應對族群語言文化與政治經濟變化和挑戰的有力見證。

該文整理出四個主要框架，即地緣政治框架，以韓國的現況解析地緣政治與語言符號標誌（景觀）之間的關係；其次是地緣經濟學框架，以由下而上的私人商號標牌為「商業」話語中的語言符號景觀觀察對象，分析受英文、簡體中文商業標牌所展現的地緣經濟之意義；第三是調和、衝突與隔離框架，韓國首爾的語言景觀雖然大體而言體現了一種「和諧」，如許多路標和旅遊資訊都有雙語或多語標示，但也存在起因於收入不平等和社會分層不均的「衝突」情勢；以及語言身分認同框架，這方面有擺脫漢字，專門使用韓字，提高韓字地位，提高韓語的地位，以增強韓國的文化獨立性，並使韓國人獲得文化自尊方面的景觀。該文以此框架在韓國首爾進行實地研究。這個框架，或許也可以用來研究臺灣的語言符號景觀。

五、結語

本書共計 13 篇論文，內容多樣且非同屬一個學術典範，正好反映當前客家研究的現象。從客家研究發展過程來看，比較接近本質論的中原客家思維雖受反省，但在客家人的生活世界，特別是客家社團的活動，這依然是相當主流的學說。世界各地客家移民的在地化論述日漸清晰，不過有不少海外客家持有與客籍縣原鄉高度連結的僑居心情。如前所述，13 篇論文有些彼此具有親近性，有些持有另外的看法或不相互對話。客家研究的這種張力，值得進一步探索，很可能的發展是收斂成幾個學派或典範，雖然理論之間的競爭常取決於邏輯力與證據力，不過不可共量的典範基質，可能具有更強大的指引作用。

參考文獻

林本炫、王俐容、羅烈師編，2021，《認識臺灣客家》。桃園：臺灣客家研究學會。

河合洋尚、張維安編，2020，《客家エスニシティとグローバル現象》（《客家族群與全球現象》）。大阪：国立民族学博物館 SER。

徐正光編，2011，《客家研究概論》。桃園：臺灣客家研究學會。

張珈瑜，2015，〈中英文客家研究相關學位論文書目彙編：2013-2014 年〉。《全球客家研究》5：253-310。

______，2016，〈2015 年中國客家研究期刊論文書目彙編〉。《全球客家研究》7：345-368。

______，2017，〈中英文客家研究相關學位論文書目彙編：2015-2016 年〉。《全球客家研究》8：243-304。

______，2019，〈中英文客家研究相關學位論文書目彙編：2017-2019 年〉。《全球客家研究》13：287-342。

張維安，2005，〈討論：客家意象、客家研究、客家學〉。《思與言》43（2）：1-10。

______，2015，《客家族群與國家政策：清領自民國九○年代》。南投：國史館臺灣文獻館。

張維安、潘美玲、許維德編，2021，《客家與族群研究的技藝》。新竹：國立陽明交通大學出版社。

張維安、簡美玲編，2021，《全球客家研究的實踐與發展》。新竹：國立陽明交通大學出版社。

許維德，2013，〈中英文客家研究相關學位論文書目彙編：2011-2012 年〉。《全球客家研究》1：255-312。

陳璐誼，2014，〈客家研究臺灣相關期刊論文書目彙編：2010-2013 年〉。《全球客家研究》3：389-422。

黃瑞祺，2013，〈傅柯的「主體性與真理」初探〉。頁 117-146，收錄於黃瑞祺編，《理論的饗宴》。臺北：碩亞。

劉堉珊，2014，〈中文客家叢書目錄整理〉。《全球客家研究》2：383-406。

______，2015，〈臺灣東南亞客家研究目錄整理〉。《全球客家研究》4：295-304。

蕭新煌，2018，〈臺灣客家研究的典範移轉〉。《全球客家研究》10：1-26。

族群與客家研究的二階考察

族群研究的若干二階觀察

胡正光 *

一、前言

20 世紀後半德國社會學理論在法蘭克福學派的傳統之外，最受矚目的就是以社會系統理論（Social Systems Theory）聞名的 Niklas Luhmann（1927-1998）。他的社會系統理論顛覆了一般對社會學理論的認知，有人譽他為「社會學界中的黑格爾」、「為社會學帶來光明的使者」，[1] 不過他的作品卻不是很容易理解，也被批評難以使用（洪鎌德，2001：339-340）。

Luhmann 自己的學術計畫，是要建構一個普遍性的社會理論，這個理論可以放入所有社會接觸的領域，而不是分門別類的社會學理論。他認為，古典社會學家如 Max Weber、Talcott Parsons 曾經做過這些努力，但目前已幾乎無人再這樣做了（Kneer and Nassehi, 2000: 7-9）。

然而，循著這個目的，Luhmann 卻不是如他尊敬的前輩一般，描述「社會如何運作」，反而他提供的是一個「社會如何觀察」的理論，即所謂「二階觀察」（*Beobachtung zweiter Ordnung*），是一個注重反省的理論。因為，反

* 胡正光（huchekua@nycu.edu.tw），國立陽明交通大學人文科學中心教授兼主任。

1 這是 Horst Baier 的弔詞。而 Luhmann 確實在 1988 年得到了德國黑格爾學術獎（洪鎌德，2001：341）。

省正是現代社會的特質，現代社會不斷觀察自己（Luhmann, 2006）。社會系統理論的設計，就是反省「社會如何觀察」。Luhmann 的理論採用「自我套用」（*Autologie*）的概念，系統建構出來的概念會套用在系統自己身上（Berghaus, 2011: 262, 277）。

此外，Luhmann 承認他的理論是「建構論」（*Konstruktivismus*），亦即社會的一切都是建構的。這不意謂一切都是虛無，Luhmann 並不否認在大腦之外，有一個實在的世界存在著，只是因為社會溝通需要透過媒介，而我們的認知系統所感知的一切（第一世界）與溝通媒介（第二世界）所表達的是否一致，是無法知道的。我們只是透過使用溝通媒介「約定俗成」地去辨識這個世界，故理論也是在「語言」的層次上進行思辯。顯然地，Luhmann 受到 Saussure（2009）的語言學及後現代「語言轉向」的影響。

循著這個理論思路，社會系統理論的族群研究不是告訴我們「什麼是族群？」而是觀察「社會如何觀察族群」。事實上，從族群研究的文獻中，可以發現「族群」常是在學術上被發明的。學術研究者創造出諸多概念描述族群，這些概念對於被創造出來的那些「族群成員」而言是新奇的、不熟悉的。[2]

而本文想要回答的則是「學術界如何觀察『族群』？」包含「族群」這個「語意」（*Semantik*）的來源是什麼？同化論與多元論觀察者位置的差異何在？「族群界線」的二階觀察告訴我們什麼？族群研究中的建構論意義是什麼？族群認同研究的意義又是什麼？在進入這些主題之前，本文接下來想對 Luhmann 的社會系統理論做一個簡要介紹。[3]

---

2 可參考王明珂（2003）；馬健雄（2013）。

3 有關他學說的理論來源，本文在此略過。有興趣者可以參考 Kneer 及 Nassehi（2000）以及 Berghaus（2011），二書皆有中譯（Kneer and Nassehi, 1998; Berghaus, 2016）。本文以下引自 Kneer 及 Nassehi（2000）之文字敘述均參考 Kneer 及 Nassehi（1998）一書。

二、社會系統理論概要

Luhmann 將社會理解為「社會系統」（*soziales System*），並且是「自我再生」（*autopoeitisch*）的系統。[4] 所謂自我再生，指系統不僅生產組成自身的結構，也生產組成自身的元素（*Elemente*），社會各系統將自我再生的持續當成其首要目標（Luhmann, 2004: 38）。在自我再生的過程中，社會不斷分化（*Differenzierung*），也提升了複雜性。自我再生的系統既封閉又開放。所謂封閉，指系統依照獨特的組織原則運作，[5] 與環境（*Umwelt*）區隔；同時，系統具有開放性，因為系統並不生產全部運作過程所需的元素，它們必須自環境取得。因此，系統具自主性（*Autonomie*）而非自足性（*Autarkie*），且系統的開放性以封閉性為前提（Kneer and Nassehi, 2000: 50-51）。

那麼，社會如何自我再生？答案是，社會透過「溝通」（*Kommunikation*）自我再生，沒有溝通就沒有社會。為什麼要溝通？因為必須處理不斷出現的狀況。社會不斷出現狀況，社會的溝通就是針對這些狀況進行溝通。溝通是「訊息」（*Informatiom*）、「告知」（*Mitteilung*）、「理解」（*Verstehen*）三階段的選擇過程，每一階段都有若干不同的可能。當某個訊息被選取，以某種途徑告知，並出現「被告知」的理解，[6] 溝通就出現了（Kneer and Nassehi, 2000: 81）。

---

4 自我再生的系統概念主要來自智利的神經生理學家 Humberto Maturana。自我再生的系統至少可以分為有機體、意識系統、社會系統（Kneer and Nassehi, 2000: 58）。Luhmann 又將社會系統分為三類：互動系統、組織系統、全社會系統（Kneer and Nassehi, 2000: 42）。社會系統都是進行溝通時才存在。至於一般所認知的個人意識，Luhmann 將其歸類為心理系統或意識系統，排除在社會系統之外，且兩者互為環境。心理系統可產生意識，但無法溝通；社會系統可以溝通，但不能做出選擇。關於社會系統，可參考 Luhmann（1987: 30-91）。

5 運作（*Operation*）指一個系統的元素藉助同一個系統的其他元素進行再生產。運作重複自身，並不帶有目的也不為了滿足某種功能（Baraldi et al., 1997: 123）。

6 所謂理解，不是對訊息內容的解釋（這是一般對理解的認知），而是理解「被告知」一事系統只存在於溝通的過程中，但到底溝通什麼？是否與系統有關？就必須藉助「觀察」（*Beobachtung*）來確定。因此，Luhmann 稱，溝通是去「觀察」那些「溝通所處理的事物、溝通所論題化的事物、溝通所告知的事物」（Luhmann, 2015: 116）。

什麼是觀察？所謂觀察，是「藉由一個區分（*Unterscheidung*）所進行的標示（*Bezeichnung*）」（Kneer and Nassehi, 2000: 95-96）。區分指一個二元化的圖式（*dualisiertes Schema*），[7] 擁有兩個對立選項（*Optionen*），例如「男／女」、「真／不真」、「意識形態／科學」等等，標示即選出其中一邊。當系統對自身進行觀察，稱為「自我觀察」（*Selbstbeobachtung*）。自我觀察的文本化即為「自我描述」（*Selbstbeschreibung*）。既然有自我觀察，必然也有「異己觀察」（*Fremdbeobachtung*），即對「自我之外」的觀察。自我與異己的區分要從「世界」（*Welt*）的概念說起。

所有的現象都發生在「世界」當中，觀察者也在世界中觀察。然而，世界渾然一體，超出觀察者的觀察能力，他必須對世界做切割，僅取出一部分做觀察，否則世界是不可觀察、不可達及的（unreachable）。系統也就是從世界區隔出來的某個部分，以其界線和不屬於系統的「環境」（*Umwelt*）做區隔，[8] 這「系統／環境」的差異是系統理論最根本的差異，是整個社會理論的基礎（Luhmann, 2008a: 67）。當觀察選擇的區別是「系統／環境」時，標

（Berghaus, 2011: 82-86）。

7 *Schema* 一般在心理學中譯為「基模」，但本文遵從社會系統理論在臺灣的一般譯法，用在社會系統理論時翻譯為「圖式」。

8 「人不能從未被定義的直接既與性（*Gegebenheit*）出發，也不能從未標記的空間、從原初的熵或渾沌、畫布的空白或紙張的潔白出發」（Luhmann, 1997: 94）。也就是說，沒有進行切割的世界是不可觀察的。

示「系統」的這一邊，即為「自我指涉」（*Selbstreferenz*），[9] 標示「環境」的這一邊，即為「異己指涉」（*Fremdreferenz*），對環境的觀察即異己觀察（Kneer and Nassehi, 2000: 99），對異己觀察的文本化即為「異己描述」（*Fremdbeschreibung*）。

觀察這個概念告訴我們，觀察都是有限的、任意的。因為觀察能力有限，我們無法不切割這個世界。這意謂著，所有的觀察都是不完整的。既然沒有完整的觀察，那麼有正確的切割嗎？至少，在現代社會，沒有一種最高的權威告訴我們如何切割才有絕對的正確性。因為切割沒有絕對正確的判準，所以沒有最終的絕對有效性。[10] 而觀察必定受限於所選擇的區分，在觀察的當下，無法看到所使用的區分以外的事物；[11] 也沒有一個觀察可以同時標示出區分的兩邊。正在進行的觀察不能觀察自己（Kneer and Nassehi, 2000: 99-100），因此就出現了觀察的「盲點」（*blinder Fleck*）。[12] 觀察會出現盲點，但是觀察本身並不會發現這個盲點。那麼，觀察的盲點如何被看見？這帶出了一階觀察（*Brobachtung erster Ordunug*）與二階觀察的差異。

---

9 「自我指涉」有三種定義（Luhmann, 2008b: 135-136）：（1）基礎的自我指涉：系統的元素或構成系統的事件（例如行動、訊息、決定）透過與其他事件的關係指認自己；（2）反身性（*Reflexivitaet*）或反思過程（*reflexiver Prozess*）：事件透過相互選擇組成的時間序列（過程），可以區分「之前／之後」，這時系統是一個過程；（3）反思（*Reflexion*）：系統在事件和過程中利用系統和環境的差異指認自己。也就是說，系統利用自己的同一性操控自己。相關定義也可參考 Baraldi 等（1997: 163-167）。

10 這稱為「不對稱」（*Asymmertiserung*），也就是說，社會中有許多觀察者觀察同一件事物，各有自己的觀點，使用不同區分（Baraldi et al., 1997: 23）。

11 例如，選擇「法／不法」這個區別，只能標示「法」或「不法」，沒有第三種選擇。

12 觀察無法看見所使用的「區別」，「區別」無法歸為兩邊的任何一邊，例如「真／不真」到底是「真」或「不真」？「法／不法」到底是「法」還是「不法」（Baraldi et al., 1997: 126）？

一階觀察可說是「運作的觀察」，系統觀察「某些事正在發生」，於此同時也就進行著溝通（Kneer and Nassehi, 2000: 98）。這是一種尋找確定性的觀察，尋找事物的「本質」（魯貴顯，2003：255）。相對的，觀察可以觀察任何事物，也可以觀察另一個觀察，即所謂的二階觀察，觀察一階觀察所使用的區分。二階觀察可能由第二個觀察者進行，對第一個觀察（也就是一階觀察）進行觀察，或者由同一個觀察者對自己前一個觀察進行觀察（Luhmann, 2006: 100），所以二階觀察是觀察的觀察，但二階觀察同樣也無法觀察自己，和一階觀察無異。二階觀察對比於一階觀察的優勢在於，觀察者可對自己的觀察進行反身性的認識，並且把自己的觀點**相對化**。[13] 二階觀察的結果，是從一種「單一脈絡」的世界，走向「多脈絡」（*polykontextural*）的世界。前者可說是前現代的世界觀，由一個觀察所區分；[14] 後者則讓我們看見有許多脈絡、區分，每一個觀察都可以被另一個觀察加以觀察並批判，「絕對正確」的看法並不存在，一切的宣稱都是由觀察者自己所宣稱的，而每位觀察者都必須忍受（被別的觀察者）批評，以及在自己的盲點上被啟蒙（Kneer and Nassehi, 2000: 100-103），這也是現代社會的特徵，有別於前現代社會的自我觀察。

二階觀察者會看見一階觀察的盲點，其意義就是，觀察所使用的區分「不能區分」，使「觀察者」來回擺盪於兩個對立值之間，此即所謂的「弔詭」（*Paradoxie*）。社會系統理論有興趣的地方在於，看見弔詭的觀察者會採取什麼行動處理弔詭。有可能對其視而不見，有可能圍繞著弔詭展開新論證，也可能用新的區別取代弔詭，讓無法規定的複雜性轉為可規定的複雜性，稱

13 Luhmann 喜歡用「觀察者無法看到，他所無法看到的。他也無法看到『他無法看到，他所無法看到的』這件事」來陳述觀察的盲點，而二階觀察恰可以觀察這個盲點，至少能看到「他無法看到，他所無法看到的」這件事（Kneer and Nassehi, 2000: 101-102）。

14 這也就是所謂的「阿基米德式的觀察」，可以從一個觀點看到全部。

之為「去弔詭化」（*Entparadoxierung*）。[15] 圍繞著「去弔詭化」的分析（弔詭如何被隱藏或如何開展）是系統理論的重心（Luhmann, 2004: 77; Kneer and Nassehi, 2000: 106-107; 湯志傑，2009：xxxv-xxxviii）。

二階觀察的意義不僅是看到弔詭，它也會看到偶連性（*Kontingenz*）。所謂偶連性，是介於必然與極不可能之間（Luhmann, 2006: 96）。[16] 由於標示依賴區分，因此採用的區分不同，同一被標示者的意義就可能不同。二階觀察就在一階觀察上，看見什麼是「未被選擇的」，這意謂選擇或不選擇都是可能的：可能性的世界是二階觀察發明的（Luhmann, 1997: 104）。

三、族群語意的出現

從社會系統理論的角度看來，必須先找出族群的「系統／環境」差異，這通常會回溯到「為何有族群這個概念？」「它是怎麼出現的？」這一類的問題。

基本上，族群被當作人群分類的範疇，而且其分類的方式和「民族」（或稱國族）頗有類似。例如，研究民族主義的著名學者 Smith（2010: 14）列出

---

15 弔詭是觀察者問題，會阻礙觀察但不阻礙運作（Baraldi et al., 1997: 133; Kneer and Nassehi, 2000: 106），有二階觀察才會看見弔詭，這可以從「運作／觀察」的區別談起。「運作」由自我再生系統內的元素藉助於系統內的各元素，無目的地進行再生產，因此運作是盲目的、無時間性的，只要繼續維持下去就好，必須引入「先／後」這組區分，觀察者才能觀察運作的「過程」。當系統能以一組區分進行標示、獲得訊息並且對訊息加工，就是觀察。觀察可以獲得被觀察者的訊息，區別系統內和系統外的過程，確定系統內外的因果關係，因此是有目標的。但是，當第一個區分確定之後，必須繼續使用這個區分觀察，才能建構系統，系統才能自我再生。換句話說，有了起始的區分，才能繼續運作；選定了最初的區分，就決定了觀察的條件。但起始的區分就成了觀察的盲點，無法被觀察，一個觀察必須由別的觀察使用不同的區分來觀察（二階觀察）。然而，正因為看見弔詭，系統因此可以獲得更多有關自己的知識，以文本的方式進行自我描述（Baraldi et al., 1997: 123-128）。

16 所謂「必然與極不可能之間」是指元素之間的銜接能力（元素之間被認為具有邏輯或因果關係可以相互銜接且重複使用，這通常需要由論證建立）。

的族群屬性如下：特有的族稱、共同祖先的迷思、共享的記憶、文化的獨特性、與故土（homeland）的連結、部分精英的團結；而民族的屬性如下：特有的族稱、共同的迷思、共享的歷史、明顯的公共文化、居住在被認知的故土、共同的法律和風俗。因此，他認定民族建立在族群的基礎上，民族以族群為核心（ethnic core）形成，由前現代的族裔（ethnie）發展而來（Smith, 1999; Spencer and Wollman, 2002: 28-29）。Gellner（1983: 1）對「民族主義」的簡單定義是：「一種政治正當性（legitimacy）的理論，要求族群界線不可跨越政治界線。特別是，族群的界線在一個國家裡面。」Eriksen（2010: 119）解釋成「一個群體要求支配國家的族群意識形態」。將「國家」拿掉之後，民族和族群的描述方式沒有顯著區別。顯然地，族群這種分類方式來自於民族，而非 Smith 認為民族建立在族群的基礎上，因為在概念出現的時間順序上，先有民族，後有族群。在「民族」出現之前更沒有今日描述「族群」的方式。今日我們所提到的族群，在 19 世紀時都是「民族」。**是描述的形式決定了「民族」以及「族群」如何構成，不是世界上原來就有民族或族群**。而在觀察的時間順序上，民族早於族群。也就是說，人們先觀察「民族」，而後觀察「族群」，並採取了相同的描述方式。但問題是，為什麼會如此？一個國家內通常不只有一個族群，然而，一個國家只能有一個民族，要如何解釋？這些問題要回溯到民族這個語意的形成歷史。[17]

現在一般對「民族」這個語意的追溯，認為和歐洲王權的擴張與現代國家的建立有關。用一般的術語來說，「民族」與「國家」兩者的建立是相輔相成

17 所謂「語意」，在 Luhmann 的理論中係指較高程度普遍化、相對獨立於情境可使用的意義（Luhmann, 1993: 17-19）。換言之，語意是溝通時不斷使用而凝結的意義，有各式各樣的形式如表達的風格、特殊的名字或詞彙、談話的方式、諺語等等（Luhmann, 1998: 643）。更進一步說，語意還是主題的儲藏庫，可以從中選擇主題進行溝通（Baraldi et al., 1997: 168）。

的過程，沒有民族，也就沒有現代國家，民族－國家（nation-state）這個字彙是最好的表述。簡單來說，「民族」是對「國家的人民」的想像。在現代國家建立的過程中，民族主義者開始描述「祖國人民」的圖像，但這並沒有現實的依據。也就是說，「民族」是依照民族主義者描述的圖像去打造的，而這個圖像具有強烈的同質性色彩（Gellner, 1997），例如共同的語言、共同的宗教、共同的文化與歷史等等，而後政府開始依據這個想像進行民族打造的工程。[18]

因此，將民族想像成同質性的人群，並希望實現這個理想，成為「民族化」（nationalization）的過程。民族的首要區分是「同胞／異族」的區分。民族主義者選擇了「同胞」這一邊，然後致力於描述「同胞」，形成了一套描述同胞的方式。近代民族理論可說發源於社會契約論，尤其是 Rousseau（2011）的社會契約論。但他的理論中，個人在家庭之外直接屬於國家，沒有其他的大群體（Taylor, 2004: 157），在他之後的民族主義者也接受了 Rousseau 的主張，但將「國家的人民」設想為同質的群體顯然和現實的狀態不符。[19] 在國家的地理疆界內原本就有許多的異質性人群，像是各類地緣群體，他們各自的文化表現相當不同。在未全部同化以前，這些不符合民族圖像的人群該如何描述？由此，需要其他分類範疇以觀察民族內的群體異質性。我們可以看到，在民族主義狂飆的 19 世紀，「種族」（race）和「階級」（class）的學說出現，它們取代了封建社會的層級，試圖將個體納入民族之外的群體分類（胡正光，2021：130-133）。

介於民族和家庭之間的群體如何分類？馬克思（Karl Marx）所用的「階級」來自經濟系統（Luhmann, 1998: 722-728），不認為共同的語言、文化、

---

18 可參考 Leerssen（2006）。

19 Rousseau 對「民族」的內涵並不重視，因他認為人群之間的「差異」並不妨礙社會契約的訂立，這主張和浪漫主義時期的民族主義鼓吹者不同。

歷史（這些是訴求民族認同的重要元素）有根本的重要性。依照馬克思的想法，個體應當要用階級做分類。「種族」則是另一種分類法；目前傾向把「種族」當成體質分類，但在 19 世紀前半的英國，「種族」是「社會階層」的分類，19 世紀後半才將種族與膚色關連起來（Malik, 1996: 91-92）。也有人（Huxley and Haddon, 1935: 20）主張，19 世紀的文獻中，種族和民族、文化、語言群體同義（引自 Jones, 1997: 43），類似今日的「族群」，這象徵的意義是什麼？此時，本文引入「再進入」（re-entry）的概念做說明。

所謂「再進入」，是「區分」進入「區分」，也就是「形式」進入「形式」。藉此，系統將可以觀察自己（Luhmann, 2015: 83），這也將造成系統的分化（Luhmann, 1997: 218）。觀察「民族」這個語意時，以「同胞／異族」作為區分，將這個區分放入「同胞」時，就會出現民族內的「異民族」。藉由再進入，可以跨出與環境的界線，從環境做觀察（魯貴顯，2003）。[20] 所以民族再進入後，從外部看到自己內部有許多不同的「民族」，而這也將造成弔詭的出現。也就是說，觀察者無法區分系統與環境：有民族內部的異族，也有民族外部的同胞，「同胞／異族」的區分無法用來觀察民族。少數族群就是民族界線內的異民族，他們既在外又在內，是無法區分的一群人。[21]

藉由「再進入」，民族內部出現了民族，這也使得民族的語意出現分化，出現了一個新的分類範疇。新的範疇在 19 世紀是「種族」，它在 20 世紀後被

20 「系統／環境」是系統的建構，因此，「自我指涉／異己指涉」、「自我觀察／異己觀察」無一不是在系統裡運作（Luhmann, 1996: 16-17）。所謂從「環境」觀察，並不是真的在環境中觀察，仍在系統內。

21 Bauman（1997: 19, 25）稱他們是令人不安的陌生人，無法相容於二分結構的人，無法知道他們是在裡面還是外面。不是朋友，不是敵人，無法放進一套建構的民族範疇，不能被整合進一套既定的、同質的秩序假定，抵抗的人不是被同化，就是被放逐（引自 Spencer and Wollman, 2002: 51）。

「族群」取代。[22] 那麼，如何對族群進行觀察？

四、族群溝通：從異己指涉到自我指涉

前文提到，族群的界線劃分方式和民族的界線劃分方式是相同的，差別在於觀察者的位置。Eriksen（2010: 117-118）這樣說：

> 把術語從部落轉成族群的差別，在於族群研究的「我們／他們」區分存在於「我們」之間；部落研究的「我們／他們」區分存在於「他們」之間。保持族群分離的界線機制不論在倫敦郊區或新幾內亞的高地有相同的形式特徵。不論在紐西蘭或中歐，研究族群認同發展使用的概念大致相同，雖然經驗脈絡有別且獨一無二。

「我們」即民族。這一段話告訴我們，「族群」是由「民族」做觀察，這是因為發生了「再進入」，民族彷彿跨出了界線，從環境觀察自己。早期對族群的觀察，就是民族在自己之外，對這些「民族內的異民族」進行異己觀察，並傾向認定他們將逐漸「民族化」，也就是「同化」。[23]「民族／族群」的區分，等同「涵括／排除」的區分。被稱為「族群」者，是「民族」身分被質疑的少數，不是民族的成員（公民），有可能被排除在功能系統之外，例如受教育的權利。此時，民族內的「族群」採取什麼對策以避免「排除」，成為有趣的觀察題目。羅香林（2018）的客家源流論述提供了一個避免排除的絕佳例子。

---

22 根據 Malik（1996: 15-17），納粹時代對於不同種族進行極端排除，不僅將「劣等種族」排除在功能系統之外，甚至將其排除在「民族」共同體之外。其極端的做法，導致種族這個詞彙被排斥，進入了 Malik 所謂「戰後自由主義共識」的時代。

23 同化論流行於 1960 年代之前，參見王甫昌（2002）。

在《客家研究導論》中，關於「客家是否漢族」的爭辯，羅香林選擇了「涵括」的一邊，用客家源流論述將客家民系涵括進漢族。客家文化與中原文化的差異性顯而易見，所以他採取了兩個策略。首先，他定義了漢族形成的時間在秦漢時期（羅香林，2018：37），證明漢族是在客家人祖先遷徙之前形成，族譜則作為血緣聯繫的證明，確保客家人與中原土地的聯繫。其次；漢族有許多分支（他稱之為「民系」），都是因為遷徙離開中原在各地形成，客家是其中之一。且因為後來中原曾歷經許多異族統治，已沒有所謂正統的漢族（可稱為「漢族的去中心化」）。由於漢族已無正統血緣，此時羅香林（2018：67-71）改從「文教」去比較漢族各民系的優劣，證明客家更能代表古中原漢族的文化。透過客家源流論述，羅香林指認「民系」是「民族」而非「族群」（少數民族），得以涵括在漢族之中。

雖然不少人指出，羅香林的客家研究有種族主義的色彩（張藝曦，2015：102），但從《客家研究導論》看來，他的族譜研究正好符合了族群的「祖源」要素。而他描述客家的方式，與族群研究的方式並無不同。尤其他主張用文化表現評價民族或民系的優劣，肯定血緣複雜化（羅香林，2018：67-68），似乎並不符合「種族主義」對於體質特徵的注重。到了《客家源流考》（羅香林，2018：229-323）的時期，很顯然主張血統，偏向排他性的種族主義，這時期也正是提倡「中原客家」、「中華民族」的時期（林正慧，2015：456-457），顯然羅香林的客家論述引入了民族主義。[24] 同化論的時代，族群是民族的「異己觀察」，不是「自我再生」的系統，族群界線存在於「民族」和

24　民族也帶有許多「原生性」的概念，與族群的分類方式並無不同。民族和族群的不同處，是「民族」的溝通常常可見「國家」的語意，「民族主義」成為政治的意識形態，且是排他的，一個國家內只能有一個民族。當族群溝通出現排他主張時，代表族群主張正變成民族主義。

「族群」之間，是一個尷尬的現實。一直要到多元論的時代，[25] 族群不再與民族比較，所以「涵括／排除」不是族群觀察的重心，「反同化」才是。例如，1960 年代美國的社會學族群研究者 Glazer 及 Moynihan（1963）為了證明東歐與南歐族群融入美國社會的失敗，以到處都看得到的「小義大利」和「小波蘭」社區為例，佐證大熔爐不過是浪漫的無稽之談。然而，另有學者（Alba, 1976, 1985）指出，這些族群的成員大多數已經與其他族群通婚了，依照 Glazer 及 Moynihan（1963）的方法，除非小義大利社區都消失，不然就能找到義大利人無法融合的證據。然而，義大利社區的興旺和大量的同化一起發生（引自 Stark, 1996: 51）。族群之間的融合與同化雖是常態，但這卻常被看作族群的「危機」，[26] 此種態度正好和同化論相反。若分類是標示「相同／相異」的運作，[27] 那麼在同化論下，族群的存在並不符合民族的自我描述。因此，同化論者期待「民族／族群」的區分可以消失，所以他們標示「相同」。多元論下，族群的溝通脫離民族的脈絡，強調「族群」與「族群」之間的界線，多元論者標示「相異」方可維持族群的存在，「相異」才能繼續產生有關族群的訊息。此時，族群溝通才成為「自我指涉」的系統，繼續維持「系統／環境」的界線。

---

25 多元論興起於 1960 年代以後（王甫昌，2002）。

26 臺灣的穆斯林研究中，常可以見到「同化危機」的敘述，請參見于嘉明（2009）；馬孝棋（2011）；高念慈（2008）；Pillsbury（1973）。

27 通常系統只能在標示的一面上運作，而帶有符碼（Code）的系統卻可以在區分的兩邊上運作（Luhmann, 1997: 110）。有關這種特化的功能系統如何形成，可參考 Luhmann（2004: 75-88）。請容本文省略 Luhmann 的論證，並直接將「分類」當成帶有符碼的系統。

五、族群界線的二階觀察

族群界線到底如何存在，本文打算從學術分類與日常互動兩方面說明，因為兩者的溝通並不相同。

在此之前，先解說從系統理論的角度如何看族群界線。首先，族群界線是一個自我再生的溝通系統，必須先確認這個系統的「系統／環境」差異。當環境出現激擾時，系統可判斷這個激擾是否可當作訊息（即與族群界線相關）處理。[28] 若是的話，可對這個訊息做加工，做出溝通。而系統也藉由系統與環境的差異，觀察著這一次的溝通，並將這一次溝通加以記憶。[29] 運作的銜接有遞迴性（*Rekursivitaet*），前一個運作的結果將作為下一個運作的基本條件（Krause, 1999: 174）。

---

28 訊息是系統的產品（Luhmann, 1997: 166）。不過，從系統「辨識」訊息的說法，會引導出一個問題。因為意義建構的系統轉瞬即逝，只在「運作」時才存在（意識系統亦同）。所以，在系統不存在時，「激擾」如何被系統察覺？而既不存在系統，又如何有「環境」？相對來說，機械系統、有機系統都是一直存在著，也就可以一直維持著「感應」環境的能力。但社會系統不是，社會系統或溝通如何啟動，從不存在進入存在？社會系統如何啟動的解答就是「意識系統」。意識系統雖不是社會系統，本身也不進行溝通，但沒有思考，社會系統也不存在。而意識系統的運作，由有機生理系統發動。人的有機結構是意識系統的載體，也是社會系統的載體，「激擾」由生理系統所辨識，由意識系統處理，然後藉由溝通媒介（文字、語言）發出訊息，由此啟動溝通，但不一定成為溝通，因為溝通必然銜接另一個溝通。也就是說，訊息、告知、理解三階段的選擇過程必須得到另一個溝通過程的回應才完成溝通。當第一個溝通過程沒能銜接下一個溝通過程，溝通即不成立，故溝通不是單一事件（Luhmann, 1998: 190）。另外，有關意識與溝通的關係，可參見 Luhmann（2008c: 38-54）。

29 所謂系統記憶，並非記住資料或訊息，而是對正發生的運作進行一致性的檢測。記憶的功能在於確保可能的一致性檢測的界線，同時釋放訊息加工的能力，讓系統對新的激擾開放（Luhmann, 1998: 578-579）。因此，記憶是在「現在」發揮功能，且與「成功標示」的一邊運作，傾向忘記區分的另一邊（Luhmann, 1998: 581）。簡言之，「記憶」是記住之前成功引發溝通銜接的選擇。

學術研究生產許多族群文獻，「族群界線」常常就是學術研究者的建構，[30] 早期是以學術上的「分類」來看待。族群界線的溝通，也就是對族群分類進行溝通。民族與族群共用分類的判準，而標示民族差異的主要區分基本上屬於今日所稱的「原生」（primordial）特質，例如祖源（歷史）、語言、文化（包含甚廣，如文學、藝術、風俗習慣）、宗教等。縱使今日有「建構論」的說法，但建構的內容常也是指這些原生性（primordiality）。必須注意的是，選擇區分群體的判準帶有任意的性質，我們今日注重的原生性質，都是過去兩百年發展出來的（Geary, 2003）。這些應當與 18 世紀興起的學科，例如語言學、歷史學、[31] 人類學提出的分類標準相關，時間不如一般想像的長久。現代所稱的「原生性」與前現代社會的「出身」不同的是，前現代社會的「出身」完全由「家庭」賦予，並不改變。以歐洲社會來說，家庭決定社會階層，階層決定了個人的行為規範。然而，民族主義者重視的原生性卻來自歷史學及新興學科如人類學、語言學的解釋，將個人從家庭背景解放出來，並得以使每個人都有相同的「原生性」，[32] 有助於賦予個人平等的地位，並以這些原生性為媒介，將個人連繫起來。族群的自我描述也是運用這些「原生性」，強化「我們／他們」

---

30 「族群界線」乃是觀察者採取了某個區分才出現的，被觀察的對象未必有這樣的想法。Leach（2004: 285-287）對緬甸高地的部落調查，就發現部落成員的身分可以隨時轉換，不是截然劃分，他們未必有彼此屬於「不同部落」的想法。觀察者眼中兩個族群成員的互動，不一定是基於「族群身分」的互動，而是基於其他的因素。也就是說，「族群界線」屬於研究者的建構。

31 Luhmann（1998: 1048）有一句耐人尋味的話：「民族由歷史定義自己，然而歷史尚待寫成。」這也可以看出來，民族的自我描述受到歷史主義（Historicism）很大的影響。人們認為，民族是歷史的累積，試圖從歷史挖掘民族的內涵（Leerssen, 2006: 119-123）。

32 例如民族成員都有相同的祖先，這是在封建社會所沒有的。封建社會以各家庭的祖先為劃分等級的基礎。民族成員使用相同的語言，消除貴族語言與庶民語言的差異；民族文化是民族成員共享的文化，要求消滅不道德的「貴族文化」。

的界線，並將「我們」連繫起來。

但不論如何用原生性劃分族群界線，都會被看見弔詭，也就是「不能區分」的問題。[33] 於是，看見弔詭的二階觀察者試圖解開弔詭，或者繞過弔詭，而提出了新的說法。Barth（1998）提出邊界論嘗試取代「文化論」，可說豎立了一個族群界線的典範，在社會系統理論來說，就是試圖解開區分弔詭的嘗試。他看見了不同的族群成員時常「跨越族群界線」，但並不影響族群成員的身分，顯然觀察者所劃定的文化界線不是兩個族群成員之間真正的界線。Barth 認為族群應當是一種社會組織，組織的成員會進行互動，群體界線因此是由行動者決定。行動者與「相同」的成員互動時，限制較少（可稱為「充分互動」），與不同族群成員互動時，限制較多（可稱為「有限互動」），族群界線就建立在兩種互動模式的差異上，縱使文化差異減少也不影響成員的身分（Barth, 1998: 15, 32）。將互動帶入族群差異，顯示行動者必須站在二階觀察的位置，既判斷自己，也被他人判斷（Barth, 1998: 14）。也就是說，行動者必須對自己的成員身分有某種認知，基於此認知做出行動，期待對方對自己的行動做出預期的回應，也期待互動對象對自己的回應有所「期待」（簡單來說，就是「我」觀察「我」如何與其他人互動，也觀察他人如何回應「我」）。但 Barth（1998: 16）也承認，兩個族群成員的「跨界互動」會造成界線的消失。[34]

---

33 由於現代社會「不對稱」觀察特性的影響，不可能有符合科學原則（窮盡且互斥）的分類。Harrel（1995）的彝族研究以及更多族群研究，都表明了界定一個族群客觀特徵的困難。臺灣的《客家基本法》對客家人的定義列出諸多規定，最後加入了「認同自己是客家人」（張維安，2015：93）這種主觀的定義，代表客觀特性無法完整定義客家人（當然也同樣無法定義其他族群）。

34 使用「跨界互動」且又宣稱「族群界線在互動差異上建立」，其實出現了兩種界線。後者是互動模式，其本身就是界線，如何「跨越自己」互動？「跨界互動」的「界線」因此不是互動模式，是其他界線。

所以，族際互動既可標示界線，又可消除界線，本身也成了弔詭，觀察者擺盪在「標示界線」與「消除界線」之間。為了擺脫弔詭，需要發展新的論題，例如發展出文化變遷（Barth, 1998: 32-35）的討論。

邊界論將族群界線從原本文化特徵的描述轉換成互動模式的對照，但這個對原生論的去弔詭化努力是否解決了「區分」的問題呢？首先，關於行動者主觀的「認同」可以對族群界線的維持提供多少幫助？Jenkins（1996: 20-24）將 Barth（1998）的邊界論做了個體主義的詮釋：認同分為名義（族稱）與實質（經驗）。一個人的經驗也包含了他人對自己的看法，與主觀的自我看法折衝，在此過程中形成了對自己群體的「認同」。但不論怎麼說，「認同」意謂某種程度的「選擇性」，是偶連的，這也就對群體界線的穩定帶來了很高的不確定性。並且，認同某一個團體（名義的），卻可能包含相異的經驗內容（Jenkins, 1996: 23-24），這樣會產生一個問題：個體不同的互動經驗如何導致一個一致的名義認同？這必須預設互動經驗的分類範疇。某些互動經驗將引導出「同族」的認同，另一些則與認同無關。依據這個推論，就必須製作出一張經驗的分類表。姑且不論歸納這張分類表如何困難，因果關係上，行動者如何學習同族與異族的差異呢？顯然這些知識必須由其他人來教導行動者才行，否則他如何分辨同族之間的差異與異族之間的差異？

換句話說，依照 Barth 的命題，族群界線的認知要早於族際互動才對。一個族群 A 的成員 X 和同族群的成員 Y 有一種互動模式 a（充分互動），X 和 B 族群的成員 Z 有另一種互動模式 b（有限互動），當 b 模式出現時，代表族群的界線存在。但是，X 為什麼知道他自己和 Z 要用 b 模式互動，且可以用 a 模式和 Y 互動？顯然 X 可以區分出 Y 和 Z 屬於不同的族群，才知道如何和 Y 或者 Z 互動，而不是因為互動之後知道 Y 和 Z 屬於不同族群。事實上，若 X 沒有預先認知有 B 族群，他甚至也無法辨識 Z 屬於 B 族群，從而不知如何與

Z 互動，所以維持族群界線的方式並非只有族際互動。但邊界論有一點是正確的，出現不同模式的互動代表族群界線存在，它可以強化族群界線。

族群界線的維持和消失都是可能的。正如同化論者觀察到族群界線消失，而多元論者觀察到族群界線維持，兩者均為族群界線可能的描述方式，但觀察者選擇其中一邊進行描述。兩個族群的成員有各種辨識對方的方式，互動模式可以維持族群界線，但很難證明是維持族群區分的決定性因素，它也可能是其他界線造成的後果。人類學家預先認知有兩個族群，然後從兩個族群的諸多差異中選擇了一個(例如互動模式)作為差異維持的解釋，形式上與原生論無異。因此，一般認為邊界論避免了原生論的盲點，但在解釋族群界線上，仍無法超越「區分」的弔詭。

二階觀察者就如此看見族群界線的偶連性。於是，用某一種區分（例如文化）劃分族群的方式也就不能區分族群，必須放棄「區分」才是族群界線去弔詭化的策略。[35] 而如我們所見，建構論與認同研究在 1990 年代興起（王甫昌，2002：245-247），不再將劃分族群界線當成重點。

從自我再生系統的角度觀察族群成員的互動，族群界線的系統邊界在於其「族稱」，有了族稱，才可以分辨「我們」及「你們」。族稱可能是自稱或他稱，它是基於一個差異所做出的區分，且可能是任何差異。當這個族稱被固定下來之後，就不斷在「我們」這邊進行觀察，描述諸如飲食、音樂、教育、語言、習俗……的表現，形成觀察者眼中所謂的「族群特色」。[36] 學術上，文化

---

35 「族群界線」或許比較是人類學的研究旨趣。相對而言，社會學者就較不在意。例如王甫昌（2003：36-37）指出，「族群」乃是想像的，族群之間的「差異」會隨著在意的事物而被選擇出來，這代表分類的界線沒有固定性，反而是族群怎麼進行動員、怎麼要求權利才重要。

36 「族群特色」並非一定是為了維持族群界線而存在，當然也可能有這個目的。並且，無法保證族群特色是獨一無二的，它們僅是自我描述，不會完全排他。然而，現代分類卻要求「窮盡且互斥」，所以二階觀察者就可以看到「我們／你們」並不是截然二分。

論者將這些族群特色當成族群界線。然而，「我們／你們」的區分有許多種，例如家庭、親族、地緣、性別、職業、同學……族群只是其中一種。在不同的場合或情境中，互動的雙方依脈絡而判斷何時出現不同種類的「我們」與「你們」。這和學術研究中，先做出族群界線，區分人群，再觀察兩群人如何互動不同。在社會溝通中，系統會製造各式各樣的訊息，進入它們的環境。而其他的系統接受到這些「激擾」，若判斷為訊息，則可引發溝通。例如，討論婚姻的對象時（婚姻的溝通），就可能引起族群界線的溝通，像是「客」與「非客」婚姻對象的差異，這不限於「客家人」或「非客家人」討論婚姻對象，而是任何人都可以將「客家人」與「非客家人」的婚姻拿來討論。透過討論，「客家人」與「非客家人」之間的界線再一次得到確定，並有可能付諸實現。而結論（好或不好、適當或不適當、優點與缺點）都可以成為下一次跨族群婚姻溝通的基礎（這是系統的遞迴特性），[37] 不需要再重複一次溝通的過程，因為系統有記憶。

由於溝通是訊息、告知、理解三階段的選擇，所以，某些訊息之間的連結性可能較強，而某些則不那麼強，選擇性呈現機率的不對稱。[38] 某些訊息出現，引發了後續的訊息，後續的訊息可以有「區分族群」的內容，也包含了不區分族群的內容。當「不區分族群」的訊息被選擇的機率增大時，表示族群界線的某一方面正在消失。[39]

---

37 「婚姻溝通」與「族群界線溝通」的連結可稱為「相互滲透」（Interpenetration）。它的定義是「一個系統的結構複雜性提供另一個系統建立結構複雜性」，可提升兩個系統各自的複雜性（Luhmann, 2012: 161-162）。對婚姻溝通來說，加入了跨族群婚姻的選擇；對族群界線的溝通來說，「婚姻」可以是確立族群界線的一種選擇。

38 Luhmann 並沒提到選擇性的機率高低，但既然有選擇性，被選擇的機率也就關乎連結性的強弱，可以看出變遷的傾向。

39 和 Jenkins（1996）的假設不同的地方在於，一個可引發「辨識族群」行動的訊息，同樣也可一個訊息（例如前述婚姻對象的討論）可能會引發族群界線的溝通，但相對的，族群界線的溝通也可能引發另一個主題的討論。故一個事件在溝通的銜接中，本身可能是原因也可能是結果，必須視前後銜接的事件而定。

六、族群建構論

所謂「原生論」與「建構論」的爭辯，是一階觀察與二階觀察的差異。建構論代表的是對「區分」弔詭的發現，進而宣稱原生性只是一種「想像」，不是一種「實在」。[40]

民族或族群分類的一階觀察，是運作的觀察。也就是說，運作上，要描述一個民族或族群時，必須採用某個區分，這個區分也是一個民族（或族群）與其他民族（或族群）的區分。當使用的區分是原生特質時，就是以原生特質運作分類。此時，看見弔詭（原生特質無法區分兩個民族）的二階觀察者，會宣稱這些特質乃是「建構」的。例如，Herder 認為，語言是一個民族的象徵，民族的成員「自古以來便講同一種語言」，民族語言是在自然的環境中形成，具有獨特性，所以語言是一個民族與其他民族的重要區分，這是基於「同胞／異族」這個區分在運作上所做出的一些描述。但這些命題全都可以找到反證，用語言當成民族的特質（亦是每個民族獨一無二的特質）其實並不能區分民族（Hobsbawm, 1990: 51-63）。此時，二階觀察者稱，「語言是民族的原生特質」乃是一種「建構」，因為「真相」不是如此。顯然，在此所謂的「建構」乃因為採取了科學的符碼（真／不真），不真者就是建構，喪失命題上的真值。而

能引發「不辨識族群」的行動。系統可以進行不一樣的選擇，是系統的彈性。

40 這裡的「建構」與 Luhmann 的「建構」不同意義。對 Luhmann 來說，世界就是建構出來的，「想像」與「實在」也都是建構。

因為看見了族群界線的命題「不真」，無法區分族群，觀察者因此必須放棄尋找族群的客觀特質，或做一個妥協以化解弔詭。[41] 放棄描述族群界線的建構論者於是轉向「族群如何建構」的主題，例如「客家何以是客家」，不再將客家當作理所當然的存在，而去考掘「客家之前的客家」，尋找客家認同、客家意識的塑造過程。[42] 答案通常以一個過程呈現，[43] 因此，這會導向族群的反身性，顯現事件相互之間的關連，成為歷史學的工作。

而「區分族群」最重要的意義，是相信族群身分提供成員的生活規範與限制（Barth, 1998: 17），由此可解釋不同的群體行為。但是，族群不僅很難區分，從 1970 年代開始，學者發現族群的文化也不見得是族群成員所遵守的生活安排或規範（Bennett, 1975; Gans, 1979）。此一現象似乎符合同化論的觀點：移民會逐漸放棄自己本身的文化，融入當地社會。但看似不重要的族群身分卻沒被放棄，並歷經所謂族群的復興，形成了所謂的「象徵的（symbolic）族群性」（王甫昌，2002：243-245）。顯然族群身分仍有某些功能。當然這同樣可以從一階觀察和二階觀察做解釋：某些人仍遵從族群文化提供的規範指引日常生活。對他們而言，族群是「運作」的層次。但對於那些不遵從族群文化規範的族群認同者（他們甚至可能是二階觀察者，承認族群的虛構性），族群身分又有什麼意義？這種現象也可以從兩方面解釋：首先，族群身分與功能系統耦合，

41 有人認為，這個妥協的步驟（調和原生論與非原生論）在族群研究幾乎是必要的工作，差不多已成為標準化的書寫模式（許維德，2013：113）。

42 例如羅烈師（2006）；林正慧（2015）；陳麗華（2015）。這也是在回應「客家」何時及如何形成的問題，因為對於客家的定義（什麼是客家？）過於分歧，以致於會反思「到底有沒有客家」或者「客家如何出現」這些問題，並以「客家意識」的塑造過程作為回答，以「集體記憶」與「結構性失憶」成為分析的基本概念（林正慧，2015：1-7，491）。「族群意識」與「族群認同」成為一組互為因果的套套邏輯概念：因為有族群意識，所以有族群認同；也可以因為有族群認同，所以有族群意識。

43 過程也就是反身性或反思過程，參見註釋 9。這也是 Luhmann（2009: 205）對「歷史」的定義。

例如族群身分與某些經濟活動的緊密關連。但這不代表族群身分是功能系統的涵括條件，而是某些偶然造成，且可能保有族群身分在功能系統中有優勢。本文姑且略過這個問題。其次，族群身分提供個體情感連帶的元素（認同），這是心理系統的作用，成為「個體性」（*Individualitaet*）的問題，「認同」與「個體性」是合一的（Luhmann, 2012: 244），認同研究意味個體性越來越滲透到族群這個語意裡。

七、族群認同研究

個體在現代社會有無比的重要性，社會學從一開始就處理個體的問題（Luhmann, 2012: 149）。至於為什麼需要個體，或許最簡單的解釋，是個別的人從大群體（層級）中解放出來，並得以自由加入功能系統，這可以看做創造更多變異（*Varietaet*），進而形成冗餘（*Redudanz*），賦予更多銜接的可能性。因為原本在層級社會中，每個人的選擇都受到層級結構的限制。假如賦予每個人同樣的機會，就能使變異增加。不過本文決定繞過這個問題，也不敘述個體及個體性在歷史中的演化，[44] 直接進入當代個體或個體性的語意。

首先，「人」乃是溝通常見的主題。個別的人（個體）有其可分辨的特徵，不論外表或內在，每個個體也因為個體性而與其他的個體可以對照出差異而被辨識（Luhmann, 2012: 215）。但依照 Luhmann 的社會系統理論，功能分化社會的「人」與「社會」互為環境，透過功能系統將轉化為「角色」的個體吸納進功能系統，參與溝通，此即「涵括」。被功能系統排除的個體（指不以「角色」形式呈現的「人」）無法被功能系統描述、辨識，只能由個體自己尋找、

---

44 為什麼需要建構「個人」、「個體」、「個體性」、「個體主義」等等語意，中文可參考魯貴顯（2002），德文可參考 Luhmann（1987: Kap. 6, 1995: 191-200, 2012: 149-258）。

嘗試、指認、超越（魯貴顯，2002：12）。[45]

也就是說，個體必須對自己進行觀察，描述自己，建構自己的「個體性」，以與其他個體區別。這大概透過三個方式進行：複製（*Copieren*）、複數自我、生涯史（魯貴顯，2002：13-15）。[46]

自我認同是指認或辨識自我。認同問題的出現，也就在「自我的統一」。由於個體可不限次數反思自我，也就得出許多不一致的自我（自我的多樣性）。自我是許多的可能性，不是穩定的、一致的。反思給出的自我，不是同一（*Identitaet*），反而是差異（Luhmann, 2012: 224-226）。可以說，認同就是不斷去指認個體性（Kneer and Nassehi, 2000: 162）。這也可以說明，為何現代人能夠持續地「改變認同」。

一般來說，族群認同研究是由受訪的主體回憶自己的生命史，敘述自己接受或選擇成為某個族群成員的理由。受訪者描述他對於特定族群的認知，認知過程基本上屬於心理系統的運作，是不可觀察的。這也造成了 Brubaker（2004: 38-40）對認同研究的批評。他認為認同無法解釋，只能當作原因。他也區分了「認同」在使用上的「強概念」與「弱概念」的差別（Brubaker, 2004: 37-38），顯示這個概念使用範圍過於廣泛，缺乏精確性，不是好的分析工具。

然而，從語意研究的角度來說，「概念」是為了銜接溝通之用。越強大的

---

45 在前現代社會（片段式分化或者層級分化社會），個別的人綁定一個次系統（家庭或階層），他的身分即由這個次系統賦予，除了少數例外，不會改變，也可以藉由他所屬的群體辨識這個人（Luhmann, 1993: 30）。換言之，自我是在自我之外（環境）決定的。功能分化社會的自我則是由自我決定的。

46 複製即模仿，乍看之下似乎是消滅自我，但個體可以反過來，認為是自己的個體性決定要不要模仿，如何選擇模仿對象。複數自我即將自我分割，顯示出多個不同的自我（也可能自相矛盾），如此會導致自我整合的問題。生涯史是組合一連串事件構成自我。這些事件都是偶連的、經過選擇的，可用因果描述，充滿了不確定性與開放性。以上可見魯貴顯（2002：14-15）。

概念銜接溝通的能力越強，不論其本身定義是否精確。甚至越不精確，銜接能力反而越好。「認同」是意識系統的認知與選擇結果，為何認同一個群體而不認同另一個群體，只能訴諸個人偏好。但本文認為，「認同」這個概念的功能正如「藝術」，可以將原則上不可溝通的意識「認知」銜接到社會的溝通（Luhmann, 1997: 227）。「認同」即是將個體性與其他的概念銜接，將這些概念引入溝通。在族群的身分認同中，被引入溝通的即是族群特質（特別是原生性及物質文化表現）。例如，一個人的父母均屬同一個族群時，他可以「認同」雙親的族群身分，或是單純「不認同」雙親的族群血緣，放棄原生性。也可以在不認同雙親之外，選擇文化表現，「認同」另外一種與自己無血緣聯繫的族群身分；當父母親分屬不同族群血緣時，他可以認同父親或是母親的血緣（認同父親，不認同母親；或是認同母親，不認同父親），甚至兩者均認同或不認同。在更複雜的狀態裡，祖父母的血緣若不相同，認同的選項會更多。以「文化」為認同選擇的自由度就更大了，因為文化的表現更多元。正因為「認同」屬於個人的選擇自由，所以一個人的族群身分可以與族群特性無關。

前現代社會中，人並非沒有個體性。人的出生就是社會的涵括，由涵括賦予個體性，例如名字、知名度、權力與義務、功與過等等個人的屬性，而陌生人是沒有這些的（Luhmann, 2012: 156）。現在的功能分化社會，功能系統涵括條件不需要的因素都被排除。於是，這些有關於「人」的諸多特徵（包含群體的歸屬）只好當成個體性的描述，由個人加以選擇、組合，與他人區別。原生性成為一種描述個體性的材料，而群體的語意也由個體進行描述，屬於個體的異己描述。藉由「我」的觀察，去描述「我們」，**群體認同（包含族群認同）也就成爲「我／我們」這組區分的統一，而不是「我們／他們」的區分**。「我」可以成為「我們」的一分子，是因為「我」仍保有和「我們」不同的特色，不是完全一致，或毫無選擇，無條件成為「我們」的一分子。因此，在今日，一個群體的「共同性」（commonality）已經難以描述，也不再重要，因為個體可以自行決定「我」和「我們」如何連結。舉例來說，從前擁有客家人的身分，是因為誕生在一個「客家人家庭」，由此，個體獲得了大部分他需要的身分。現在，一個誕生於「客家人家庭」的個體在成長過程中，可能會對「客家」做出一番描述與批判，然後思考「屬於客家」對他自己有什麼意義？並決定自己要不要屬於這個族群。但是，就算接受了「客家人」的身分，並不代表完全接受從家庭獲得的所有身分，也不見得完全遵守客家的文化規範。認同自己是「客家人」並不需要接受全部客家的文化價值觀，也不用受「客家人」這個身分的約束。他接受的身分與價值觀，都是他「個體性」的組成元素，他可以用這些元素描述他自己。總之，若不是個體性的需要，族群身分被功能系統排除之後，所剩的價值就有限，除非法律給予特殊的福利。然而，基於人類社會幾千年來的習慣，原生性仍有重大意義，所以仍是個體性的重要元素。

八、結語

「區分人群」是複雜性的化約。社會存在相當多的個體，而個體的多樣性必然無法使觀察者在面對複數個體的時候描述他們的所有屬性，對眾多個體（人）的觀察要求先對他們做一分類。[47] 但是，現代社會是功能分化的社會，複雜性比前現代社會要高得多，個人無法綁定一個團體或階層，用少數幾種身分參與社會，而是分化出多種身分（在功能系統中稱為角色），應付不同系統

47 當然這是一個現代的觀點，不適用於古代社會。Dumont（1981: 8-10）認為，傳統社會沒有今日的「個體」概念，是從社會整體的秩序去思考個體的貢獻；現代則反過來，從個體的角度思考，把社會及民族視為一個集體性的個體。從社會系統理論的分析或許還可以說，傳統社會對個人的觀察不是那麼多角度，因為人的身分是很固定的。大部分的人生活在自己的村落中，並沒有太多機會需要區分來自不同文化的人。

溝通的需要。因此，現代社會對人的分類必然也出現更多範疇。此外；個體化更強化每個人獲得多種身分的動機，導致族群身分的獲得不一定經由出生，也可以經由「認同」。相對於此，「放棄」一種出生獲得的身分就不像在傳統社會中那麼不可思議。原本在功能分化的趨勢下，「原生性」逐步被摒除在功能系統的涵括與排除條件之外，[48] 也就無法再主導個人的生涯，除了作為個體性自我描述的材料，可能與功能系統耦合（例如做政治動員）是少數僅存的功用。

從 Luhmann 的理論來說，觀察者所使用的區分就決定了用什麼群體分類方式去看群體問題，但這是偶連的，不是必然。另一方面，被觀察的個人並不會在被觀察時保持一種身分行動，他當下的身分也是偶連的，並不會固定。所以，從族群的區分去觀察個體的族群表現，可說是「雙重偶連」（*doppelt kontingent*）。族群身分並不能回應所有社會生活的層面，所以「族群」並不能全觀式地描述被觀察者。此時，研究者提出的問題，反而從「族群」的想像，連結更多可能性，銜接更多溝通，提升族群語意的複雜性。

用「族群」當作觀察區分的意義是什麼？正如本文所說，族群是民族的再進入產生的新範疇，而「民族」則是以今天所稱的「原生性」對人群做分類。這就表明了，社會的溝通仍常用「原生性」對人做觀察，以「原生性」做歸因（雖然功能系統基本上不處理原生性），這也證明了民族的意義並未消失。在政治體制尚處於「民族－國家」的時代，當國家遇到挑戰時，「人民」的內涵常常也需要重新定義、檢討，目前西歐的民粹風潮就有這個傾向。從這方面來說，保有多樣的族群風貌恰好可提供民族內涵的豐富選擇，組合成民族的複雜

48 這可以歸功於「平等」這個語意在現代社會中的作用。理論上，除了功能系統規定的涵括條件，其他的不平等及使用自由的限制都不是公平的（Luhmann, 2008c: 232-233）。而功能系統的涵括條件主要由「效能」（*Leistung*）決定，所以與出生相關的元素就不能成為排除（*Exklusion*）的要件。

性，讓民族得以在環境改變時再次建構自己以適應環境。例如，臺灣的原住民提供「非漢人血統」的元素，使「臺灣人血統」得以跟標榜「炎黃子孫」的「漢人血統」做出差異，這一點（構成民族）反而是「階級」難以達到的。

最後，社會系統理論提醒我們觀察者是誰的重要性，因為觀察者可建構系統，也引導溝通的內容。正如 Leach（2004）發覺人類學家建構自己想像的族群界線，當族群研究的觀點從同化論轉型到多元論時，觀察者也從民族轉成族群本身。於是族群從被觀察的對象（應該消失的異類），轉成自我觀察的系統（持續自我再生），生產更多意義。而族群這個系統也被其他系統觀察著，例如從婚姻的溝通系統觀察族群，使得族群持續被引入溝通。個體化也是如此；個體不斷觀察著族群，賦予族群新意義。回過頭，族群也賦予個體性意義。據此，雖然族群溝通並沒有非存在不可的理由，但是在族群文化不再規範個人生活的時代，它提供的意義仍然占有重要的地位。

附記：本文由作者已發表的兩篇論文（胡正光，2017；2021）改寫而成，所以並不算一篇全新的作品，敬請讀者見諒。另，本文於工作坊發表時，有幸得到輔仁大學社會系魯貴顯教授的指正，在此誠摯表達感激之意，惟限於能力無法做更大幅度的修改，誠屬遺憾。

參考文獻

Berghaus, Margot 著，張錦惠譯，2016，《魯曼一點通：系統理論導引》（*Luhmann leicht gemacht: Eine Einfuehrung in die Systemtheorie*）。新北：暖暖書屋。

Kneer, Georg and Armin Nassehi 著，魯貴顯譯，1998，《盧曼社會系統理論導引》（*Niklas Luhmanns Theorie sozialer Systeme*）。臺北：巨流。

于嘉明，2009，《在台泰緬雲南籍穆斯林的族群認同》。國立政治大學民族學研究所碩士論文。

王甫昌，2002，〈台灣族群關係研究〉。頁 233-274，收錄於王振寰編，《臺灣社會》。臺北：巨流。

______，2003，《當代台灣社會的族群想像》。臺北：群學。

王明珂，2003，《羌在漢藏之間：一個華夏邊緣的歷史人類學研究》。臺北：聯經。

林正慧，2015，《臺灣客家的形塑歷程：清代至戰後的追索》。臺北：國立臺灣大學出版中心。

洪鎌德，2001，《法律社會學》。新北：揚智。

胡正光，2017，〈社會演化與人群分類：族群做為語意〉。《政治與社會哲學評論》61：1-71。

______，2021，〈族群界線與族群不平等：一個魯曼系統理論的二階觀察〉。《政治與社會哲學評論》74：111-181。

馬孝棋，2011，《殯葬文化對宗教意識與族群認同的影響：以台灣北部地區穆斯林爲例》。國立政治大學民族學研究所碩士論文。

馬健雄，2013，《再造的祖先：西南邊疆的族群動員與拉祜族的歷史建構》。香港：香港中文大學出版社。

高念慈，2008，《中壢龍岡清真寺的建立與發展》。國立臺灣師範大學歷史學系碩士論文。

張維安，2015，《思索臺灣客家研究》。臺北：遠流。

張藝曦，2015，〈從陳寅恪與羅香林的一段交涉看民初客家論述的形成〉。頁 89-116，收錄於張維安、劉大和編，《客家映臺灣：族群文化與客家認同》。苗栗：桂冠。

許維德，2013，《族群與國族認同的形成：台灣客家、原住民與台美人的研究》。桃園：國立中央大學出版中心。

陳麗華，2015，《族群與國家：六堆客家認同的形成（1683-1973）》。臺北：國立臺灣大學出版中心。

湯志傑，2009，〈將《社會之經濟》鑲嵌進「新經濟社會學」〉。頁 iii-xciii，收錄於湯志傑、魯貴顯譯注，《社會之經濟》（*Die Wirtshcaft der Gesellschaft*）。臺北：聯經。

魯貴顯，2002，〈社會不平等及社會結構研究中的個體主義：系統理論對「結構／個體」的超越〉。《東吳社會學報》13：1-25。

______，2003，〈功能分化社會中的偶連性與時間：一個系統理論的觀點〉。頁 247-276，收錄於黃瑞祺編，《現代性 後現代性 全球化》。新北：左岸文化。

羅香林，2018，《客家研究導論（外一種：客家源流考）》。廣州：廣州人民。

羅烈師，2006，《臺灣客家之形成：以竹塹地區爲核心的觀察》。國立清華大學人類學研究所博士論文。

Alba, Richard, 1976, "Social Assimilation among American Catholic National-Origin Groups." *American Sociological Review* 41: 1030-1046.

______, 1985, *The Italian Americans*. Englewood Cliffs: Prentice-Hall.

Baraldi, Claudio, Giancarlo Corsi and Elena Esposito et al., 1997, *GLU. Glossar zu Niklas Luhmanns Theorie sozialer Systeme*. Frankfurt am Main: Suhrkamp Verlag.

Barth, Fredrik, 1998, "Introduction," Pp. 9-38 in *Ethnic Groups and Boundaries: The Social Organization of Culture Difference*, edited by Fredrik Barth. Long Grove: Waveland Press. Inc.

Bauman, Zygmunt, 1997, *Postmodernity and Its Discontents*. Cambridge: Polity Press.

Bennett, John W., 1975, "A Guide to the Collection." Pp. 3-10 in *The New Ethnicity: Perspectives from Ethnology*, edited by John W. Bennett. St Paul: West Publishing Co.

Berghaus, Margot, 2011, *Luhmann leicht gemacht*. 3. ueberarbeitete und ergaenzte Auflage. Koeln, Weimar und Wien: Boehlau Verlag.

Brubaker, Rogers, 2004, *Ethnicity without Groups*. Cambridge & London: Harvard University Press; Princeton University Press.

Dumont, Louis, 1981, *Homo Hierarchicus: The Caste System and Its Implications*. Second Edition, Revised edition. Chicago: University of Chicago Press.

Eriksen, Thomas, 2010, *Ethnicity and Nationalism: Anthropological Perspectives*. Third edition. New York: Pluto Press.

Gans, Herbert J., 1979, "Symbolic Ethnicity: The Future of Ethnic Groups and Cultures in America," *Ethnic and Racial Studies* 2(1): 1-20.

Geary, Patrick, 2003, *The Myth of Nations: The Medieval Origins of Europe*. Princeton and Oxford: Princeton University Press.

Gellner, Ernest, 1983, *Nations and Nationalism*. Oxford & Cambridge: Blackwell.

______, 1997, *Nationalism*. New York: New York University Press.

Glazer, Nathan and Daniel Moynihan, 1963, *Beyond the Melting Pot*. Cambridge: MIT Press.

Harrell, Stevan, 1995, "The History of the History of the Yi," Pp. 63-91 in *Cultural Encounters on China's Ethnic Frontiers*, edited by Stevan Harrell. Seattle & London: University of Washington Press.

Hobsbawm, Eric, 1990, *Nations and Nationalism since 1780: Programme, Myth, Reality*. Cambridge, New York, Port Chester, Melbourne, and Sydney: Cambridge University Press.

Huxley, Julian and Alfred Haddon, 1935, *We Europeans: a survey of 'racial' problems*. London: Jonathan Cape.

Jenkins, Richard, 1996, *Social Identity*. London & New York: Routledge.

Jones, Siân, 1997, *The Archaeology of Ethnicity: Constructing Identities in the Past and Present*. London & New York: Routledge.

Kneer, Georg and Armin Nassehi, 2000, *Niklas Luhmanns Theorie sozialer Systeme: eine Einführung*. 4. Auflage. München: W. Fink Verlag.

Krause, Detlef, 1999, *Luhmann-Lexikon: eine Einführung in das Gesamtwerk von Niklas Luhmann*. 2., vollständig überarbeitete, erweiterte und aktualisierte Auflage. Stuttgart: Ferdinand Enke Verlag.

Leach, Edmund, 2004, *Political Systems of Highland Burma: A Study of Kachin Social Structure*. Oxford & New York: Berg.

Leerssen, Joep, 2006, *National Thought in Europe: A Cultural History*. Amsterdam: Amsterdam University Press.

Luhmann, Niklas, 1987, *Soziale Systeme: Grundriss einer allgemeinen Theorie*. Frankfurt am Main: Suhrkamp Verlag.

______, 1993, *Gesellschaftsstruktur und Semantik: Studien zur Wissenssoziologie der modernen Gesellschaft Band 1*. Frankfurt am Main: Suhrkamp Verlag.

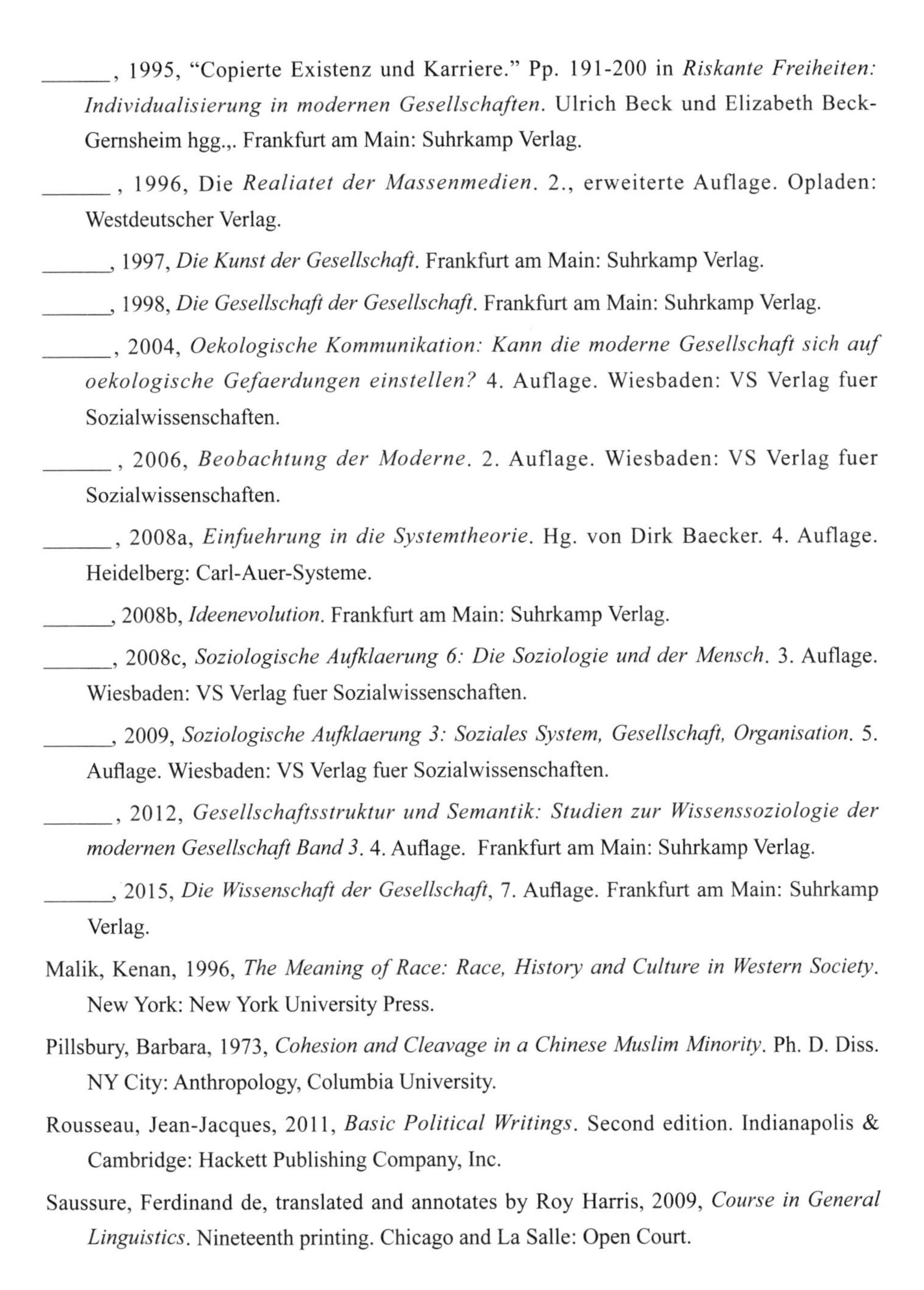

______, 1995, "Copierte Existenz und Karriere." Pp. 191-200 in *Riskante Freiheiten: Individualisierung in modernen Gesellschaften*. Ulrich Beck und Elizabeth Beck-Gernsheim hgg.,. Frankfurt am Main: Suhrkamp Verlag.

______, 1996, Die *Realiatet der Massenmedien*. 2., erweiterte Auflage. Opladen: Westdeutscher Verlag.

______, 1997, *Die Kunst der Gesellschaft*. Frankfurt am Main: Suhrkamp Verlag.

______, 1998, *Die Gesellschaft der Gesellschaft*. Frankfurt am Main: Suhrkamp Verlag.

______, 2004, *Oekologische Kommunikation: Kann die moderne Gesellschaft sich auf oekologische Gefaerdungen einstellen?* 4. Auflage. Wiesbaden: VS Verlag fuer Sozialwissenschaften.

______, 2006, *Beobachtung der Moderne*. 2. Auflage. Wiesbaden: VS Verlag fuer Sozialwissenschaften.

______, 2008a, *Einfuehrung in die Systemtheorie*. Hg. von Dirk Baecker. 4. Auflage. Heidelberg: Carl-Auer-Systeme.

______, 2008b, *Ideenevolution*. Frankfurt am Main: Suhrkamp Verlag.

______, 2008c, *Soziologische Aufklaerung 6: Die Soziologie und der Mensch*. 3. Auflage. Wiesbaden: VS Verlag fuer Sozialwissenschaften.

______, 2009, *Soziologische Aufklaerung 3: Soziales System, Gesellschaft, Organisation*. 5. Auflage. Wiesbaden: VS Verlag fuer Sozialwissenschaften.

______, 2012, *Gesellschaftsstruktur und Semantik: Studien zur Wissenssoziologie der modernen Gesellschaft Band 3*. 4. Auflage. Frankfurt am Main: Suhrkamp Verlag.

______, 2015, *Die Wissenschaft der Gesellschaft*, 7. Auflage. Frankfurt am Main: Suhrkamp Verlag.

Malik, Kenan, 1996, *The Meaning of Race: Race, History and Culture in Western Society*. New York: New York University Press.

Pillsbury, Barbara, 1973, *Cohesion and Cleavage in a Chinese Muslim Minority*. Ph. D. Diss. NY City: Anthropology, Columbia University.

Rousseau, Jean-Jacques, 2011, *Basic Political Writings*. Second edition. Indianapolis & Cambridge: Hackett Publishing Company, Inc.

Saussure, Ferdinand de, translated and annotates by Roy Harris, 2009, *Course in General Linguistics*. Nineteenth printing. Chicago and La Salle: Open Court.

Smith, Anthony, 1999, *The Ethnic Origins of Nations*. Oxford & Malden: Blackwell.

______, 2010, *Nationalism: Theory, Ideology, History*. 2nd ed. Cambridge & Malden: Polity Press.

Spencer, Philip and Howard Wollman, 2002, *Nationalism: A Critical Introduction*. London, Thousand Oaks & New Delhi: Sage Publications.

Stark, Rodney, 1996, *The Rise of Christianity: a Sociologist Reconsiders History*. Princeton & Chichester: Princeton University Press.

Taylor, Charles, 2004, *Modern Social Imaginaries*. Durham: Duke University Press.

客家族群源流理論之知識社會學分析

張維安 *

一、前言

族群，社會構成的基本人群分類，是一種基於共同記憶的想像共同體。構成社會的人群團體（例如教會、家庭、宗族，甚至班級），其成員都擁有各自的獨特記憶。記憶不一定要通過親身經驗來獲得，有些記憶，特別是集體的記憶往往可以通過後天的學習、塑造而成。族群想像共同體的集體記憶往往具有這類性質。族群作為一個基於集體記憶的想像共同體，其集體記憶的建構，正是本文討論的議題。

以客家族群為例，大槐樹、石壁村的移民歷史記憶，未必是每一個客家人親身經歷，但能成為族群記憶的一部分。移民過程中的苦難傳說、族群英雄故事，未必親身見過，但能成為凝聚族群的因素。集體記憶想像共同體的建構，可以通過後天的學習，例如歷史文獻的閱讀、英雄事蹟的傳說、戲曲的展演、故事的傳播、飲食與風俗習慣的實作（或論述）、祭儀文化的實踐或博物館的展示等許多方式來進行。

* 張維安（wachang@nycu.edu.tw），國立陽明交通大學榮譽教授、人文與社會科學研究中心研究員。

客家源流，特別是客家北方漢人學說，究竟是一個「歷史事實」？還是一個普遍被客家族群所接受的「社會真實」？客家源流是一個本體論的問題，還是一個來自於經驗的社會性建構？從知識社會學觀點，客家源流的議題除了探索客家源自何方流向哪裡的經驗內涵外，而更重要的是分析客家源流的知識是怎樣創造出來的？為何創造？誰創造出來的？

本文關心客家族群（或客家想像共同體）的集體記憶之相關知識是如何建構的？族群記憶的編織過程與編織要素，與其所處的知識脈絡特質有哪些關聯？特別是客家北方漢人南遷的故事，這些故事需要重新理解和建構。本文以羅香林客家研究典範及其所衍生的思考為對象，分三部分探討。

首先，認識客家的方法。日常生活裡人們怎麼樣描寫客家，如何說明客家源流？從韋伯社會學的方法論來講，面對（真正的）「客家」時，我們只能用所掌握到的「部分知識」、通過建構的方式，用概念來理解它。因為社會現象的無限性，人們認知能力有限，所有能掌握的只是社會實體的部分；又由於社會現象的無限性，因此關於社會現象的認識，必然受到認識主體的價值關聯（value relevance）所影響，簡單來說社會學家關於社會實體的描述，具有一定程度的部分性、有限性及主觀性。下文將說明不同的學者因為本於自身一定的觀點，或者受到認識主體的價值關聯所影響，因而看到不同的客家特質。而認識主體的價值關聯又經常受到時代主流思潮的影響。針對不同客家源流的見解，本文將從建構客家源流知識的時代脈絡與生產這些共享知識的背景來加以理解。

第二，知識社會學的旨趣。基本上，知識社會學主張要認識知識本身所處的時代情境，甚至要了解知識倡導者的身分。所以當我們談論客家或是臺灣的族群關係或閱聽媒體名嘴的見解時，了解發言人或作者的身分就很重要。過去評論客家人對臺灣社會的貢獻，或歷史上分辨客家是不是漢人這些問題，其結果南轅北轍，大致都和論者的身分及其所處的時代背景有關，甚至跟發言的目的以及發言後所預期的後果有關。社會科學固然要討論「真實」是什麼，更需要了解這種知識的見解或主張的原因是什麼，產生這種知識見解的社會脈絡、社會背景又是什麼。因此我們不僅要了解客家源流知識本身的經驗性、歷史性內容，更要將它作為社會的產物來認識。以客家源流為例，需要了解客家源流的問題為什麼會被提出，以及誕生客家源流知識的社會條件跟時代背景。

第三，客家族群源流學說的知識社會學分析。固然要討論漢人、純漢人、北漢南遷、客家南源與「畲即是客」的客家源流知識的內涵是什麼？更重要的是要問「這些內涵是如何建構出來的」。從羅香林的學說來看，客家源流知識可說是學者個人的主觀價值與時代主流思潮互動的結果。最近這些年來，客家源流的內容、客家族群的性質，相較於羅香林典範已經有所改變，學科共享的基礎共識與時代共享的族群評價內容也在改變，人們不再堅信羅香林所建構的客家族群性質，甚或其所提倡的客家源流見解。今日我們（客家人）也不會再因為客家人不是漢人而覺得很遺憾。這樣的改變，其實牽涉到底層整個基礎知識、時代背景與價值觀（典範知識）的改變。下文將繼續討論影響客家族群性質建構或生產客家源流知識的底層概念。

二、認識客家族群的方法

（一）理念型（ideal type）為認識社會的工具

客家族群或客家源流知識典範，並不是一個自然科學定義的研究對象，不是「客觀實存」的外在於個人，就在哪裡的社會事實，不是客觀實在的存在於哪裡的「東西」。那麼我們是怎麼描寫客家呢？

以三個與客家族群描述有關的敘述為例：（1）客家人重義氣；（2）客家

人是中原世族之後；（3）勤勞節儉是客家文化的特色。當我描述客家族群特質時，我可能會說「客家人重義氣」、「客家人是中原世族之後」、「客家有勤勞節儉的特色」，三個敘述都可能和客家族群的特質有關，但也不是客家族群所獨有，而且描述的內容非常分散，不足以用其來「認識」真實的客家族群面貌。實際上，我可以無限增列所觀察到的客家族群經驗特質，列到三十個或三百個也可以，這就牽涉到我們認識客家族群的方法，實證論者根據接觸的經驗知識加以整理、歸納並想像，不同的經驗內容會演繹出不同的結果。本文的觀點是，不能採用「瞎子摸象」的邏輯。「瞎子摸象」的故事暗示我們只摸到大象的鼻子不足以認識大象，不過增加摸到大象的耳朵、大腿後，大象的全貌就逐步呈現。不過認識社會現象的取徑並非如此，以「理念型」作為認識社會的工具，和趨近事物真相的預設並不相同。

認識客家族群的理念型之建構，只會使用很少的概念，它是本於一定角度的抽象建構出客家族群的意象，通常不會列出大量的經驗觀察特質，也不是主張累積越多關於客家族群的特質，就越能認識「真實的」客家。人們通常是用三個、五個特質來描述或認識客家族群。

理念型如何認識、描述客家？從社會學家韋伯（Max Weber）的觀點來看，我們可以這麼說：「客家社會實體」具有無限多的特質，有無限多種可能的描述，研究者只能基於某種價值關聯（value relevance）的引導，選擇部分社會現象來描述客家社會實體，是一個或一個以上觀點的片面強調，進一步建構的理念型。理念型是一種概念工具，並不等於社會實體，其目的是為了對社會實體的描述提供清楚的表現方式，可以用它來觀察社會現象、整理、比較和理解社會現象，沒有它，認識幾乎是不可能（張維安，1989：17-30）。

（二）本質主義的複印真理觀

客家本質主義者假定有一個客觀的、本體論的客家族群存在，所以有「客家的本真性」。實證主義者的研究取徑就是累積增加客家特質的觀察，以不斷增加觀察數量、歸納更多客家特質，以便於趨近客家族群的本真性，逼近於客家族群的真相，這種真理觀就是「複印真理觀」（copy theory of truth）。相信只要不斷努力累積，就能趨近所要了解的「東西」，以自然科學的模型研究客家族群，固然有其貢獻，不過因為自然科學假定其所研究的對象是外在於個人、客觀的存在於那裡的「東西」，所以可以通過歸納、累積進而逼近真相。然而客家族群作為研究對象時並非如此，客家社會實體本身不只不是外在於個人，或客觀的存在於那裡的社會實體，更重要的是這個實體會回應研究所得到的結果，甚至因研究結論而帶來改變。就像 19 世紀的「客家非漢說」成就了客家作為北方漢人的結論一樣，一個族群的面貌會因為研究的結果而定相，也可能因為研究而產生新的變貌。客家族群本真性的假定與追求，是社會科學「成為科學」之初，受到實證科學、自然科學影響的「假議題」。客家族群並非先天存在的「族群」，而是通過回應社會情境、人群利益，經歷回應文化價值糾葛而形成的，是後天、從歷史經驗中被建構出來的想像共同體，為何會有客家族群本真性的知識，也應該要從這些過程之中來加以理解。

（三）客家族群是時代的產物

承前文，客家成為一個族群是時代的產物，並不存在自然科學式「客家本質」的提問，「先驗的」客家社會實體本來並不存在，所以不需要回到客家本體論層次提問。從知識社會學角度探討客家社會實體，首先面對的是認識論與方法論的關係，因為客家族群這個社會實體是來自「時代共同心態」所影響的共同想像、集體記憶，通過學術界或民間所習用的「客家理念型」而被建構出來，簡單來說是通過客家族群知識建構而形成客家族群。

羅香林「客家理念型」中，客家作為一個民系（相對於其他漢人），作為漢人（相對於非漢人），作為血統純正的漢人（相對於血統沒這麼純正的漢人），作為貴冑之後（相對平庸的一般平民）。客家和其他人群不同，客家和其他人群劃界目的為何？正如曼海姆（Mannheim, 1998: 31）所言「在每一個問題和答案的背後，都可以發現其思想的運作模式，再深入探究就會發現他和某些團體的社會處境與解釋這世界的方式相契合」。這裡所謂的團體有可能是階級，也可能是世代或地位團體、職業團體，當然也可能是指族群團體，而所謂的族群有時是用行動者使用的語言、祭祀的神祇，甚至於飲食習慣來劃界。

面對客家族群知識的建構與客家族群的形成，我們應該深入的研究客家族群知識如何被建構，其運用的方法與材料都可以被重新考察。例如，以族譜為材料研究「客家人」的祖宗源流時，有需要先考察所據以為分析的族譜材料是如何生產的？下文將提到明清時期廣東許多地方家族在編修族譜的時候，往往是把傳說和士大夫的文獻傳統揉合起來，通過附會遠代祖先，把口傳的祖先系譜與按照書寫傳統建立起來的系譜連結起來。如果材料本身的性質如此，分析創造材料的社會脈絡所具有的意義，可能更勝於對材料內容的理解。

「研究客家研究」或「客家研究的研究」作為一種知識社會學的考察方式，也可以說是「社會學的社會學」考察，[1] 社會學的社會學結合了社會理論與社會歷史背景對社會知識的生產與影響加以分析。客家族群作為時代的產物，可以通過知識社會學的方式得到理解。

1 請參考維基百科「社會學的社會學」條目（https://en.wikipedia.org/wiki/Sociology_of_sociology，取用日期：2023 年 2 月 5 日）。

三、知識社會學的旨趣

（一）知識社會學

知識社會學的基本概念是，知識的內容與表現受社會條件所影響，分析知識與社會存在的關係，揭露創建這些知識的制度與生產這些知識的過程，即是知識社會學的旨趣。如曼海姆（Mannheim, 1998: 6）所說「知識社會學主要是闡明知識與思想的社會根源與作用，關注社會與思想的互動關係。現代各種思想的形成，都有其明顯的政治立意原則，因此在詮釋思想時，最好將之個別歸諸與社會集體行為有關的因素」。

馬克思（Karl Marx）也有堅持觀念必須追溯到持有者的生活條件及歷史情境的主張，雖然其後期著作否認經濟的、物質的「下層基礎」單獨決定屬於觀念的「上層建築」，但仍主張經濟「終究」或「在最後的分析裡」是為決定性的因素（Coser, 1986: 24）。也許上層建築與下層建築的化約關係過於狹隘，不過其知識社會學主張觀念、思想或意識形態依賴於社會實在則是清楚的。

涂爾幹的宗教社會學在知識社會學方面的貢獻，對本文之思考也有啟發。涂爾幹認為，宗教的形象來自於社會本身，民眾以社會本身的圖像來思考這個世界，宗教只是社會的變形，宗教的旨趣只不過是社會和道德旨趣的象徵形式。涂爾幹甚至企圖從社會脈絡（social contexts）來解釋有關範疇（categories）的哲學問題（張維安，1993：93、102）。涂爾幹對於時間觀念的誕生，從定期舉辦的社會儀式來解釋，力的概念來自於社會使人感受到一種優於個人的力量存在，這也是一種知識社會學的說法。

知識社會學觀點有助於我們了解知識的內容及呈現方式如何受到社會文化因素的影響。20 世紀之後，知識社會學的發展，逐漸脫離馬克斯以「階級」

來解釋知識的社會起源，而以全面知識（包括文化、宗教）來檢視受社會文化因素的影響，同時也在方法論上尋求新的典範（陳伯璋，2000）。不論是哪一個傳統的知識社會學，都主張社會的影響力會通過思想、概念和思想體系的形式擴展到人類經驗的結構中（McCarthy, 1996: 1）。知識社會學觀點的客家知識考察，客家研究的研究，必須細緻的討論生產（或產生）客家知識過程中的方法、資料與時代背景、主流思想、政治立意，當然也包括作者的（主觀性）關懷，甚至於其作者個人的身世。

許多思想的提出，常有政治利益在後面，我們詮釋它的時候，要詳細去看它跟整個社會、集體行為相關的地方，我們不能以為書中的學說就是客觀中立的見解。客觀中立是自然科學所追求的，但是社會科學主張卻不能不多了解一下其價值關聯，其學說主張的用意。社會科學家最好要把自己立場說明白，或研究者要把作者的立場講清楚。各種社會知識，如果詳細揭露它產生的背景，就會看到它本身所存在的性質，不考慮「思想和實際利益的團體」或「思想與社會結構」的關聯，將不能正確的了解大部分的思想。

（二）族群的分類政治

曼海姆指出，社會中具有實際利益的團體與他們所揭櫫的思想觀念與模式，存在著特定的關聯性，如果不考慮思想和社會存在的關係，或思想與生活的社會關聯，就不能正確的了解大部分的思想與認知（Mannheim, 1998: 9, 23）。各種知識詮釋一旦顯露其社會背景，就會展現出各種知識本身只是衝突的團體競相爭取權力的說辭而已（Mannheim, 1998: 23）。知識本身和研究者所屬的團體身分與所處的社會情境具有密切的關聯（Mannheim, 1998: 27-28）。時代脈絡與知識的創造有密切關係，因此難有客觀中立放諸四海皆準，沒有價值關聯的知識。連藝術都可以從藝術史的角度講出那些藝術形式是代表某個時代的特點、是某個時代的產物。

族群源於分類，受分類政治所影響，如葉志清（2017：31-32）所言「族群作為現代國家制度下一個社會分類概念，他並不是憑空浮現的，而是在特定時空脈絡中由諸多政經文化因素交織演化而成的人為想像」、「我們應該從族群何以成為社會分類的機制來思考，才有辦法理解族群分類作為知識分類所產生的歧義意涵」（葉志清，2017）。「分類的目的就是社會秩序的運作與維持。分類不只是安置歸屬的物理作用，他還承載著價值與權力交錯思維的化學作用，而分類恰恰是人們形成知識的參照架構，因為分類將複雜的社會關係簡化，讓人們的行為可以符應知識，使社會秩序或生活倫理成為可能」（葉志清，2017）。

族群分類的本質就是知識的分類，承載著價值判斷、權力、利益的分類。知識的分類將對行動者造成社會的影響性，提供行動者社會分類、社會行動的正當性基礎。客家族群的概念作為一種人群分類的概念，通過各種方式界定人與人之間的族群邊界，人與人的劃界，後面也有其社會分類的時代脈絡，例如族群文明和不文明之間，族群優秀和不優秀的區分，族群血統純正和不純正的評價系統，分類與（被）分類都與實際社會利益有關，有些族群分類牽涉到考試的學額，甚至還牽涉到（以族群為基礎的）救贖，在彼岸的世界中還和族群分類的（利益）有關。

現下有些人說，人與人之間不要分你我，要融合，好像這樣可以免除族群的衝突，進一步解讀，此項主張通常來自社會中多數群體（majority）。主流團體可能支配著該社會的語言、文化甚至於制度，不易感受族群之間的不公平，因為不是弱勢團體，或沒有感知到其他弱勢團體的處境，甚至沒有族群（不平等）的敏感度。此一與族群主流化相關的議題，將另文處理。

（三）客家族群分類的政治

如前所述，知識分類、族群分類的後面，經常承載了一些價值判斷和權力分配，甚至是真正的社會利益糾葛。如印度的社會階層分類，後面就有一個（意識形態與社會經濟的）分類基礎，知識分類提供行動者社會分類、社會行動的正當性基礎，從而造成社會影響。族群分類也是，客家族群的概念作為一種人群分類的概念，通過各種方式界定人與人之間的族群邊界。人與人的劃界，後面有其社會分類的背景，客家人、廣東人、福建人分類底層常牽涉到一些價值判斷，例如前述的文明和不文明，優秀和不優秀，漢人血統的純正與否。

族群分類是社會的產物。族群分類的知識及其社會建構的過程，也是社會的產物，不過族群分類知識的建構通常要比族群的建構早一些發生。例如「自在的客家」早已存在，但不必然會發展出具備族群意識的「自為的客家」。也就是說自在的客家社群早已在那裡，可是這個人群並沒有關於自身的族群意識，不知「身為客家」。直到接受族群分類相關的知識體系，例如通過客家知識分子的呼籲、啟蒙，才會有族群意識，有我群／他群意識、有被壓迫的意識，有利益不同的意識，具有這些條件後，「自在客家社群」才能成為一個具有族群意識的客家族群，即「自為的客家」。

客家研究的知識，提供了客家族群之所以可能的基礎，沒有客家研究提供族群論述的知識，就不會產生「自為的客家」，族群意識的啟蒙是客家研究對客家族群的重要貢獻。過往，關於客家的定義常以行動者使用的語言、祭祀的神祇，甚至於飲食習慣、穿著、風俗儀式、住居樣式……來劃界。客家學者替客家人做了很多特質選定。不過族群的劃分，往往牽涉到更底層的價值鬥爭。客家為什麼想要作為漢人，相對於做非漢人又如何？客家要作為血統純正的漢人，作為血統沒有這麼純正的漢人又會怎樣？客家作為貴冑之後，客家為何不能主張出身於相對平庸的一般平民？客家如何和其他人群劃界？判準為何？在每一個問題和答案的背後，都可以發現其思想的運作模式，再深入探究就會發現他和客家團體的社會處境，與當時支配社會的意識形態有關。每個答案後面都可以看到一些目的。這些歷史脈絡與社會過程，都是客家族群理論的知識社會學分析所要探討的。

四、客家族群理論的知識社會學分析

（一）以客家北方漢人說為典範

客家研究的從事者，喜不喜歡都要認識羅香林，特別是他的《客家研究導論》（羅香林，1933）與《客家源流考》（羅香林，1989）[2]。他將客家族群定位為漢人的一個民系，並考察了這個民系的源流，奠定客家為北方中原漢人的「學說」，長期以來被客家族群引作安身立命的基礎，直到今天還是世界各地客家族群的共同「信仰」。客家為北方中原漢人的見解，不但為民間所擁戴，同時也影響著學術界的研究觀點，許多客家研究都是在這個架構之下，強化客家為北方中原漢人相關證據的細部論述。

有很長一段時間，羅香林的「北方漢人說」成了「客家源流」這一議題的標準答案，只要提到「客家人」，像是反射動作一般，很多人就立刻會搬出「中原漢人」、「純正漢文化」等語彙。羅香林學說已成此時客家研究的典範（paradigm），客家研究在「羅香林典範」中進行「常態科學」（normal science）[3] 的細部工程。許多客家研究者均依循他的說法，以客家血統的高貴論證客家民系的優秀。羅香林及其後的追隨者（包括陳運棟、雨青、鐘文典等，轉引自許維德，2021：38）樹立了客家先民源自中原，是中原衣冠南渡士族的

---

2 原始出版年為 1950 年，是以專書篇章形式發表。這裡引用的是後來出版的單行本。

3 參見國家教育研究院：「常態科學」意指以過去的科學成就為基礎所從事的研究，是孔恩（T. S. Kuhn）用以表徵科學家社群在典範指導下不斷累積知識的過程（https://terms.naer.edu.tw/detail/1309585/，取用日期：2022 年 3 月 25 日）。

論述，使客家人對祖先的光榮歷史念念不忘，並引以為榮。

1930 年代到現在，關於客家族群的北方漢人身分的見解，不斷在民間和學界流傳，特別是在民間團體的刊物，例如世界各地的客家會館紀念刊物中，以直接轉載羅香林著作原文方式，或發揚羅香林客家學說的方式，專文解說客家源流論述。以《霹靂客屬公會開幕紀念特刊》為例，相關的論文有〈客家研究的新動向〉（羅香林，1951a：311-319）、〈黃巢變亂與寧化石壁村〉（羅香林，1951b：320-324）、〈客家源流〉（賴際熙，1951：325-329）、〈客家之源流及其遷徙〉（Campbell, 1951: 330-336），甚至新撰百頁長篇的〈漢人與客家〉（劉儀賓，1951：1-110），此外還特別邀請胡文虎親筆題字，以增加其影響力。其中葉榮燊（1965：14）所編《嘉應故鄉談叢，第二集》中〈文化與史略〉一文，還詳細摘錄客族 5 次南遷的路線與內容。

這些期刊除了詳細引介客家族群從北方南遷的路線之外，還特別補充國父孫中山先生、太平天國洪秀全的先世資料，以說明他們的客家身分。羅香林客家學說的見解，特別是族譜資料的運用，深深烙印在一般的客籍與非客籍民眾心中，直至今日，偶有機會在客家社團中提起客家非漢的可能性，或說起族譜資料的真實性問題時，還能體會到客家鄉親對於當年將「客家非漢說」視為污名客家的氣憤。

（二）客家北方漢人說的異例

不過即使是如此，北方客家源流的見解，似乎沒有因為客家籍政界大老如黃遵憲、學者如羅香林或商界如胡文虎等人，及其他相關人士的主張而帶來澈底的共識。如果說質疑客家為北方漢人的看法是羅香林學說這個「典範」的「異例」，其實早在典範形成之時，就已存在（許維德，2021）。許維德（2021：11-12）在〈「客家源流」相關文獻的分類與回顧〉一文中指出，客家源流的問題並沒因為羅香林出版《客家研究導論》而得到解決，事實上「該書完成的 1930 年代，『客家源流』這一發問就已經是一個眾說紛紜的議題」。許維德在這篇論文中說，「客家源流」相關文獻五花八門，論文觀點南轅北轍，經其整理分析，通過複雜的分類，發展出九個處理「客家源流」議題的「理念型」，並製圖說明如下（請參考圖 1）（許維德，2021：13-22）。這九個「理念型」是北方中亞民族說、北方漢人說、北方中亞民族主體說、北方漢人主體說、土漢融合說、南方漢人主體說、南方土著主體說、南方漢人說以及南方土著說。沿著這條線索，許維德教授提出「連續體分類模式」（許維德，2021：11-12），詳細論述可進一步參考其論文。針對羅香林客家源流學說的典範，以及近年來所發生典範轉移，本文將進一步分析此典範知識移轉的社會基礎。

19 世紀發生客家非漢論的爭議，到羅香林的客家北方漢人論的提出，直覺這是一個關於客觀證據的討論。的確，離事不足以言理，客家研究作為一門經驗科學，客家源流的解謎關鍵似乎可以「讓事實說話」。從知識社會學的角

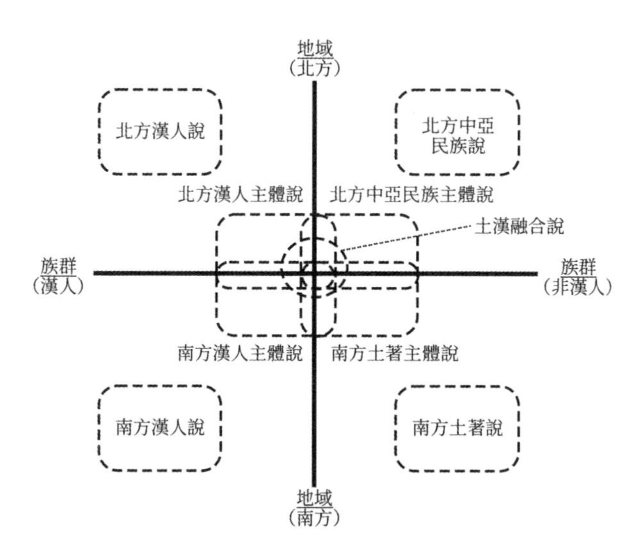

圖 1：九個「客家源流」議題的「理念型」。

資料來源：許維德（2021：13-22）。

度，則需要深入了解客家源流知識典範的基礎，今日客家研究不只是一般實證科學的研究，更需要進行「客家研究的研究」，深入理解客家研究所使用的方法、資料與觀點，以及一些沒有被揭露的、後設的引導。基本上，本文認為「客家源流的問題」不能停留在追求「客家族群本真性」的層次，客家源流的發問是一個充滿價值判斷的議題，回答此一問題的資料固然是經驗性的、歷史性的，卻也不能忽略其價值關聯，甚至於學者本身的族群身分。

羅香林是一位學問淵博，而且具有多方面成就的學者，羅香林研究的評述，牽涉所及，需要更完整的討論，這方面已經有很多學者做過深入的分析。例如，黃志繁（2007：90-1）指出「1990 年代以來，羅香林《客家研究導論》中經典性的觀點受到了理論和事實的雙重質疑。羅香林關於客家源自中原漢人的論述過於依賴客家人的族譜而忽略了其他相關資料，因而與事實存在很大出入。一些學者則運用族群理論，批判羅氏的『族群中心主義』。根據族群理論，無論客家是否來源於中原的漢族，還是具有多麼獨特的精神氣質，客家要實現從一個『文化群體』轉化為『族群』，必須是在與別的群體衝突與交往中自我認同形成的，而不是由南遷漢人在一個獨特的地理環境中形成的『富有新興氣象，特殊精神，極其活躍的民系』」。

黃志繁外，陳運棟（1978）、房學嘉（1994）、謝重光（1995）、王東（1996）、陳支平（1997）、李輝等（2003）分別從事實層面補充和質疑羅香林的論述。這些學者大多得到客家和其他南方的漢人之間並沒有太大差異的結論，或形成客家的主體民族不是北方南遷的漢人，而是本地的土著民族，從而主張「客家文化是畲、漢兩族文化互動的產物」（蔣炳釗，2000：339），主張客家話就是從畲話轉化而來的見解（羅肇錦，1988）。像這樣，從資料上和羅香林進行客家源流對話的學術論文還可以繼續增列，先在此停住，讓我們將羅香林客家源流學說放回知識社會學的脈絡中討論。

（三）客家北方漢人說為非漢說的回應

把羅香林客家源流的北方漢人學說視為時代的產物，或將客家族群源流史視為真實的歷史，其意義很不一樣。視客家族群源流論述為真實歷史者，認為有客觀可信的資料加上嚴謹的研究方法，因此得出客家族群之源流為北方漢人的見解（黃志繁，2007）。將客家族群源流視為時代的產物者，是將「作為北方漢人」視為當時客家界或更大團體的一種期待，他們希望得到客家為北方漢人說的結論。例如羅香林所來往的廣大客家社群，包括支援其客家研究的工商企業家、當時政界客家大老們都可能對這個結論帶來影響。

從今天的角度來看，客家知識體系的形成，確實也有其明顯的族群政治脈絡。也就是說，羅香林的客家源流結論，並不能視為素樸的實證論研究成果。羅氏客家源流研究的結論與主張，與當時客家社會的共同心態和客家族群的集體想望相契合，累積性的實證資料，則佐證了客家社群預定的結論。簡言之，從知識社會學的角度來看，社會背景、時代的心態正是形成知識的基礎。依此，客家北方漢人知識的建構，不能單純視為羅香林個人的見解，更應該視為一個團體心態，客家集團的集體經驗與共同心態的結果。從知識社會學角度來看，這種社會背景，時代的共同心態，即是形成客家族群知識的重要基礎。羅香林所進行的客家北方漢人知識建構，與其說是個人的見解，不如視為當時整個客家集團的集體經驗跟共同想像的期待。這種研究，可能只是通過資料的尋找跟更多資料的匯集，來說一件自己本來想要說的答案。就如前文所引述的那樣，會忽略不利於說明客家為獨特漢人民系的資料。從族群互動的歷史過程來看，來自客家中心區的客家人和廣東人的衝突中，激起客家漢人論的需要，有此想法，再去尋找來自於中原的資料，進一步建構客家漢人的正統地位。

關於客家源流問題的這個歷史脈絡，林正慧指出，明清時期，閩粵贛邊區人口飽合，加上清初遷海復界之後，大量客方言人群向粵東沿海或珠江三角洲一帶流徙，在互動的過程中，客方言人群的流寓與耕佃身分，漸與周邊的廣府或福佬方言人群面臨文化差異，以及現實的經濟資源的爭奪。乾嘉之後，流徙至廣府方言地帶的客方言人群，由於人口激增，勢力擴展，漸形成與操廣府方言的人群相對競爭的局勢。廣府人常「褊心者或鄙夷之，以為蠻俚，播之書史」，以匪、賊，或蠻、獠等非漢族稱之。將客族歸類為「非漢的野蠻民族」的情形，在中國客家原鄉與海外，相繼發生，例如 1907 年（光緒 33 年）黃節所編的《廣東鄉土地理教科書》、1915 年（民國 4 年）的《中國地理課本》、1920 年（民國 9 年）西方人 R. D. Wolcott 所編的《世界地理》、1936 年王斤役在上海《逸經》文史半月刊的〈福建雲霄之猺獞〉一文，也指客家人屬猺獞民族，是狗頭王之後裔（林正慧，2011）。

對應於每一次客家被歸類到「非漢」人群中時，客家族群中的名人或組織，都有相應的回應，在中國大陸所成立的「大同會」、「客家源流會（族譜）」和在香港成立的崇正總會（崇正同人誌），以及 1926 年在馬來西亞柔佛巴魯成立的客家同源俱樂部，一步一步的促成客家人的團結並設法證成客家為漢人，甚至是正統的漢人。

新加坡的星洲客屬總會，為了加強南洋客屬總會與各地屬會間的關係。於 1938 年，從香港訂印 1 萬本《客家研究導論》運回南洋，宣傳他們所要建基的客家意識（張維安，2020：57）。羅香林的《客家研究導論》一書在客家族群形成初期，扮演了相當重要的角色。南洋客屬總會董事到各地宣導成立客屬分會時，也會招納商家捐款、購書。客家意識的宣傳並不只是星洲總會，也影響各屬會地區著手宣傳客家意識，學習關於客家人的源流和遷徙歷史，強調客家漢人之正統性及族群尊嚴，在客屬團體所出版的特刊中，客家源流也是必刊的內容。

（四）誤解宋代的「客戶」及與客家南遷

客家中心區的客家源流知識體系的形成，有明顯的族群政治利益考量。邊緣地區的客家，啟蒙了中心地區的客家，不過客家源流學者沒有停留在這個「來自賤稱的客家傳統」，反而是努力承接宋代「客戶」的立論。針對客家學者所承接的「（不是客家的）宋代客戶」，林正慧指出已有學者加以駁斥，因為，歷史上的「客戶」就是漢魏以來因逃避戰亂和地主壓榨而流離失所的農民，又稱流民、流人。「客戶」在戶籍管理上指的是無地或少地的流亡佃農，這種客戶，各朝都有，且流布全國。因此論者多認為把客家和客戶混為一談，可說是犯了一個知識性的錯誤，是一個很大的誤解（林正慧，2011：82）。不過羅香林在《客家源流考》一書中卻把「客戶」從宋代前推至晉元帝「給客制度」的詔書。認為客家的「客」字是沿襲晉元帝詔書所定，至唐宋，政府簿籍，乃有「客戶」專稱，客家一詞，則是民間通稱（林正慧，2011：82）。忽略與當代客家族群之所以成為客家族群的「由賤稱到自稱」的傳統，客家源流知識體系承接宋代客戶的這種建構，這種安身立命的基礎之安頓，無非是當時客家集體行動的一種方法。

關於連結宋代以來「客戶」的問題。施添福也有詳細的分析，他將客家區分為「本貫主義的客家」和「方言主義的客家」，本貫主義的客家，客指的應該是寄寓、暫居、離開本貫遷移他地的異鄉人或外來人，甚至是不入戶籍或脫漏戶籍而到處遷徙的流民。因此，客相對的是居住於本貫的主戶、土著或本地人。本貫主義下所產生的各種客稱，如客戶、客民、客人、客籍、客家等，必然是通稱，而非專稱。方言主義的客家，客指的是使用客方言的人。在方言主義下所產生的各種客稱，必然是專稱，而非通稱（施添福，2013：1）。行文中，他將前者放入「」之中，「客家」並非指稱今日的客家族群，是一個放入引號，具有本貫主義意義的「客家」。他進一步指出中國自魏晉到明清，在傳世文獻上所見的各種客稱，基本上都是依據戶籍制度的本貫主義所界定的「客家」，並非作為民系或族群名稱的客家，自清中葉以降才逐漸從本貫主義的「客家」向方言主義的客家轉移。然而，這個轉移的過程卻相當緩慢，至今可說尚未完全取代。「客家」和客家概念的長期混用和共存，結果不但對客家的研究者，同時也對客家指涉的實體造成認知上的落差，各種爭論乃由此而產生。以致至今「什麼是客家」，仍舊疑雲重重，有待進一步釐清（施添福，2013：2）。

在「客家北方漢人說的異例」這一節，本文已經引用幾個質疑客家為北方漢人的學說。本節繼續考驗客家北方南遷的議題，首先是一般歷史沒有客家南遷的記載、中國北方也沒有發現客家村落。假定在北方有個客家村落，客家族群從那裡攜家帶眷往南方遷移，同時又不與周邊族群通婚，堅持「寧賣祖宗田，不忘祖宗言」也不合邏輯。這方面，許懷林（2005：10）指出，「南遷說」至少存在著五個問題。

第一，歷史上南遷的中原人分布很廣，為什麼只有定居於閩粵贛交界區的人群才成為後來的客家人？顯然，當我們在探究所謂「客家起源」議題時，一定要將閩粵贛交界區的實際社會情況納入考量。第二，「南遷說」似乎意味著這些人的客家特性原本就存在，不是後來入鄉隨俗地被同化，只不過是居住地變換而已。第三，「南遷說」似乎表明上述具有客家特性的中原人已經全部南遷了。否則，為什麼留在北方老家的人都已經不會說客家話了呢？為什麼聚居於別地的老人家不說客家話？第四，這些具有客家特徵的中原人，自西晉以來的一千多年之間，多次遷移，飽受波折，但「不論遷移過幾次，在異地停留了幾代，都不改其固有的習性，既不吸收，也不放棄，一到閩粵贛交界區便是客家！這可能嗎？」最後，「南遷說」嚴重忽略了閩粵贛交界區實際上之人民生活狀況的可能影響，「他們給遷入者的影響有多大，他們在客家群體中占何等地位」（許懷林，2005：10）。

因此，許懷林倡議其所謂「本地說」，論證「客家是贛閩粵交界區本地的人群，不同時期、不同距離的北方遷入者，都是被他們同化的成員，主體始終是土生土長的本地人。當然，外來者落籍四五代以後，墳塋在此，田園在此，也就由客變土，成為當然的土著了」（許懷林，2005：10）。就如張光宇（2002）在〈大槐與石壁：客家話與歷史、傳說〉一文中說：客家人一方面祖述中原，一方面又把寧化石壁視為客家搖籃，對客家子孫來說大槐代表先公（漢）的北方故居，石壁代表先母（畬）的南方舊地，客家由外來漢人轉而指稱其與畬通婚之後的民系（許維德稱此為北方漢人主體說）。

（五）客家北方漢人論的知識社會學議題

羅香林客家知識體系誕生的知識社會學分析，需要再了解羅香林為什麼要回答客家源流的問題？羅香林及其同輩客家學者面對什麼挑戰？他們用什麼方法解決問題？說明了什麼結果？

此處需要討論的不是「客家是不是漢人」，而是「為什麼客家人想要作為漢人？」學者指出，「支配性漢人文化」的深層影響，根深蒂固。歷史上華南地區的越人從明代以後，經過長期的教化，已經變成漢人的一部分。他們之中既有中原移民的後代，也包括了經過教化和轉變成為漢人的土著。漢人中心主義，導引客家跨越邊界，通過學習漢人的文化、儀式及價值觀，甚至創造族譜，引述原鄉朔望，進而論述自己的漢人身分，不無可能（相關論述可參考王明珂（1997）在《華夏邊緣》一書的相關見解）。王明珂曾經提出若干例子說明蠻夷之邦主動或被動去假借、創造與模仿吳國王室的華夏風格，來證明自己是華夏的後裔。相同的角度來看客家族群的華夏文化，是否也是這樣創造出來的呢？

就時代的思想來看，從清末年到民初，將近半世紀的時間，正是以漢族為中心的國族論述當道的時期，當時的思想文化界往往把目光放在一個族群是不是漢族這類的問題上發問，類似族群問題、族群意識的討論，對當事人心理上造成的緊張與危機意識，放在今天來看，也許已經不再那麼強烈與深刻。但從太平天國之亂以來，所強調的滿漢對立、種族衝突，這樣一個標舉「非我族類其心必異」的時代，某一個族群是否為漢族，就顯得十分重要（張藝曦，2015：90）。

客家源流議題的提出，本身反映出時代結構的特質以及當時社會價值的偏好。當客家被歸類為不是漢族的野蠻人時，當務之急便是需要資料來說明自身屬於漢人身分的族群源流，客家需要中原漢人身分才不會受到汙辱。當時社會中這樣的族群分類，不只牽涉到生物上的分類，更牽涉到客家人當時的生存背景，甚至沒有參與科舉的資格或沒有擁有土地的正當性。客家源流知識體系的建構，為客家族群提供一種安身立命的基礎，對於客家族群從「自在的客家」轉換成「自為的客家」，在族群意識的啟發與覺醒方面扮演很重要的角色。

羅香林在《客家源流考》中抱持某種「血統論」的觀點，堅稱客家是一個沒有「混化」的「純粹自體」。他這樣寫道：客家民系的形成雖與五代時候各個割據政權無涉，然以其在當時所處的地域為南唐以南，王閩以西，馬楚以東，南漢以北的地帶，即閩粵贛三省交接的三角地帶，各個割據政權的融化勢力，既不能支配他們，而是以環繞他們，使他們保持了傳統的語言和習俗，而與其四圍的民系相較，則一者已為各別混化，一者仍為純粹自體，對照起來，便覺二者有點不同。因此而他人遂覺其為另一系統，而其人亦自覺其是另一系統，這樣在意識上和觀念上便成了客家這個民系（羅香林，1989：41）。[4]

雖然漢人的定義，文化論的成分比較強，血統論的成分較弱。客家源流認

4 中國學者周雪光和冷劍波都曾經指出，在《客家研究導論》中，羅香林曾經使用一定程度的篇幅，論述客家與閩粵贛交界地之南方土著畬族的「混化」關係，但這個敘述卻在17年後發表的〈客家源流考〉中被刪除（轉引自許維德，2021：34）。

同的建構中，血統論卻十分重要，這可能牽涉到19世紀時的血統論知識，血統是否純正和族群是否優秀有關係？如此說來，客家非漢說則牽涉到對客家族群的一種侮辱？底層思想是當時的社會對於「漢人」比較優秀的價值判斷。面對這個挑戰，客家學者重要的任務是努力的釐清客家源流，通過各種資料的收集（包括族譜）、傳說、故事、名人之佐證，不只還我清白，更要證明客家是漢人中血統比較純正的一個民系，可能是因為當時的相關知識表明了血統純正的生物比較優秀的關係。

這樣的客家源流研究成果，是否受到當時社會知識趨勢所影響？或受到社會客家集團所期待？客家北方漢人論的客家源流見解，對於客家族群作為一個人群分類，有他重要的意義，特別是作為客家人安身立命的基礎，客家必須是北方中原純正的漢人，不只是因為當時的相關知識表明了血統純正的生物比較優秀，事實上也有生活上的需要。「在華人移民傳說中，以珠江三角洲的南雄珠璣巷移民傳說和客家的石壁村或石壁葛藤坑傳說最為著名。不過劉志偉（1999）認為自稱來自南雄珠璣巷的人民當中，有相當大的部分可能就是土著，及如此自稱的原因在於，明清時期人們要確立正統化的身分認同，最重要的是要與瑤、疍、畲人劃清界線，與『無籍之徒』劃清界線，證明自己出生於來自中原的世家，定居時合法的獲得戶籍」（轉引自趙世瑜，2018：153-154）。

如何證明自己出生於來自中原的世家？通過家譜來建立起家族的歷史，是一條基本的途徑。劉志偉指出，「明清時期廣東許多地方家族在編修族譜的時候，往往是把傳說和世代夫的文獻傳統揉合起來，通過附會遠代祖先，把口傳的祖先系譜與按照書寫傳統建立起來的系譜連結起來」（轉引自趙世瑜，2018：154），與天真的採信族譜內容的學者不同，劉志偉對這些族譜的編撰者、編撰目的、編撰過程及其所屬的時代環境進行了研究。

客家人為什麼要（或需要）選擇當中原漢人，陳春聲（2006）曾經提到過去的這些研究，像饒宗頤跟羅香林的研究，與其說他們是在關注客家人的血統源流，不如說是關注這些身分認同建構的過程，與其說是研究客觀的客家源流事實，其實他們的研究就是在建構客家源流的事實。從這個角度，此處可把羅香林的客家源流研究，看成客家源流的建構。客家源流學說是幫客家人找到中原漢人血統的證據，從而建構了客家人的身分認同。

陳春聲指出，18 世紀以後編修的族譜講述寧化石壁村的客家源流故事，是在明清之際出現的，具有 18 世紀宗族組織普遍建立和族譜大量編修的背景。這些可能是從嶺南山區遷移下來的人群（按：就是後來的客家），在逐漸站穩腳跟之後，或者是為了站穩腳跟，也在建立宗族組織的同時，開始講述自己的祖先故事，而其來自中原的說法也許出自更晚的時期（趙世瑜，2018：154）。趙世瑜（2018：157）說，此處我們關注的不是移民傳說所述事實的真偽，而是了解創造和傳播這些傳說的人群，到底是為了什麼？例如：邊陲地區的移民傳說，無論是否土著，往往以中原某地為原鄉，目的在於確立某種正統性的身分。這和本文知識社會學的分析具有相同的關懷。

客家研究議題的重要性由社會環境決定，追求的答案似乎早已蘊藏在問題之中，在客家非漢的社會環境輿論之下，對客家人來說，最重要的是客家源流的「釐清」（其實是建構），討論羅香林的北方漢人客家源流論，不能不去考察當時的社會環境。其所建構之客家源流知識，正反映著客家人群所處的社會環境特色及其需要。

五、結論

從知識社會學的觀點，客家北方源流的考察不只是作為一個歷史的問題，更是作為建構與創造客家族群集體記憶的歷史來看待。族譜被用來思索連結祖先的證據，文化優越的族譜記載，成為客家和當地人區別的證據，族譜所記載的遷徙時間、經過的地點、英雄和光榮故事，建構了宗族的共同記憶與認同。客家人群共享的榮譽感、共同的苦難、移民經驗、傳說與故事，都是客家族群想像的基礎。客家族群是歷史的產物，是通過歷史經驗的族群互動結果，客家研究的研究，應該分析這些被建構出來的客家知識，和建構這些客家知識的社會條件。

在族群塑造的過程中，學術研究具有重要的意義，胡正光（2021：114）提到：「從族群研究的文獻中發現，族群常常由族群之外的因素所塑造。而族群之外的因素，除了國家的政策，還有學術研究。學者的田野工作累積諸多族群的相關文獻，這些文獻就是進行族群溝通的材料。很多關於族群的表述都存在於學術中，是學術活動建構了它們。學術生產了族群的諸多概念，成為其他觀察者繼續進行觀察、討論的基礎」。學術界生產出族群的概念，不過學術也是社會的產物，通過學術工作者的沉澱、論述、定義，特別是學術社群內共識的形成，使得族群的意涵，得以成為觀察與討論的基礎（媒介），此一知識的建構過程同時也是族群建構的過程，有時候知識的建構甚至比族群的建構提前許多。

客家族群塑造的過程中，客家研究具有重要的意義，沒有客家族群源流的知識，就沒有「自為的客家社群」。客家學術研究的知識理論，提供了客家族群之所以可能存續的基礎。客家研究本身具有學術上的、族群運動上的雙重意義，客家研究有助於客家運動的進行，有時客家研究本身就是一種客家運動，客家學或客家研究的提倡，固然有源自於學科內在發展的邏輯，不能忽略的是客家研究與客家運動之間的辯證關係。不能回避客家學術發展與其背後的意識形態（主觀的理念關懷）之間所存在的關系，客家研究與客家運動兩者往往是一體兩面，互相促進、互相滋養、互相辯證。他們之間的關係就是知識社會學所要理解的環節，也是廣義客家運動的實踐。

從這個角度來看臺灣客家的形成，除了有來自中國原鄉在 19 世紀從客家邊區回到中心區的客家意象之外，其客家族群認同的思想社會背景，與國民黨的努力推動有密切關係，這是臺灣客家知識體系形成的一種社會脈絡。這種與原鄉同步的客家認同，在臺灣本土知識與關懷逐漸興起的過程中，似乎又重新建立了所謂客家，某種程度也可以說歷史、社會經驗資料本身回過頭來重新定義了客家的認識論性質。客家認同形成的緣由，立足在臺灣四大族群的政治經濟脈絡中，客家之所以為客家，與來自於福佬族群的壓迫與不平等社會結構有關（與中原衣冠士族的認同，似乎已經有一點遠）。都是客家，認識論上的客家已有不同。

知識社會學取徑，幫助我們了解客家族群源流的「北方中原貴冑」基礎，增進客家研究的學術性。使客家研究邁向新的階段。客家族群源流的知識社會學分析，除了提升客家研究的學術性外，也具有「清明」其他族群議題的意義，特別是當代社會中各種族群分類浮現的後設分析。

附記：本文為國科會補助研究計畫〈族群理論與政策的反思與重建：以「客家」為核心的思考——客家族群理論的知識社會學分析〉（MOST 110-2420-H-009-001）成果之一。總計畫主持人為國立中央大學張翰璧教授，子計畫由張維安擔任主持人，許維德教授擔任共同主持人。

參考文獻

Campbell, George 著，黎弼辰譯，1951，〈客家之源流及其遷徙〉。頁 330-6，收錄於霹靂客屬公會開幕紀念特刊編輯委員會編纂，《霹靂客屬公會開幕紀念特刊》。怡保：霹靂客屬公會。

Coser, Lewis A.（柯塞）著，黃瑞祺、張維安譯，1986，《古典社會學理論：馬克斯、涂爾幹與韋伯》。臺北：桂冠。

Mannheim, Karl（卡爾 ・ 曼海姆）著，張明貴譯，1998，《知識社會學導論》。臺北：風雲論壇。

王明珂，1997，《華夏邊緣：歷史記憶與族群認同》。臺北：允晨文化。

王東，1996，《客家學導論》。上海：上海人民。

冷劍波，2008，〈羅香林客家源流觀的再認識〉。頁 249-60，收錄於肖文評編，《羅香林研究》。廣州：華南理工大學出版社。

李輝等，2003，〈客家人起源的遺傳學分析〉。《遺傳學報》30（9）：873-80。

房學嘉，1994，《客家源流探奧》。廣州：廣東高等教育。

林正慧，2011，《戰後臺灣客家的成分與「中原客家」的形塑歷程（1945-1987）》。臺北：行政院客家委員會獎助客家學術研究計畫。

雨青，1985，《客家人尋根》。臺北：武陵。

施添福，2013，〈從「客家」到客家（一）：中國歷史上本貫主義戶籍制度下的「客家」〉。《全球客家研究》1：1-56。

胡正光，2021，〈族群界線與族群不平等：一個魯曼系統理論的二階觀察〉。《政治與社會哲學評論》74：111-81。

張光宇，2002，〈大槐與石壁：客家話與歷史、傳說〉。頁 315-34，收錄於國立中央大學客家研究中心編，《客家文化學術研討會論文集》。臺北：行政院客家委員會。

張維安，1989，〈韋伯社會科學之「價值中立」〉。頁 7-40，收錄於翟本瑞等著，《社會實體與方法：韋伯社會學方法論》。臺北：巨流。

______，1993，《古典社會學思想》。臺北：幼獅。

______，2020，〈百年來客家族群網絡組織的發展與變遷〉。頁 51-74，收錄於蕭新煌、張翰璧、張維安編著，《東南亞客家社團組織的網絡》。桃園：國立中央大學出版中心／臺北：遠流。

張藝曦，2015，〈從陳寅恪與羅香林的一段交涉看民初客家論述的形成〉。頁 89-116，收錄於張維安、劉大和編，《客家映臺灣：族群文化與客家認同》。苗栗：桂冠。

許維德，2021，〈「客家源流」相關文獻的分類與回顧：一個「理念型」與「連續體」概念的嘗試〉。《全球客家研究》16：9-78。

許懷林，2005，〈走近客家：「南遷說」質疑〉。頁 8-16，收錄於陳世松編，《「移民與客家文化」國際學術研討會論文集：世界客屬第 20 屆懇親大會》。桂林：廣西師範大學出版社。

陳支平，1997，《客家源流新論》。南寧：廣西教育。

陳伯璋，2000，〈「知識社會學」條目〉，《教育大辭書》，國家教育研究院資訊網。https://terms.naer.edu.tw/detail/75ae5a3b3f42c1bf477a91e7db3a53f9/。取用日期：2023 年 6 月 8 日。

陳春聲，2006，〈地域認同與族群分類：1640-1940 年韓江流域民眾「客家觀念」的演變〉。《客家研究》1（1）：1-43。

陳運棟，1978，《客家人》。臺北：聯亞。

黃志繁，2007，〈什麼是客家：以羅香林《客家研究導論》為中心〉。《清華大學學報（哲學社會科學）》22（4）：90-6。

葉志清，2017，《族群與知識正義：臺灣客家與原住民族學科建制發展之比較》。國立臺灣大學國家發展研究所博士論文。

葉榮燊編，1965，《嘉應故鄉談叢，第二集》。怡保：編者。

趙世瑜，2018，《說不盡的大槐樹：祖先記憶、國家象徵與族群歷史》。北京：北京師範大學出版社。

劉志偉，1999，〈附會、傳說與歷史真實：珠江三角洲族譜中宗族歷史的敘事結構及其意義〉。頁 149-62，收錄於王鶴鳴等編，《中國譜牒研究：全國譜牒開發與利用學術研討會論文集》。上海：上海古籍。

劉儀賓，1951，〈漢人與客家〉。頁 1-110，收錄於霹靂客屬公會開幕紀念特刊編輯委員會編纂，《霹靂客屬公會開幕紀念特刊》。怡保：霹靂客屬公會。

蔣炳釗，2000，〈客家文化是畲、漢兩族文化互動的產物〉。頁 339-63，收錄於徐正光編，《第四屆國際客家學研討會論文集：聚落、宗族與族群關係》。臺北：中央研究院民族學研究所。

賴際熙，1951，〈客家源流〉。頁 325-29，收錄於霹靂客屬公會開幕紀念特刊編輯委員會編纂，《霹靂客屬公會開幕紀念特刊》。怡保：霹靂客屬公會。

謝重光，1995，《客家源流新探》。福州：福建教育。

羅香林，1933，《客家研究導論》。廣東：希山書藏。

______，1951a，〈客家研究的新動向〉。頁 311-319，收錄於霹靂客屬公會開幕紀念特刊編輯委員會編纂，《霹靂客屬公會開幕紀念特刊》。怡保：霹靂客屬公會。

______，1951b，〈黃巢變亂與寧化石壁村〉。頁 320-324，收錄於霹靂客屬公會開幕紀念特刊編輯委員會編纂，《霹靂客屬公會開幕紀念特刊》。怡保：霹靂客屬公會。

______，1989，《客家源流考》。北京：中國華僑。

羅肇錦，1988，〈客族與畲族是兄弟族？〉。《客家風雲》4：149-55。

鐘文典，1996，〈論客家民系及其源流〉。《廣西師範大學學報》6：22-5。

McCarthy, E. Doyle, 1996, *Knowledge as Culture: The New Sociology of Knowledge*. London: Routledge.

客家族群研究的人類學知識分析：從民系論、族群論到空間論？

河合洋尚 [*]

一、前言

本論文的目的是梳理人類學（包括民族學）的客家族群研究理論史，以便讓讀者更加理解客家研究的理論框架之一。由於我在本書的另一篇論文〈客家文化研究的空間論轉向緒論〉論述人類學對客家文化研究的開展及其課題，我在此主要關注人類學對客家人的族群關係分析。

如我在本文所探討，20 世紀 80 年代至 21 世紀初之間在客家研究界逐漸發生了從民系論到族群論的理論轉換（河合洋尚，2012a）。20 世紀前半誕生的民系論認為，客家先祖先前居住在中國北部的中原地區，為了迴避戰亂而南遷，在遷移過程中，形成了與其他群體不同的語言（客家話）與文化（客家文化）。一般來說，民系論採取中原起源論立場，此理論視角視客家人為共有特色語言文化的民族集團。然而，自 20 世紀 80 年代起有些人類學家懷疑民系論的以上前提，進而論述在特定的社會經濟條件下，客家人一非客家人之間的族群轉換以及客家族群建構的過程，就此在客家研究掀起了族群論的潮流。

* 河合洋尚（kawaih@tmu.ac.jp），日本東京都立大學社會人類學系副教授、廣東嘉應學院客家研究院客座副教授。

目前族群論已成為客家研究中的重要理論框架之一。除了人類學之外，歷史學等其他領域也關注族群論，開拓了新的研究範例。但是，如果要更加把握族群論，只看客家研究是不夠的。因為客家研究中的族群論轉換明顯受到人類學理論的影響。特別是 20 世紀 80 年代開始在人類學（及其領域學科）的民族論發生了本質主義——建構主義之間的爭論，越來越多的人類學家開始批判本質主義視角，而支持建構主義視角。

本質主義（或者原生論、原初論）認為，民族是通過共享同一個語言、文化、領土而自然發生的群體。由於各民族發展了各自的社會關係和生活方式，它形成與其他民族不同的語言文化特色。假如某個民族移民到其他土地，一方面適應當地的環境而變化，但另一方面還會保持自己的特色。可以說，這也是人類學家對民族的傳統觀念，許多研究者和民間人士也受到了本質主義理論的影響。一開始客家研究的民系論也是受到這個舊視角的民族觀念而成立的。到現在仍有一些客家研究者（尤其是客家出身的學者）離不開本質主義的想法。

對此，建構主義（或者工具論、情境論）主張民族範圍不是固定的，這個研究視角重視在特定的社會經濟條件下建構民族範圍的過程。世界的每個群體不一定擁有強烈的民族意識，通常不在乎自己屬於哪個民族。只有因為與其他群體接觸，意識到與其他群體的語言上、習慣上差異，才會有族群認同（Barth, 1969）。並且，每個人可以按照各自的立場選擇自己的民族身分。特別是基督教的傳教或者國民國家化的過程往往導致民族範圍的形成（齋藤晃，2002；杉本良男，2002）。

顯而易見，這個建構主義視角與客家研究的族群論有相同之處。因為，正如本文下面詳細論述的，自 20 世紀 80 年代以來一些人類學家懷疑民系論（本質主義立場）的研究範例，主張客家人和非客家人之間的族群認同轉換。後來，進入 21 世紀以來歷史學家採用建構主義視角來討論在近代的社會條件下客家族群認同形成的過程。再後來，人類學家與歷史學家一起開展「創生—再創生」論。

本論文主要回顧客家研究的族群論轉換。接著，檢討與人類學理論的關係之後，指出目前客家族群論的課題與展望，尤其是提出走向空間論的可行性。

二、客家研究的民系論及其批判：脫離本質主義視角

（一）民系論的形成與發展

根據一般公認的通說，客家是漢族的分支，分布在中國南部和世界華僑華人社會各地。客家人最早從紀元前開始，大部分自唐末以來，從中原南遷。他們沿著山路南遷之後，落腳於華南地區的山岳地帶，也就是贛閩粵交界地區（後文簡稱為交界區）。交界區是客家大本營，不少客家人從這一帶移民到中國大陸南部各地、港澳、臺灣、東南亞、大洋洲、中南美、環印度洋等。一般客家人具有相同性質的語言和文化，且持有優秀的民族性格，因此客家人中人才輩出，如洪秀全、孫中山、李光耀、鄧小平、李登輝等——這是現今中華圈和日本的大眾書籍中所流傳的敘事。

現在世界各地有許多客家人相信以上敘事，有時更成為客家人的精神支柱。不用說客家老百姓，連一些客家研究者也以上述的通說為前提從事客家研究。其中鞏固這種敘事基礎的學者是中國客家學之開山鼻祖羅香林。他在1933 年出版的《客家研究導論》通常被客家學者視為客家研究的傳統典範，有時被稱為羅香林模式。

羅香林（1906–1976）是一位受過人類學訓練的學者，出生於中國廣東省嘉應州興寧縣，1926 年在北京清華大學攻讀了歷史學和人類學，師從史祿國（Sergei Shirokogoroff）。史祿國是來自俄羅斯的著名人類學家，也做過廣東

民族的自然人類學研究。他在 1925 年用英語出版的《東南中國和廣東省的人類學》一書中提及客家（Hakka）這個概念，還引用歐德理的《客家史概略》和《客家的民族誌素描》（Shirokogoroff, 1925）。其客家研究也受到歐德理的強烈影響（夏遠鳴，2012）。目前在客家研究裡較出名的是，強調客家中原起源說的《客家史概略》。但是，我們重讀歐德理的《客家的民族誌素描》就發現，歐德理的「民族誌」具有濃厚的文化相對主義色彩（河合洋尚，2023：239-241）。在此論文中，歐德理基於西方民族科學的方法論將廣東漢人分類為客家人、本地人、潮州人三類，並描述出各個民族的起源上、習俗上特徵。歐德理認為客家人、本地人、潮州人就像英國的三種不同民族——撒克遜人、丹麥人、諾曼人——一樣，是不同民族概念。因此，客家人、本地人、潮州人也自然有不同民族特色（Eitel, 1893）。

羅香林也強調客家人繼承了不少中原的特性，同時在南遷的過程中形成了獨特的語言文化。為了將具有不同文化特色的漢族分支進行區別，羅香林提出的新概念是「民系」。根據羅香林的學說，民系是指漢族內部支系的次民族範疇（sub-ethnic category）。而客家人即是民系之一，一方面具備漢族的性質，另一方面在語言、文化、性格上又有不同於其他民系的特色（羅香林，2010）。他的民系論（也就是羅香林模式的核心），後來被臺灣（cf. 陳運棟，1983）、日本（cf. 周達生，1982；高木桂藏，1991）等不同國家、地區的研究者傳承，他們不斷地補充其內容。由於羅香林的重點在中國大陸，對其他地區的描述較簡單，因此陳運棟補充了臺灣的部分。正如同筆者在文初所提示，今日客家論述是通過民系論的繼承和發展所形成的。

雖然 20 世紀 80 年代開始一些學者逐漸地批判或懷疑羅香林—陳運棟模式的民系論，但其看法已取得了社會上的認可。至今為止，大部分的概況書、網路詞典、博物館展覽，基本上還是立足於帶有濃厚本質主義色彩的民系論。[1]

（二）對民系論的質疑與批判

1980 年代以來展開了各種企圖超越羅香林模式民系論的批判討論。但在此之前，日本的歷史學家，中川學已開始對羅香林的學說——特別是他的中原起源論——提出質疑。

最初中川學也以羅香林模式為開端進行研究，探討客家人超過一千年從中原遷移至華南地區的歷史（中川學，1964，1980）。但是，隨著研究的進行，他的考察與羅香林的民系論，特別是中原起源論出現落差。他在 1977 年發表一篇回顧客家研究的論文時表示，我們要將羅香林的中原起源說視為他的「歷史認知」，不一定是史實（中川學，1977：438）。加之，中川學在 1980 年出版的《客家論的現代構圖》提出了「真實」和「事實」的相對概念。中川學指出，羅香林的學說在客家民族主義者之間已經成為了無疑的「真實」，但它不一定與從各種資料得到的史實（也就是「事實」）一致。關於中川學所說的「事實」，透過他再次考察族譜和其他史料，指出客家人的起源其實在淮河的南岸，還有一個可能是江西省或湖南省的礦業勞動者（中川學，1980：82-83）。此外，他也經由與醫學的共同研究發現，比起北方人，客家人在身體特徵上與南方人更接近。換言之，中原起源說僅是一個客家人（或羅香林觀點）所相信（信仰）的「真實」情況（中川學，1974）。上世紀 90 年代中期以來，中國大陸的客家研究出現了典範轉移。一些中國大陸的學者也開始對羅香林模式提出質疑。比方說，歷史學家陳支平懷疑，客家人從中原經過閩西的福建省寧化縣石壁鄉（以下簡稱為寧化石壁）派生之學說。陳支平指出，起源於中原和寧化石壁的民系不僅有客家，其他民系的家族也有這樣的遷移史。他說其實客家人和

---

1 日本國立民族學博物館的民族誌映像採用了中原起源說一詞，筆者在本館工作時也曾經考慮過是否提出修改意見，但考慮到社會背景影響最終選擇使用被公認的通說。

非客家人在系譜上不能明確分開，且很難找出客家民系特有的歷史（陳支平，1997）。陳支平通過族譜重新檢討了客家民系的特色之後，做出這樣的結論。

今日學者之所以開始不相信客家中原起源說，是因為羅香林的研究方法上有問題。羅香林將所使用的族譜與口述內容，以及他參考的一些西方基督教傳教士文獻，毫無批判地便當作史實。如同日本民族學者牧野巽很早就指出，族譜和口述內容是可以被後人「改造」的，研究者應將這些當作神話之類（牧野巽，1985）。借用中川學的表達，族譜和口述內容不代表「事實」，而代表「真實」。[2] 因此，從上世紀 90 年代起一些學者開始根據考古學、民俗學、體質人類學等其他資料，探討客家與中原起源不同的「事實」。

其中，房學嘉的土著起源說屬於正面批判中原起源說的重要學說之一。房學嘉本身是廣東省梅縣出生的客家人，卻懷疑客家人起源於中原之學說。房學嘉在 1994 年出版《客家研究探奧》（房學嘉，1996），主張客家人的起源不在中原，而是在南方。房教授活用考古、民俗、體質方面的考證，指出客家人的主體是古百越族，由多數的古百越族和少數中原漢人融合，再引進中原文化的群體，就是客家人。例如，房學嘉依據遺傳學的證據強調客家人的 DNA 更接近南方人。

房學嘉的主張與上述中川學（1974）有共同之處。雖然房學嘉沒直接受到

---

2 這不僅是客家中的問題，日本也有同樣的現象。以筆者的家族為例，筆者母親的家族姓新美，據說是新田義貞之家臣・新美氏的後裔，屬於源氏。源氏是日本兩大武士之一，其血統起源於清和天皇，後來建設了鎌倉幕府、室町幕府以及江戶幕府。新田義貞是滅絕鎌倉幕府的著名武士（河內源氏），後來居住在京都及周圍地區。但新田義貞被室町幕府的創始人足利尊氏打敗後，新美氏經山路移居到愛知縣的山區。筆者外公曾在寺院本部看過可證明這個系譜的家譜，這個故事在筆者的母親家族中是一個「真實」。但是作為研究者，筆者不能輕易將這個故事作為「事實」，必須將它視為一種「真實」來進行分析。當時的京都一帶可以說是日本的中原。最近筆者思考母親家族的故事與客家的中原起源說也有共同之處，或許這是一種山岳民俗的特徵之一。

中川學的學術影響，但他的論述與中川學有連續性，且進一步提出土著起源說的重要學說。不管是否支持土著起源說，上世紀 90 年代以來不少歷史學家、民族學家已開始懷疑客家的中原起源說（王東，1996；許懷林，1998；謝重光，2008），且成為了一個研究潮流。[3]

在中川學、房學嘉等學者懷疑中原起源說時，一些人類學也開始批判民系論過於強調客家民系和客家文化與其他民系之間差異。就像下面提及的，後來一些人類學家指出客家人和其他群體的族群之間邊界的模糊性和流動性。就這樣，人類學家開始懷疑帶著本質主義色彩的民系論，開始關注立足於建構主義的新視角（例如莊英章、高怡萍，2009；河合洋尚，2012a）。

三、客家研究的族群論轉換：建構主義視角的產生

（一）族群邊界論的開展

上世紀 90 年代一些學者開始批判民系論時，「族群」這個概念成為了客家研究的關鍵詞。族群指 ethnic group，但這一詞在客家研究中有多種含義。族群概念的討論在理論框架上，立足於建構主義視角，重視認同感（identity）。這一點與帶著本質主義色彩的民系論有所不同。管窺之見，族群這個中文術語最早出現在上世紀 80 年代的臺灣，90 年代成為社會科學研究中一關鍵詞。其背景與 80 年代在臺灣展開的原住民運動和客家運動有關，知識分子開始關注

3　自 1990 年代前半開始，中國學界吹起了或許可以稱為是融合論的學術風潮。所謂融合論，即承認客家文化中不僅有古代中原文化的要素，還包括有原住民（＝少數民族）文化的要素。融合論不一定認為客家在血統上源自於中原，重在強調客家是與土著文化相融合而形成的一種特殊文化形式（謝重光，2008）。但是，融合論認為客家文化有著與其他漢族集團不同的「同質性的特色」，並且這一「特色」是客家和其他漢族集團相區別的指標。這一點融合論還沒脫離本質主義的討論。關於細節，請參考我在本書收錄的〈客家文化研究的空間論轉向緒論〉。

臺灣多元民族（閩南人、客家人、原住民等）的認同問題。

其中在客家研究方面，1991 年人類學家徐正光編輯的《徘徊於族群和現實之間》重視族群概念，在書中主要討論臺灣客家人的認同問題。但是，早期臺灣客家族群論的重點，聚焦於臺灣多元民族文化中客家及其文化的重要性，其課題方向與族群邊界（ethnic boundary）論存有一定的距離。族群邊界論是挪威人類學巴爾特等（Barth, 1969）提出的理論，探討通過不同群體在日常生活中發現自己／他者的特色，產生族群 A 和族群 B 之間差異的過程。這個理論認為族群 A 和族群 B 的差異是非固定的，根據社會背景的變化，其族群之間的邊界也發生變化：部分族群 A 的人會變成族群 B，或部分族群 B 的人會變成族群 A。

據我所知，在客家研究裡，第一位系統論述族群邊界論的學者是日本人類學家瀨川昌久。瀨川昌久早在上世紀 80 年代根據香港新界的田野資料指出，依社會情境的變化客家人和本地人（別稱：廣府人）之間的族群邊界容易發生變動（瀨川昌久，1986）。瀨川昌久之所以重視族群認同問題是因為一般被視為「客觀性」、「科學性」的分類標準並不可靠。比方說，支持民系論視角的歷史學和語言學往往將從中原經過交界區——特別是寧化石壁——移居到各地，且從祖先開始一直講客家話的群體視為是客家人。究此，瀨川昌久指出即使有相同的起源地和遷移途徑，在同一宗族中，有些是客家人，有些則是本地人。再者，即使是相同宗族成員，根據遷移地點的社會情境，一些家庭變成客家人，一些家庭則變成本地人（瀨川昌久，1993）。此外，客家話中的「次方言」之間差異甚大（即使在狹窄的交界區範圍中，客家話往往仍很難相互溝通），但交界區中畲族的語言（畲語）卻與附近的客家話相同。[4] 根據語言學的「科學」標準，畲語被分類為少數民族（非客家話）語系（瀨川昌久，2003）。顯而易見的是，歷史學和語言學的分類標準本身帶有意識形態，並非「客觀」的。

承上述，特別是上世紀 90 年代以來人類學家開始認為其實客家並非為靜態、有固定性的民系範疇，而是動態、具流動性的族群範疇。而後，日本、美國、中國的不少人類學家同意客家族群邊界論，進一步考察在什麼樣的社會狀況如何出現客家認同，以及客家族群如何形成等問題（Johnson, 1996; 周建新，2000；周大鳴，2005；Kawai, 2011; cf. 劉鎮發，2001）。

例如，美國人類學郭思嘉（Nicole Constable）編著的《客人：中國海內外的客家認同感》也特別關注認同感問題並探討客家族群建構（Constable, 1996）。這本書的大部分作者是從 20 世紀 60 年代到 90 年代初在中國海內外進行田野考察的人類學家，他們具體研究中國大陸、香港、臺灣、馬來西亞、印度的客家人。作者指出他們進行田野考察，一些地區的客家居民強烈主張作為客家人的身分，但有些地區的客家居民卻缺乏作為客家人的認同感。因此，這本書通過分析不同地區的客家人在不同的政治經濟條件下產生或不產生客家認同感，從而比較探討客家族群建構的機能。

《客人：中國海內外的客家認同感》出版於 1996 年，當時，後現代主義人類學的潮流在美國的人類學界具有優勢，不少人類學家開始關注認同感在文化上、歷史上建構的話題。這本書也受到其潮流的影響，書中特別引用了科莫洛（Jean Comaroff and John Comaroff）夫妻等後現代主義人類學推進者的觀點，從而探討客家認同感在什麼樣的情況下呈現或者喪失。郭思嘉在這本書的

---

4 進入 21 世紀後，房學嘉（2006）、謝重光（2008）等討論客家文化中畲族的文化要素。蔡驎（2005：304、309）認為至少在元代之前畲族和客家人之間沒有族群上的區分，都屬於「山客」（shan-hak）。且直到現在，兩者無論從自稱、習俗、語言上都沒有太大的區別。其中關於客家人和畲族之間的語言關係，請參考瀨川昌久（2003）。由此可見，客家人和畲族之間的共同性不一定能歸因於兩者歷史上的互動關係。對此，蔡驎也批評現代人將客家人和畲族的族群範圍固定化後再分析兩者互動關係的做法。

序章中論述，族群認同感不是先驗性（a priori）的，而是根據政治經濟條件建構的。她說，客家認同感是通過社會內部的階層差距，與其他群體的接觸和互動、或者經歷政治運動產生的，作為客家的自覺是逐漸建構出來的（Constable, 1996）。特別是歷史時期的政治經濟條件會建構作為實體的客家人，這種建構主義視角成為這本書的主要分析手段。[5]

（二）從客家族群的創生論到再創生論

20 世紀跨至 21 世紀時，歷史學家也開始關注客家人的認同問題以及族群建構過程。支持此論點的歷史學家不採用民族論中的本質主義視角，且對於客家人以及客家先民超過一千年的時間一直存在著的論述抱持批判態度。他們主要聚焦於明清時代客家這個概念，以及族群認同在什麼樣的社會情境下開始生成（Leong, 1997）。一些歷史學家發現，在 18 世紀之前，客家這個概念在史料文獻中極少出現，直至 19 世紀中期以後，客家（或客人、客族、歐文的 Hakka 等類似於現在的客家概念）才開始大量出現。因此，他們開始探討其歷史背景。

關於歷史學家的族群建構論，最初起於日本和中國大陸。日方的先驅者是中川學的兩位後繼學子——飯島典子（2003，2007）和蔡驎（2005）。她們從經濟史視角探討，移居到交界區的勞動者如何成為今日的客家。其中蔡驎主要參考施堅雅（William G. Skinner）的市場體系理論，提出明代中國各地的勞動者移居到閩西（交界區）的汀江流域一帶，他們使用汀江話形成共同體的過程，且蔡驎主張汀江話就是客家話的原型。此外，飯島典子也認為移居到華南地區的礦業勞動者是構成客家族群的基礎。就上述的論點，兩者都繼承了先師中川

5 但是值得矚目的是，《客人：中國海內外的客家認同感》一書不完全按照建構主義視角進行分析，引用布迪厄（Pierre Bourdieu）的「慣習」（habitus）等概念試圖超越單純的建構主義研究。

學的學問系譜。值得注意的是，飯島典子透過19世紀到廣東省的基督教傳教士發明客家（Hakka）概念的歷史過程，進一步探討客家的生成過程。雖然飯島典子較少分析當時傳教士描述的「民族誌」內容（關於此點將在本書河合洋尚之論文中進行補充），但她的視野擴及歐美、東南亞、中國華南地區，闡明了20世紀前半客家概念在客家精英之間普及的過程。

另一方面，中國華南學派的歷史學家——以廣東省、福建省、香港為主的社會史學派——開始討論清末至民國初期客家族群的建構過程。其代表之一是香港歷史學家程美寶。相較飯島典子，程美寶更加關注廣東省的當地精英（文人、學者、政治家等）如何描述客家。關於此分析，她所提倡的概念是話語權。程美寶指出，清末前在廣東省由本地人掌握書寫他者的權力（話語權），他們描述客家人等其他群體是沒文化的野蠻人。但19世紀後期隨著一些客家人成了文人、官僚等之後，開始主張自己的群體不是沒文化的野蠻人，而是起源於中原的漢人。而後，客家精英羅香林利用科學觀點將此論述正統化（程美寶，2001，2006）。此外，華南學派歷史學的代表人之一陳春聲，主要聚焦於民國初期的汕頭地區，說明了潮州府的客話使用者在這座新城市遇到講潮州話（福佬話）的群體後，強化客家認同的過程（陳春聲，2006）。

類似這樣的研究考察不僅在中國大陸還包括臺灣。其中，日本歷史學家田上智宜指出，20世紀前半在臺灣被稱之為客人、粵人的群體和現在被稱之為客家人的族群並不完全一致。在此前提下，他揭示了客人變成客家人的過程（田上智宜，2007）。華南學派出身的歷史學家陳麗華其觀點也跟田上智宜接近。但是，陳麗華的討論更重視二戰前客家認同出現的萌芽階段。特別是她利用豐富的史料說明當時臺灣—中國大陸—日本之間的社交關係，指出鍾任壽、丘念台等一部分精英在中國大陸以及／或者日本獲得客家認同，與回臺後將其普及的過程（陳麗華，2011，2015；cf. 范智盈，2019）。這幾年越來越多的臺灣歷史學者支持這種建構主義客家論（施添福，2014a，2014b；簡宏逸，2016，2018；林正慧，2020 等）。可見，目前歷史學的客家族群建構研究成果相當豐富。因此，目前客家研究對自 19 世紀後期至 20 世紀前期客家族群建構過程的了解很深。但是，歷史學因這個學術領域的研究性質而較缺乏探討 20 世紀後期的客家族群形成或變化的過程。

20 世紀前期之前，持有強烈客家認同的人主要是廣東省（出身）的精英階層，在民間社會客家概念尚未普及。除了廣東省的民間社會外，上世紀 70 年代以前，中國大陸南部——福建省、江西省、湖南省、四川省、廣西壯族自治地等——現在被視為是客家的人們絕大部分缺乏客家認同。歷史上他們習慣以「廣東人」、「麻介人」、「艾人」等自稱（劉鎮發，2001），且現在不少自稱為客家的人們，從祖先以來是以非客家話（粵語、閩南話等）為母語，也有從珠璣巷（本地人〔廣府人〕的典型起源地）等移居的傳說（瀨川昌久，2006；河合洋尚，2013，2014）。在上世紀 80 年代，中國大陸才逐步施行改革開放政策，一方面臺灣的客家運動也正展開，可以說是客家族群重要的轉換期。

這 10 年一些人類學家（包括筆者）關注這 40 年全球社會的巨大變化和客家族群邊界變動之間的關係。特別是 2010 年代之後出版的日語論文集《客家的創生和再創生：從歷史和空間角度的綜合性探討》（瀨川昌久、飯島典子，2012），以及中文論文集《全球化背景下客家文化景觀的創造：環南中國海的個案》（夏遠鳴、河合洋尚，2015）是其代表性的研究成果，這兩本書都提及上世紀 80 年代以來在全球化背景下客家族群的建構和變化過程。[6]

6 但是，《全球化背景下客家文化景觀的創造：環南中國海的個案》一書主要以中國南部、臺灣、越南、日本生產客家空間／景觀的過程為重點。很少提及「再創生」這個概念。可以說，在客家研究方面第一次出現與「再創生」論相關的討論是2010年《贛南師範學院學報》的特輯裡（飯島典子，2010；河合洋尚，2010；小林宏至，2010；金裕美，2012）。

特別是前者將 19 世紀後期至 20 世紀前期客家族群的生成過程稱之為「創生」，對此，將 20 世紀後期以來——特別是上世紀 80 年代到現在——客家族群重新建構的過程稱為「再創生」（這個新概念是日語表達直接翻譯成中文的）。之所以提出「再創生」這個概念，主要是因為「創生」論（歷史學的客家建構論）中主要提及 20 世紀前半的客家族群建構面向。可以說，「再創生」是「創生」的延伸概念。一些人類學家跟歷史學家一起，根據田野考察進行了上世紀 80 年代以來社會條件的變化中，客家和非客家之間關係變遷的過程。

這一點，「再創生」除了延續歷史學的建構論外，也繼承了人類學的族群邊界論。但族群邊界論和「再創生」論的不同之處是，前者傾向於分析微觀的社會—族群關係，相對來說較少考慮市場經濟化、全球化、文化政策等宏觀因素。對此，「再創生」論除顧及清末以來客家族群的生成和普及，並從微觀和宏觀視角分析在 20 世紀後期以來客家族群範圍的變遷。利用以上研究視角，「再創生」論將交界區（夏遠鳴，2012；周建新、柴可，2012；小林宏至，2012；河合洋尚，2013）、廣東省的東江流域（河合洋尚，2012b）、潮州福佬人地區（稻澤努，2012，2015；横田浩一，2012）、廣西（河合洋尚，2014，2015）、四川省（河合洋尚，2014，2019）等地作為研究對象，對客家族群的重新建構以及客家表象的變遷加以分析。通過這些研究積累，「再創生」論解讀以客家概念為基礎所形成的「想像共同體」（Anderson, 1983），或者日本著名人類學家渡邊欣雄所說的「假構」世界。

可以說，「再創生」論的立場基本上立足於「假構」論。渡邊欣雄（2003，2017）的「假構」概念是通過批評「虛構」概念下誕生的。後者的觀點主要將世界上多數的民族及其文化視為是後來被建構的，並指出這些都是虛構（fiction）的。渡邊欣雄反對這個見解，反之強調對於內部的人（例如沖繩人、客家人）而言這不是虛構的，而是真正的。渡邊欣雄的這個見解與中川學的「真實」概念有相同之處，但渡邊欣雄進一步討論，內部居民如何不斷生成他們所認知的自文化特色，形成豐富的族群文化，讓自己的族群範圍加以變化。與中川學的「真實」概念相比，渡邊欣雄的「假構」論更關注其生成過程。總之，「假構」論是較偏激的建構主義視角，例如將客家人視為被政治經濟塑造的虛擬存在。對此，「虛構」論認為，不僅是客家人一族群，每個民族和族群都受到社會經濟影響建構或變化。若將這個過程視為虛構，在研究上、倫理上是不正確的。「再創生」論的目的也不是客家人是虛構的（假的）群體，而試圖解讀在全球背景下世界的族群重新編成的過程中，客家這族群如何出現或變化。

四、結語：再創生論與客家族群研究課題的展望

然而，「再創生」論並非是完整的論述，仍處於發展階段。目前「再創生」論的問題點如下：

第一，雖然「再創生」論闡明了客家的族群範圍至今仍不斷變化的現象，如上世紀 80 年代以後在中國南部各地所出現自稱為客家人的群體。但是，關於這方面的課題主要是在各地分開進行的個案分析，也就是說各人類學家針對某個地點，考察客家認同的產生以及客家族群的形成。如果作為「想像共同體」的客家世界且到現在仍不斷地生成，那麼其生成規則或機制是什麼？（瀨川昌久，2012：10）換句話說，在什麼樣的動機中，人們自覺到客家人的身分？目前「再創生」論中未系統地進行各地的比較研究，提出其理論基礎。

第二，「創生」論和「再創生」論之間的對話仍不足。簡單地說，後者是在前者的基礎上才成立，但後者往往指出，上世紀 70 年代之前，在中國南部各地的民間社會客家概念尚未廣泛地普及，且非廣東省的客家精英也很少主張自己的中原漢人認同，也未參與 20 世紀前半在廣東省、香港、東南亞所發起的客家運動。關於此點，現在的客家研究到目前為止未正面討論其原因為何。

由於大部分歷史學家的客家建構論主要聚焦於 20 世紀之前以廣東省為主的精英，很少提及其他地區的狀況，卻形塑了 20 世紀前半在中國南部有客家認同已澈底普及的印象。可是到目前為止，從歷史或語言標準被認為是客家人的群體，卻未以客家人自稱。為了解明此現象，「再創生」論須重新檢討 20 世紀前半之前的客家族群形成——也就是「創生」過程。

第三，目前「再創生」論以中國華南地區為主，針對雲南省、貴州省、香港、臺灣、東南亞華僑社會等的個案分析仍然有限，導致「再創生」論較無進展。當然在臺灣客家研究方面，一些學者做過 20 世紀以後的客家族群建構相關研究（田上智宜，2007，2010；飯島典子，2012 等），但非人類學方法中的田野個案分析。在過去文獻中已提出：上世紀末以來臺灣也曾出現沒有客家認同的群體（或個人）開始以客家人自稱的現象（陳麗華，2011，2015）。這些研究主要是針對上世紀 60 年代之前的對象進行考察，但實際上不少臺灣人開始認知客家概念大多是在 70 年代以後。[7] 基於文本和知識精英的歷史學研究，目前所缺乏臺灣客家的「再創生」研究，正是關於臺灣 1970 年代以來，

---

7 我們需要更進一步討論客家概念在臺灣民間社會普及的時期和背景，但本文目前暫時假設客家概念在臺灣民間社會普及的時期大概是 1960 年後期和 70 年代前期之間。舉幾個事例說明。第一，根據美國的人類學家孔邁隆（Myron L. Cohen）跟筆者說過，1960 年代他在臺灣南部六堆地區進行田野考察時還沒有客家概念，當地人自稱為客人。但 70 年代末日本人類學家渡邊欣雄跟筆者說過，他在六堆地區進行考察時，當地的老百姓已經有強烈的客家認同，有時在忠義祠（義民廟）開會並強調客家民族主義。第二，一位住在美國的臺灣客家人說過，他在 60 年代前半離開臺灣時並不知道客家這個詞彙，當時主要使用的是客人，但 2000 年代回臺灣時客家這個概念很流行，他感到很吃驚。第三，2010 年代後期筆者在六堆地區跟老人家進行訪談時他們承認，以前沒有客家這個詞語，這個概念是在 1970、80 年代之後突然從「上面」下來的。他們說以前自稱為「廣東」或者「客人」。一些超過 90 歲的老太太們用日語跟筆者說「廣東人」、「廣東話」等概念，在她們的對話中「客家」這個概念幾乎不通用。雖然陳麗華等歷史學家比較看重在戰前、戰後客家精英從日本和中國大陸引進客家概念的過程，但從以上的訪談事例可以斷定，客家概念在民間普及的時期更晚。

客家概念在民間社會普及的現象。在這 50 年間，不管中國南部或者臺灣、東南亞社會，出現過去沒有客家認同（但部分使用客人等相關的詞語稱呼）的人群開始產生客家認同，主張自己是客家人。特別是上世紀 80 年代以來交界區被公認為純客家地區後，其中不少群體表示祖先是從交界區移居來的（河合洋尚，2013）。

第四，我們同時要關注，中國南部的部分族群，如廣西北部的六甲人、侗族也是來自交界區的移民，但他們卻沒有客家認同，需與麻介人等當地客家人進行族群認同上的區分（金裕美，2012；塚田誠之，2017）。同樣的，雲南省等地區也有從交界區移居的群體，但目前他們沒有客家認同，也不被認為是客家人。按照近年的族群界定，凡是從交界區移居的人們都被視為是客家人，但是從這些個案也得知，並不是所有從交界區移民的後裔便成為客家人。因此，我們需要關注一些群體不加入客家族群範圍的「非創生」現象，但目前的客家「再創生」研究也未系統探討一些漢族群體和少數民族的客家「非創生」課題。

以上這些是「再創生」論的不足點，也是現在我們需要再探討的課題。這四個課題並非完全獨立，而是互相聯繫，特別是沒有開展更多對第二、第三、第四的研究，我們無法闡明第一的問題。鑑於以上的課題，2018 年 12 月在日本國立民族學博物館舉辦的《客家族群和全球現象》國際學術研討會的一個分科組「客家族群的再創生——歷史人類學視野」試圖補充「再創生」研究的以上不足，最近其研究成果在《國立民族學博物館研究報告》47 卷 2 號上作為特輯「客家族群範圍的變遷——『再創生』與『非創生』之間」刊登。

在這特輯，首先河合洋尚從人類學的視野重新解讀，19 世紀後期至 20 世紀前期粵東的客人精英參考西方傳教士的「民族誌」獲得客家這個族群概念的過程，並且指出當時西方傳教士與客人精英提及的客家概念與現代的還沒完全一致，特別是後者仍然繼承粵東中心主義的客人（≒客家）觀（河合洋尚，2013）。接下來，橫田浩一和洪馨蘭討論臺灣客家族群的「再創生」過程；橫田浩一論文指出臺灣的客人概念包含中國大陸來的潮州人，後來客人獲得客家族群認同的過程（橫田浩一，2023）；洪馨蘭特別關注上世紀90年代掀起的「新个客家人」運動和客家族群範圍變化之間的關係，提及臺灣的非客家人獲得客家族群認同的案例（洪馨蘭，2023）。對此，飯島典子指出，目前部分雲南漢族也有清朝時從現在的江西客家地區移居的，按照歷史學的科學標準來說他們是客家人，但雲南的江西移民卻沒有作為客家人的認同感（飯島典子，2023）。吳雲霞也拿越南艾人的例子來論述，越南艾人一方面被視為是客家人的一種，但他們舉行儀式活動時卻鮮少出現客家人的認同感（吳雲霞，2023）。飯島典子和吳雲霞指出的是客家族群的非創生或者搖晃現象。

我們在研究客家族群的「再創生」現象時要關注，在中國南部或者環大洋洲地區持有客家認同的不少人，本來就與「一般被想像的客家人」沒有任何血緣關係。在此說的「一般被想像的客家人」是講客家話或者交界區出身的族群。但是，反覆地說，一些「再創生」論的研究已闡明了在中國南部持有客家認同的人也包含從祖先下來講粵語或閩南話的，有時也不是從交界區移居的。將我們的視野轉換到大洋洲地區，這樣的例子更多。由於東南亞和大洋洲的華人已經過了幾代，他們並不說客家話（以及華語），不知道祖先的具體祖籍地。因此，他們按照中國的行政地區來判斷自己是否為客家人。其標準根據國家不同；越南的華人認為廣東惠州和清遠是客家居住的空間，從惠州和清遠移居的華人都是客家人（河合洋尚、吳雲霞，2014）；大溪地的華人認為從惠陽、東莞、寶安移居的人都是客家人，從番禺、增城、花都、中山的人都是本地人；瓦努阿圖的華人認為從東莞和增城來的華人是本地人等等。這些地區（位於粵中）是客家人和本地人的混住地，原來不能按照地區判斷哪位是客家人或者本地人，但是，由於這樣的空間觀念已成為族群判斷的另種標準。

不管是民系論或者族群論，大部分的學者仍然將客家話以及交界區（或者有時臺灣的客家地區等交界區移民的特定居住地）視為客家人的族群標誌。但是，實際上從環大洋洲規模來看，客家話和交界區不一定是客家認同的核心。那麼，儘管沒有血緣上、語言上關係，為什麼一些人認為自己是客家人呢？這原因之一是，哪個地區是客家地區？這個被各個社會分別產生的空間概念。再說，筆者已經在別的論文提及的，交界區本身也在上世紀 70 年代之前被認為是客人和其他群體混住的區域，由於 80 年代以後當地政府為了突出空間特色而獲得經濟利益，將交界區開始認定為純客家居住地。80 至 90 年代交界區的不少人第一次知道原來自己是客家人，連這區域內的少數民族都被認定為客家人（河合洋尚，2013）。

就這樣，原來與客家沒有任何關係的人們變成為客家人的過程也有空間生產的力量。[8] 因此，客家族群論要更加關注族群形成與空間生產之間的問題。這種問題也許會突破目前的客家族群論研究，也對超越客家研究、對民族研究做出一些貢獻。

附記：本論文是在《國立民族學博物館研究報告》47 卷 2 號特輯「客家族群範圍的變遷：『再創生』與『非創生』之間」序論的基礎上重新增修改寫而成。

8 相關論點請參考本書下一章河合洋尚所著〈客家文化研究的空間論轉向緒論〉。

參考文獻

小林宏至，2010，〈從族譜來看的客家社會與風水話語〉。《贛南師範學院學報》31（2）：14-20。

______，2012，〈福建土樓からみる客家文化の再創生：土樓內部における「祖堂」の記述をめぐる學術表象の分析〉。頁 103-134，收錄於瀨川昌久、飯島典子編，《客家の創生と再創生：歷史と空間からの総合的再検討》。東京：風響社。

中川學，1964，〈唐代の逃戸、浮客、客戸に関する覚書〉。《一橋論叢》50（3）：69-75。

______，1974，〈華南の鼻咽癌〉。《小平學報》（一橋大學）68：1。

______，1977，〈中國客家史研究の新動向〉。《一橋論叢》77（4）：435-447。

______，1980，《客家論の現代的構図》。東京：アジア政経學會。

王東，1996，《客家學導論》。上海：上海人民。

田上智宜，2007，〈客人から客家へ：エスニック、アイデンティティーの形成と變容〉。《日本台湾學會報》9：155-176。

______，2010，〈客家基本法からみるエスニシティ概念の變化：象徵的エスニシティの積極的承認〉。《アジア地域文化研究》7：45-60。

吳雲霞，2023，〈在大幡下與祖靈相聚：從越南艾人的宗教儀式看客家身份之不確定性〉。《國立民族學博物館研究報告》47（2）：333-356。

杉本良男，2002，〈帝國の夢、國家の軛：福音と文明化のパラドクス〉。頁 13-53，收錄於杉本良男編，《文明と福音の人類學的研究》（國立民族學博物館調查報告 31）。大阪：國立民族學博物館。

周大鳴，2005，〈動蕩中的客家族群與族群意識〉。《廣西民族大學學報》27（5）：13-21。

周建新，2000，〈族群視野裡的宗族社會：廣東豐順潮客村落的個案分析〉。頁 147-167，收錄於陳志明、張小軍、張展鴻編，《傳統與變遷：華南的認同和文化》。北京：文津。

周建新、柴可著，橫田浩一譯，2012，〈贛南地區における客家文化の構築過程：「贛南日報」を事例として〉。頁 77-102，收錄於瀨川昌久、飯島典子編，《客家の創生と再創生：歷史と空間からの総合的再検討》。東京：風響社。

周達生，1982，〈客家文化考：衣、食、住、山歌を中心に〉。《國立民族學博物館研究報告》7（1）：58-138。

房學嘉，1996，《客家源流探奧》。臺北：武陵。

______，2006，《客家民俗》。廣州：華南理工大學出版社。

林正慧，2020，〈當史學遇到客家：解體後的重新認識〉。《全球客家研究》14：149-196。

河合洋尙，2010，〈客家文化重考：從族群空間生產及其景觀化的觀點來看〉。《贛南師範學院學報》（中國贛南師範大學編集部）31（2）：3-9。

______，2012a，〈『民系』から『族群』へ：1990 年代以降の客家研究におけるパラダイム転換〉。《華僑華人研究》9：138-148。

______，2012b，〈東江客家文化の創出と景觀建設：廣東省河源市を事例として〉。頁 135-166，收錄於瀨川昌久、飯島典子編，《客家の創生と再創生：歷史と空間からの総合的再検討》。東京：風響社。

______，2013，〈空間概念としての客家：『客家の故郷』建設活動をめぐって〉。《國立民族學博物館研究報告》37（2）：199-244。

______，2014，〈族群話語與社會空間：四川成都、廣西玉林客家空間的建構〉。頁 115-131，收錄於韓敏、末成道男編，《中國社會的家族、民族、國家的話語及其動態：東亞人類學者的理論探索》（Senri Ethnological Studies 90）。大阪：國立民族學博物館。

______，2015，〈廣西客家的認同感與文化景觀：改革開放後的空間政策以及族群變動〉。頁 104-121，收錄於夏遠鳴、河合洋尙編，《全球化背景下客家文化景觀的創造：環南中國海的個案》。廣州：暨南大學出版社。

______，2019，〈四川省における〈客家空間〉の生成：成都市東山地區の都市景觀開発を中心として〉。《中國 21》49：189-210。

______，2023，〈民族科學與空間分類：關於「客人」的民族誌描述及其社會上的影響〉。《國立民族學博物館研究報告》47（2）：223-264。

河合洋尙、吳雲霞，2014，〈ベトナムの客家に関する覚書：移動、社會組織、文化創造〉。《華僑華人研究》11：93-103。

河合洋尙編，2013，《日本客家研究的視角與方法：百年的軌跡》。北京：社會科學文獻。

牧野巽，1985，《牧野巽著作集 ⑤ 中國の移住伝說廣東原住民族考》。東京：御茶ノ水書房。

金裕美，2012，〈少数民族自治県の漢族：廣西チワン族自治區三江トン族自治県を例に〉。頁 189-192，收錄於瀨川昌久、飯島典子編，《客家の創生と再創生：歴史と空間からの総合的再検討》。東京：風響社。

施添福，2014a，〈從「客家」到客家（二）：客家稱謂的出現、傳播與蛻變〉。《全球客家研究》2：1-114。

______，2014b，〈從「客家」到客家（三）：臺灣的客人稱謂和客人認同（上）〉。《全球客家研究》3：1-109。

洪馨蘭，2023，〈認同的流動與形塑：台灣「新个客家人運動」後的「新」客家人〉。《國立民族學博物館研究報告》47（2）：285-314。

范智盈，2019，〈二戰前在日客家人相關考察：以丘念台與東寧學會為中心〉。《全球客家研究》13：149-170

夏遠鳴、河合洋尚編，2015，《全球化背景下客家文化景觀的創造：環南中國海的個案》。廣州：暨南大學出版社。

夏遠鳴著，河合洋尚譯，2012，〈客都の變遷：清末以降の梅州における客家意識の形成と客家文化の創生〉。頁 51-76，收錄於瀨川昌久、飯島典子編，《客家の創生と再創生：歴史と空間からの総合的再検討》。東京：風響社。

高木桂蔵，1991，《客家：中國の內なる異邦人》。東京：講談社。

莊英章、高怡萍，2009，〈全球視野中的客家研究〉。《客家學刊》1：94-103。

許懷林，1998，〈關於客家源流的再認識〉。《客家研究輯刊》12-13：32-41。

陳支平，1997，《客家源流新論》。南寧：廣西教育。

陳春聲，2006，〈論 1640-1940 韓江流域民眾「客家觀念」的演變〉。《客家研究輯刊》29：1-17。

陳運棟，1983，《客家人》。臺北：聯亞。

陳麗華，2011，〈談泛臺灣客家認同：1860-1980 年代臺灣「客家」族群的塑造〉。《臺大歷史學報》48：1-49。

______，2015，《族群與國家：六堆客家認同的形成（1683-1973）》。臺北：國立臺灣大學出版中心。

渡邊欣雄，2003，〈沖縄文化の創造〉。頁 2-12，收錄於渡邊欣雄編，《沖縄文化の創造》（アジア遊學 53）。東京：勉誠。

______，2017，《術としての生活と宗教：漢民族の文化システム》。東京：森話社。

程美寶，2001，〈地域文化與國家認同：晚晴以來「廣東文化」觀的形成〉。頁 387-417，收錄於楊念群編，《空間、記憶、社會轉型：「新社會史」研究論文精選集》。上海：上海人民。

______，2006，《地域文化與國家認同：晚晴以來「廣東文化」觀的形成》。北京：生活、讀書、新知三聯書店。

飯島典子，2003，〈十九世紀宣教師文書から見た客家（Hakka）〉。《一橋論叢》130（2）：99-114。

______，2007，《近代客家社會の形成：「他称」と「自称」のはざまで》。東京：風響社。

______，2012，〈台湾客家の過去、現在そして未来〉。頁 167-186，收錄於瀨川昌久、飯島典子編，《客家の創生と再創生：歴史と空間からの総合的再検討》。東京：風響社。

______，2023，〈開發雲南礦山的「客話圈」江西人：以江西吉安人爲中心〉。《國立民族學博物館研究報告》47（2）：315-332。

塚田誠之，2017，〈三江県の『六甲人』に関する覚書：その歴史、文化と民族意識〉。頁 293-307，收錄於塚田誠之、河合洋尙編，《中國における歴史の資源化の現状と課題》（國立民族學博物館調査報告 142）。大阪：國立民族學博物館。

稻澤努，2012，〈ある村の『客家文化』〉。頁 197-201，收錄於瀨川昌久、飯島典子編，《客家の創生と再創生：歴史と空間からの総合的再検討》。東京：風響社。

______，2015，〈汕尾客家與「漁民」的文化景觀創造〉。頁 139-154，收錄於夏遠鳴、河合洋尙編，《全球化背景下客家文化景觀的創造：環南中國海的個案》。廣州：暨南大學出版社。

劉鎮發，2001，《「客家」：誤解的歷史、歷史的誤解》。香港：學術研究雜誌社。

橫田浩一，2012，〈潮汕の視点から見る客家文化の表象〉。頁 203-210，收錄於瀨川昌久、飯島典子編，《客家の創生と再創生：歴史と空間からの総合的再検討》。東京：風響社。

______，2023，〈不穩定的邊界：從潮汕地區和台灣南部重考客家邊界〉。《國立民族學博物館研究報告》47（2）：265-284。

蔡驎，2005，《汀江流域の地域文化と客家：漢族の多様性と一体性に関する一考察》。東京：風響社。

謝重光，2008，《客家文化述論》。北京：中國社會科學。

齋藤晃，2002，〈福音の言語：新大陸におけるイエズス會の言語政策〉。頁 99-134，收錄於杉本良男編，《福音と文明化の人類學的研究》（國立民族學博物館調查報告 31）。大阪：國立民族學博物館。

簡宏逸，2016，〈歐德理與他的傳教士民族誌：客家研究的德意志起源〉。《全球客家研究》7：1-40。

______，2018，《製作客家人：十九世紀傳教士的客家民族誌》。新北：城邦印書館。

瀨川昌久，1986，〈本地と客家：香港新界農村部におけるエスニシティーの一側面〉。《民族學研究》51（2）：110-140。

______，1993，《客家：華南漢族のエスニシティーとその境界》。東京：風響社。

______，2003，〈客家語と客家のエスニック、バウンダリーについての再考〉。頁 107-133，收錄於塚田誠之編，《民族の移動と文化の動態―中國周縁地域の歴史と現在》。東京：風響社。

______，2006，〈「客」概念と『客家』：海南島タン州、臨高地區におけるエスニシティーの重層構造〉。《中國 21》25：137-158。

______，2012，〈序論〉。頁 1-11，收錄於瀨川昌久、飯島典子編，《客家の創生と再創生：歴史と空間からの総合的再検討》。東京：風響社。

瀨川昌久、飯島典子編，2012，《客家の創生と再創生：歴史と空間からの総合的再検討》。東京：風響社。

羅香林，2010，《客家研究導論》（第二版）。臺北：南天書局。

Anderson, B., 1983, *Imagined Communities: Reflections on the Origin and Spread of Nationalism*. London: Verso.

Barth, F., ed., 1969, *Ethnic Groups and Boundaries: The Social Organization of Culture Difference*. London: Universitetsforlaget.

Constable, Nicole, ed., 1996, *Guest People: Hakka Identity in China and Abroad*. Seattle: University of Washington Press.

Constable, Nicole, 1996, "Introduction". Pp.1-35 in *Guest People: Hakka Identity in China and Abroad*, edited by N. Constable. Seattle: University of Washington Press.

Eitel, E. J., 1893, "Ethnographic Sketches of the Hakka Chinese". *The China Review* 20(4): 263-267.

Johnson, Elizabeth Lominska, 1996, "Hakka Villager in a Kong Kong City: The Original People of Tsuen Wan". Pp. 80-97 in *Guest People: Hakka Identity in China and Abroad*, edited by N. Constable. Seattle: University of Washington Press.

Kawai, Hironao, 2011, "The Making of the Hakka Culture: The Social Production of Space and Landscape in Global Era." *Asian Culture* 35: 50-68.

Leong, S. T., 1997, *Migration and Ethnicity in Chinese History: Hakkas, Pengmin, and Their Neighbors*. Redwood: Stanford University Press.

Shirokogoroff, S. M., 1925, *Anthropology of Eastern China and Kwangtung Province*. Shanghai: Commercial Press.

客家文化研究的空間論轉向緒論

河合洋尚（邢光大／譯）*

一、問題緣起

筆者於 2004 年 9 月開始，在中國廣東省的梅縣地區進行田野調查。自那時起15年間，每年都會前往梅縣。在這一地區初期調查時所感受到的「困惑」，正是筆者撰寫本文的出發點。說起梅縣，大多人會立刻聯想到客家。客家是起源於中原漢族集團中的一支，基於官方解釋，在梅縣出生長大的當地住民都可以算作客家。梅縣也是旅居世界各地大多數客家人的原鄉，因此梅縣也可算作客家的源頭之一。同時，客家擁有其他漢族支系或少數民族所不具有的獨特文化，所以梅縣常常被人們想像為客家文化充溢之地。

筆者在梅縣進行長期在地調查的初期，也曾不加懷疑地接受這樣的客家印象。因為梅縣的人們的確自稱為客家，[1] 他們說客家話，並將自身的民俗習慣

* 河合洋尚（kawaih@tmu.ac.jp），日本東京都立大學社會人類學系副教授、廣東嘉應學院客家研究院客座副教授；邢光大（keisuis1017@gmail.com），日本慶應義塾大學社會學研究科博士候選人。

1 現代的梅縣人平時自稱為「客家」，但是也有「客人」的說法。

和建築以客家之名進行詮釋。另外，許多店家也會打出「客家」二字作為招牌，梅縣的街上隨處可見客家二字。然而，隨著訪問梅縣次數的增加以及文獻研究的深入，筆者越發地對梅縣作為「客家原鄉」這一言說感到疑問。不加批判地將梅縣與客家綁定在一起的做法是正確的嗎？將在梅縣的所見所聞用客家文化的名義來表現是合適的嗎？這些問題讓筆者一時之間找不到答案。這些問題的出現，正與我在梅縣及其周邊地區初期進行調查時所體驗到的下述的「困惑」息息相關。

首先，筆者在調查初期，便抱有梅縣人＝客家這一先入為主的觀念。然而在某一天，筆者前往梅縣一處較為偏僻的農村進行調查，那裡的老人雖然同樣說客家話，但並不知道有客家這一名詞。甚至他們告訴筆者「我們不是客家，是漢族」。之後在都市地區調查時，哪怕是對客家的歷史和文化自豪地侃侃而談的老人們也說「不過我在改革開放之前，還沒明確意識到自己是客家人」。另外，梅縣的都市地區，同為廣東省漢族支系的潮州人（廣東人往往將他們稱呼為潮汕人）也為數眾多。他們說潮州話，具有作為潮州人的強烈自我認同，但這些人也說客家話，同時也具有客家人的自我認同。如果將這些說（以語言學為標準所認定的）客家話的人都「客觀地」定義為客家人的話，在梅縣出生長大的絕大多數人，都毫無疑問屬於客家。然而，放眼世界，自稱為客家人但卻不說客家話的人們絕不少見，也存在有畬族等說客家話的少數民族（瀨川昌久，2003），因此我們不得不去懷疑，將客家話——其中還包括到底什麼是客家話這一疑問——作為界定客家的客觀且科學的指標這一典範的有效性。

其次，即便同為客家地域，語言和生活習慣等方面也有巨大的差異性。筆者在訪問梅縣之前曾在江西省及福建省進行過短期調查，現在也還記得，當時筆者疑惑於這兩地同為客家地區，生活習慣卻與梅縣有很大的不同這一點。這樣想來的話，梅縣人的生活習俗，反而和潮州人或是畬族有著些許的共通性。

尤其是在明朝、清朝期間，梅縣隸屬於潮州府，說梅縣人原本是「潮州人」也不為過（河合洋尚，2018a）。因此，潮州人和客家之間，在衣、食、住、信仰等生活習慣方面表現出類似性也並不稀奇。另一方面，即便同為梅縣住民，人們的生活習慣也不盡相同。在別的省分工作回來的男性、嫁入梅縣的外來媳婦、從東南亞回來的歸國華僑等等，在梅縣居住的人們有著豐富且不同的經歷和背景。他們的生活習慣體現出差異性也是理所當然的。筆者首次在梅縣受邀一起吃飯時，滿心期待著到底會出現怎樣的客家料理，然而讓我震驚的是，主人家端出來的竟是咖哩和加多加多（譯注：Gado-gado 是印度尼西亞的國民日常食用的蔬菜沙拉）這些印度尼西亞料理。如後所述，一般來說客家文化是指繼承了中原血脈，與其他族群相區別的漢族文化。然而，就筆者在梅縣實地的所見所聞而言，當地人們的實踐和話語早已經超過這一範疇。

通過上述的調查經驗，筆者意識到，實際上存在於梅縣的，並非是客家文化而是地域文化。這一地域文化，是通過人們的移動及其帶來的影響，由不同地域而來的物質、民俗、情報所交織而成的。然而，為什麼梅縣會逐漸形成客家地域這一印象？這一思考讓筆者意識到了新的問題所在。

在梅縣進行田野工作並不斷試錯之後，筆者漸漸注意到：不加思索地將梅縣認定為客家文化充溢之地這一思維定勢，我們必須抱持懷疑的態度。筆者透過文獻及訪談，進一步考察中國在對外開放政策時期出現的客家「原鄉」建設運動，透過分析這一動向，我們得以更為切實地了解到，梅縣是如何變身為客家地域的。因此，筆者嘗試考察這一過程：多樣的行為主體為了追求自身的利益，利用客家及客家文化的概念，由此將梅縣塑造成讓華僑及遊客們能夠立刻聯想到的「客家原鄉」。[2]

2 如開頭所說，本文目的並不在於否定梅縣原本是客家地域這一命題。反之，筆者基本上贊同基於上述出發點，筆者研究聚焦於將梅縣展演為其作為客家文化充溢之地的過程。本文藉由空間這一關鍵概念，進一步詮釋梅縣是如何轉型為客家地域的，但在此之前，我們需要重新思考客家文化這一概念。以往的客家研究，多是先驗地認定在梅縣等特定行政區域的人們——無關於本人是否這樣認為——屬於客家。然後將在當地生活的客家人的生活樣式塑造為獨特的客家文化，並自然地認為這些文化進一步形成了獨具文化特色的客家地域。然而如後所述，近年來打出客家地域特色牌的客家文化，並不一定真的與當地人的生活相關，遑論是全體客家所共有的特色。某一特定的行政區域在政策上被劃歸為客家地域，當地住民與文化被動地和客家連結起來，彷彿這一空間中本來就具備這些特色一般地進行宣傳，上述做法實際上也不過如此。所以這裡所指的客家文化，並非古典人類學中基於「客觀」標準所定義的生活樣式，而是基於多樣行為主體的「主觀」行動從而進行發現、利用的一類資源，我們必須以這一角度來重新理解客家文化。

本文首先聚焦於客家文化這一概念及其內涵，是如何在研究者之間以科學的名義被創造出來的。在此之前，有必要向讀者介紹，將客家文化定義為一種認識，而非一種實體的這一最近研究動向，並在此基礎上導入空間論此一典範，詮釋其意義與價值所在。最後本文嘗試提出、向讀者展示一種新的，將客家文化與空間概念結合於一體的分析維度。

梅縣是客家地域。筆者認為，某一地域和特定的民族、族群的特色相結合的現象並不僅限於梅縣，而是伴隨著市場經濟的發展在全世界都加速進行的普遍現象（河合洋尚，2013）。本文主要以梅縣為例，但也同樣適用於梅縣乃至中國之外的類似案例（包括日本在內），並期待今後可以對此命題展開進一步對話。

二、客家文化概念的創出

首先我們需要釐清客家文化這一概念是如何被研究者所討論。今天意義上的客家概念在中國相關史料中出現是在 19 世紀之後（飯島典子，2007）。但在更早時期，中國的各地方志中也並非完全沒有出現客家或者與其類似的用語。雖然無法判定是否和現代的客家概念一致，但早在清康熙年間的《永安縣志》（1687 年）中已經出現「客家」二字。然而，中國南部的「客」這一用語往往表示「外來人」或是「少數民族」（河合洋尚，2013：7-9），其是否表示的是現在意義上的客家概念還值得進一步商榷。因此，最早涉及現代意義上的客家概念，同時也是在客家研究中被反覆引用的論著，是 1812 年惠州豐湖書院的徐曾旭所著的《豐湖雜記》。徐曾旭將客家（在文中寫作「客人」）描述為語言源自於中原地區，以質樸、勤勞為其性格特徵的一群人（嚴忠明，2004）。

此後，在 19 世紀中期，來自歐美的傳教士對客家抱有很大的興趣。西洋傳教士之所以關心客家，和這一時期在廣東省中部頻繁發生的土客械鬥社會背景息息相關。[3] 加之 1851 年太平天國運動蜂擁而起，以領導者洪秀全為首的許多客家人都參與在內（小島晋治，1993；菊池秀明，1998）。因此傳教士們開始關注「土」（土著，尤其是廣府人）與「客」（客家人）之間存在的對立構造。當時，客家這一稱呼在中國社會並不廣為人所知，反而在傳教士中廣泛普

3 在當時的廣東省，粵人（今天的廣府人）主要居住於中部及西部的平原地區，東部的平原則是潮人（今天的潮州人）的聚居地；與其相對，客家主要住在山區。在清朝時期，客家往往來到平原，與粵人及潮人爭奪土地資源。據程美寶（2001，2006）所說，在清代的文字社會中擁有「話語權」的往往是粵人和潮人。當時的地方文獻，多是粵人及潮人所書寫，並將他們所認為是客家的人描述為「（犭客）賊」或「犵獠」。從這些漢字帶有反犬旁可以看出，客家往往被他們描繪為野蠻的族群。

及（飯島典子，2007：62-64）。從 19 世紀後葉由傳教士所寫的記錄來看，傳教士們詳細地記錄了客家的語言、源流、風俗習慣及族群性等。[4] 而這一活動的主軸，是將廣東省的客家地域作為主要傳教地的巴色會（湯泳詩，2002）。巴色會的傳教士接納了因土客械鬥及因太平天國運動失敗而失去歸處的客家人（Constable, 1996），同時通過研究他們的語言及族譜（家譜圖），主張客家人是源自於中原的純粹、優秀的漢族（Campbell, 1912, etc.; cf. 譚樹林，2007：43）。20 世紀之後，這一通說，被擁有科學及政治權威的梅縣出身知識分子（以下稱為客家精英）所繼承。特別是在 1905 年，黃遵憲與丘逢甲等人組成了「客家源流研究會」，這些客家精英開始宣稱自己是源於中原的正統漢族（萬建中，2009：107）。

在這一客家自我主張運動中，最為知名的學者莫過於被譽為中國客家學開創者的羅香林。羅香林是 1906 年出生於廣東省的客家人，1926 年進入清華大學學習歷史學與民族學。羅氏自 1920 年代後半開始專注於撰寫與客家相關的論文，1933 年著成的《客家研究導論》被譽為客家研究的經典。羅氏認為，客家源自於中原，並在南下過程中與當地民族不斷地接觸及通婚。因此，客家的語言和生活習慣中仍保有中原的要素，同時南下的歷史造就了客家具有其他漢民族所沒有的特殊性（羅香林，1992）。羅香林還進一步提及客家地域的宗教、信仰、風水和建築等等。[5] 並認為這些要素：（1）和其他的漢民族基本相

---

4 具體請參考飯島典子（2007）。據飯島典子所說，傳教士所撰寫最早的中國客家記錄，是歐德理（Ernest Eitel）所作廣東博羅縣的報告書。這份報告書，是脫離巴色會並加入倫敦傳教會的歐德理，在 1866 年 1 月所撰寫的，記錄了博羅縣的民族狀況，其中提到在博羅縣，存在本地人、福佬人和客家混住的狀況（飯島典子，2007：62-64）。

5 當然，傳教士和客家精英並非完全不關心客家的習俗和物質文化。舉例而言，民貝爾（George Campbell）認為，客家的習俗與粵人及福佬（潮人等）並無大的差別，但客家具有每日沐浴、女性不纏足在戶外工作這一特徵（Campbell, 1912: 473）。然而，在羅香林之前，關於客家的

同、(2)但在中原南下的過程中又獲得了其他漢民族所沒有的特徵(羅香林,1992)。基於此,他將同屬於漢族,但彼此間又擁有不同特徵的支系稱為「民系」,並認為客家是漢民族民系的一支。

值得注意的是,羅氏利用「文教」的概念來說明客家的習俗與住宅。正如字面意義,「文教」指的是以「文」(文字、教養)進行教化。如橫山廣子(1997:177-78)所述:帝制時代的中國,相對於中原地區文明的百花齊放,周緣地域被認為是文明尚未滲透的廣大異境之地。因此,以中原的「文」來教化周緣之異境,被稱為「文教」,即中文中「文化」的含義。由此可知,羅氏對客家習俗與住宅的相關說明,也隱含著客家人們很大程度上受到中原漢文明啓蒙的意味。

有趣的是,羅氏的「文教」(中國語境下的「文化」)概念,被後世的學者置換成了人類學視野下文化概念。大約最早明確定義客家文化概念的,是臺灣的陳運棟。[6]陳運棟繼承了羅香林的民系論,在1978年刊行的《客家人》中,如此闡述客家文化。

> 文化是人類控制環境所成就的共同業績;因為人類……在各種不同的環境中造成各種不同的文化。……文化是一個民族或民系經過長久積累而成的一種文明所形成的生活方式。(陳運棟,1983:249-50)

記錄多限於對當地狀況的簡要記述,並不像民系論一般進行理論層面的考察。

6 1965年在臺灣創刊的《中原雜志》及《梅州文獻彙編》中,記錄了包括梅縣在內的多種客家習俗。特別值得注意的是,《中原雜志》中使用了「客家文化」這一表達方式。《中原雜志》並未給客家文化下具體的定義,但卻屢次指出客家文化的特徵和中原文化具有高度的關聯性。可謂是早於陳運棟客家文化論的先驅性見解。另外,《中原雜志》第一卷(1965年)中出現了「梅縣是客家文化的中心」(頁15)這一表述。筆者想要在此強調,對客家文化下明確定義的第一人,應是陳運棟。當然伴隨著今後研究的發展,或許可以找到更早期的客家文化定義。期待後續的研究。

陳運棟所定義的文化，相當於人類學的生活樣式（陳運棟，1983：249）。然而在同書的另一處，又對客家文化進行了如下的定義。

> 客家人則是漢人系裏頭的一個支派；客家文化也就是整個中華民族文化眾多支流中的一股支流。（陳運棟，1983：251）

通過上述對於客家文化的表現，我們可以發現，陳運棟表面上利用古典人類學的文化概念，試圖將文化定義為一類價值中立的生活樣式。然而另一方面他強調客家作為中華民族文化的特色之一，將其放置於意識形態的脈絡之下（河合洋尚，2010：5）。即，陳氏一方面將客家文化捕捉為客家地域中實際存在的生活樣式，另一方面將客家族群內在的特色置於漢族文化的名義之下進行定位。舉例而言，陳運棟雖然談及了存在於客家地域中人們的生活樣式，但他將重點放在從中篩選出以臺灣為主的客家特色（祖先崇拜、重視風水、集合住宅、三山國王及義民爺信仰），最終將客家作為中華民族（＝漢族）文化的子系統來進行捕捉。

這一具有「雙重定義」的客家文化概念，在1980年代之後，在日本及中國學界以不同的形式被繼承了下來。周達生的〈客家文化考〉是其典型。周達生通過調查廣東省與福建省客家地域的衣、食、住及山歌，批判羅香林研究中隱含的種族主義，但基本延續了客家中原說，他指出「（客家）許多文化與其他漢族相同，但也有一些屬於客家自身的獨特文化」（周達生，1982：135）。[7]1980年代到21世紀初的中國學界，以羅香林的民系論為根基所展開的客家文化研究遍地開花。其中之一，便是發掘客家的親屬制度、食物、建築、

7　另外，劉麗川將該論文的部分內容進行翻譯，並刊載於1989年上海同濟大學出版社刊行的學術雜誌《客家研究》（頁198-219）上。

信仰、傳統節慶等，將其定位為古代中原文化的「活化石」（丁毅華，2004；林曉平，2004：87-88；cf. 謝重光，2008：5-6）。針對這一研究動向，蔡驎（2005：40）指出，客家文化研究傾向於將「正統」的客家文化看作是古代中原文化的遺風，尤為強調其中的農耕文化。也是基於這一見解，如今在中國大陸及香港的博物館中都能夠看到，農耕文化作為客家文化的主要構成部分被展示。

另一方面，在中國大陸，透過人類學的田野調查認定客家文化是古代中原文化「遺產」的同時，發掘其他民系所不具備的，僅屬於客家文化特色的研究也具有很大比重。表 1 是以中國著名人類學家徐傑瞬《雪球：漢民族的人類學分析》為中心，並結合部分與廣東省漢族相關的研究整理而成（cf. 徐傑瞬，1999；黃淑娉，1999；葉春生，2000；陳華新，1998；陳澤泓，1999 等）。這些研究中認為，廣東省有廣府人、潮州人和客家三支主要民系，他們的源流、民族性、語言、性別觀念、飲食、建築、信仰等等都有所不同。其中對於客家的描寫是，客家主要源自於中原地區，繼承了儒家的傳統，說的客家話最為完善地保留著中原古音，女性勤勞並承擔重體力勞動，以米飯為主食，住在圓形土樓一類的圍屋式建築，注重風水和二次葬。當然，沒有在表 1 中體現的客家文化特色還有很多，以飲食為例，被認為是客家飲食文化的釀豆腐或是吃狗肉等都沒有在表中提及。但從表 1 中我們可以一目瞭然地發現，學者們承認三支民系具有一定的共通性，但在各個項目分類中著重描寫他們的差異性。這一類的人類學者、民族學者，他們不僅僅是繼承了羅香林的觀念，還藉由文化與民族性學派的理論，強調自己的做法在科學上具有的權威性（cf. 徐傑瞬，1999：174-182；cf. Harrell, 2001: 154）。[8]

8 筆者在別稿中曾指出，這一現象出現的背景在於差異性與同質性共存的中國式多文化主義。多文化主義的議論，和今日作為中國國策的中華民族多元一體論具有高度的親和性。這裡所指的文化概念，也包含有羅香林所說「文教」，即具有啟蒙意義的「文化」概念（Kawai, 2012）。

表 1 學界提倡的廣東省三大漢族文化模型

族群文化	客家文化	潮州（潮汕）文化	廣府文化
廣東省內的主要居住地	梅州、河源、惠州、韶關、揭西、陸河、英德等	潮州、汕頭、揭陽（除揭西、普寧雲落）、汕尾（除陸河）等	廣州、佛山、順德、中山、珠海、肇慶、清遠、茂名等
源流文化	中原漢文化（最純粹）	中原漢文化	中原漢文化
移動途徑	從福建石壁到廣東東北部	從福建莆田到廣東東部	從江西中部經過韶關珠璣巷到廣東中西部
族群精神	開放性、重農主義、崇尚忠孝、講迷信	開放性、重商主義、重視宗族模式、講迷信	開發性、重商主義、吸收外來文化、講迷信
語　言	客家話（中原古音）	潮州話（閩南話系）	廣東話（粵語）
女　性	勤勞	賢妻良母	追求時尚

資料來源：徐傑瞬（1999）等。並基於河合洋尚（2013a）進行了部分修正。

值得注目的是，自 1990 年代前半開始，中國學界吹起了或可稱為融合論的學術風潮。所謂融合論，即承認客家文化中不僅有古代中原文化的要素，還包括原住民（＝少數民族）文化的要素。當然，羅香林也承認中原漢族和少數民族相互接觸這一點，但融合論的新鮮之處，在於顛覆客家人是從中原而來的移民這一根本性的前提。這一觀念的先驅，是房學嘉（1994）的土著起源論。房氏在 1994 年出版的《客家研究探奧》中，活用考古學、民族學的資料，提出客家的根源並非中原，而是當地土著的說法。另外在遺傳學方面，也出現了客家的遺傳因子相比中原北方，更貼近於南方少數民族的證據（葉智彰，

2001：17-19），客家是起源於中原漢族後裔這一說法，不可避免地受到了懷疑。羅香林的中原起源說，雖然也論述了由中原南下的漢族男性和當地土著通婚的事實，然而他認為這不過是為了延續父系血脈的權宜之計，是源自於中原漢族的父系觀念行為。然而，土著起源說則主張客家在血統上更多源自於當地土著，其次才是中原漢族文化摻入其中，兩者的混合文化形成了客家文化。[9] 因此融合論不一定認為客家在血統上源自於中原，重在強調客家是與土著文化相融合而形成的一種特殊文化形式。這一觀念的代表者是謝重光，其在 2008 年出版的《客家文化述論》中作以下說明。

> 客家民系是一個文化的概念，而不是種族的概念。**使客家人與其他民系或其他族群相區別的完全是文化的因素**，而非種族的因素。參與融合的南遷漢人，百越種族和盤瓠蠻等南方民族都是客家先民，他們原有的文化都是鑄造客家新文化的重要構件。客家民系在南宋初步形成以後，元明兩代又有重大發展，約略至明末清初，其分布格局才基本穩定下來，**其獨特方言，獨特風俗，獨特社會心理及族群性格**才充分發展成熟。（謝重光，2008：24；粗體為筆者所加）

從上述文字得知，謝重光將客家認定是從約千年前連綿至今的族群，然其並非是血緣集團，而是文化集團，並認為其是漢民族系統下的一支系（民系）。這一文化，是中原漢族文化與各類土著文化透過歷史上的融合所出現的，這也是客家和其他民系相區別的最大特徵。換言之，謝氏認為客家文化有著與其他

---

9 土著起源說給許多的中國客家研究者帶來了影響。如許懷林（1998）透過分析中原起源說和土著起源說的論爭，反思自己對前者不加批判地接納這一學術態度，並指出土著對客家的形成具有很大的影響。

漢族支系不同的「同質性的特色」，並且這一「特色」是客家和其他漢族支系相區別的指標。

融合論並不執著於詮釋客家文化與中原的相關聯，而是致力於發現地方原住民的文化要素。這一點與民系論明確地劃清了界限。因此，過去被認為不屬於漢族，因而被捨棄、擱置的「迷信」要素（萬物有靈論及風水等等），在融合論的視野下被重新注目，並在理論層面，賦予其作為客家文化構成要素的根基。另一方面，強調客家文化擁有固定的，與其他民系不同的「特色」這一點，卻又逆向地加深了民系論所具有的本質主義色彩。[10]

三、導入空間論的視角

如上所述，在羅香林之後出現的各類客家文化民系模型，雖不盡相同，但在客家文化是：（1）繼承了中原血脈的漢族文化、（2）具有和其他族群不同的特色，這兩點上是一致的。不得不再三強調，這一類研究傾向與 20 世紀初主張客家是正統漢族的一系列運動具有極為緊密的關聯。其後，針對民系模型的內容展開了各式各樣的討論，但基本都認同客家文化中具有中原漢族的要素，以及和其他民族有相似點的同時也有僅屬於客家的特色這兩點。雖然最近也有反駁民系論的看法，但在很多地方民系論已經成為被普遍認可，成為客家文化概念的常識，教科書、通識讀物、博物館、網路辭典等也都傾向於採用這一說法。

10 另外，文化融合論與中華民族多元一體論也有著很強的親和性。在這裡我們有必要進一步闡述其重要性。中華民族多元一體構造，是以漢族為中心，透過多民族的相互融合與吸收，在歷史過程中形成「中華民族」的理論（費孝通，2008）。文化融合論也是一樣，客家是漢族與少數民族相融合而形成的。客家可以嵌入以漢族為主體的中華民族文化的系統中，因此對中華民族多元一體構造的思想也有所貢獻。

然而，縱覽客家文化的研究歷史，我們不能夠忽視這一點：長期進行田野工作的許多美國及日本的人類學者，反而不太主張客家文化具有某些本質性的特色。比如 1960 年代開始在臺灣南部的客家地域進行調查的孔邁隆（Myron L. Cohen）在其著作《家的合與分：臺灣的漢人家庭制度》（Cohen, 1976）中幾乎沒有使用客家文化這一概念。日本戰後最早在臺灣的客家地區進行調查的植松明石也是一樣，她在如今被譽為臺灣客家象徵的新竹義民廟進行調查，但也沒有提及它作為客家文化的任何特徵（植松明石，1980，1995）。渡邊欣雄長期在臺灣南部的客家地域進行田野工作，但對於當地文化他並沒有用客家文化，而是用漢族文化來進行詮釋。對此渡邊欣雄解釋道，如果使用客家這一修飾性的詞語則會讓人聯想到自己的描述對象具有和其他族群不一樣的特徵，為了避免這一現象刻意回避了客家及客家文化的表達方式。[11] 當然，指出客家與福佬在地方上表現不相同的民族誌並不少見。對臺灣西南部的客家村落與閩南人村落進行比較並分析異同的巴博德（Burton Pasternak）的民族誌則是其典型（其他可參照植松明石，1980；堀江俊一，1985；末成道南，1991）。然而，他們不過是記錄臺灣客家自身所具有的自我認同，並未如民系論一般將客家文化自身完整地概念化。[12]

11 渡邊欣雄所作《漢民族的宗教》中，多採用臺灣客家地域的案例，但自始至終未使用客家或客家文化等表述（渡邊欣雄，1991）。渡邊欣雄在其近期的著作（渡邊欣雄，2017）中明確地闡述了理由。渡邊欣雄說道，自己曾在臺灣南部的客家地區實地調查時，將在當地聽說的飲茶習慣總結成了一篇名為〈客家人的飲茶習俗〉的隨筆（渡邊欣雄，1979：44-45）。後來，已經在中國進行過調查的周達生向渡邊欣雄指出，那一習慣並非是客家的，而是潮州人的「功夫茶」（周達生，1982：106-107）。

12 川瀨由高用華德英（Barbara Ward）的「意識模型」對這一現象進行了恰當的總結。即，關於客家與閩南人習俗的差異，人類學者僅僅記述了客家自身的認識，並未將客家文化／閩南文化進行「客觀的」分類（川瀨由高，2013）。

20世紀後半在臺灣和香港進行田野的人類學者，並不專注於描繪有關客家文化的全體表徵，更多地以考察客家地域中社會組織和信仰形態為目的。因此，在各地域被觀察到的生活形態並未放置於同質性的客家文化概念之下，更何況對於他們而言，找出客家這一族群共通的文化特色本身並不具有研究意義。於是在1980年代後半，針對將客家設定成一類本質性的分類項，並先驗地認定它擁有其他族群所不具備的文化特徵這一民系論的做法，逐漸出現了批判的聲音。其中先驅性的議論，是瀨川昌久的民族邊界（Ethnic boundary）論。瀨川昌久比較了香港與中國東南部的各地域，發現被強調是客家文化的各類要素（參照表1），在其他族群中往往也可以見到。瀨川昌久並沒有將這一現象如民系論一般歸結為同源自於中華民族，所以客家與其他民系具有共通性及類似性。相反，他認為客家與其他民系及族群的族群邊界，是伴隨著社會狀況而不斷流動、變動的，因此強調客家文化的固有性及特殊性實際上並無意義（瀨川昌久，1993）。其後，考察客家與廣府人（Johnson, 1996）、客家人與潮州人（周大鳴，2002；周建新，2003；宋德劍，2003；黃挺，2006等）之間族群邊界的曖昧性與可變性的研究報告，在美國和中國大陸接連出現。

透過上述客家研究的發展脈絡，我們可以發現，在客家地域長期進行田野工作的海外人類學者、民俗學者們，對客家文化具有固定特色這一民系論的立場表示懷疑。不止於此，就結果而言。這些研究證明了以「中原」或「特色」來標榜自身的客家文化在現實世界中未必真的存在，反而這一認識，很大可能是研究者等人士在自己頭腦中構建出來的產物。勞格文（John Lagerwey）在結束中國東南部客家地域的田野工作後，得出以下結論：

> 我在長達十年的共同調查中最為深刻的印象是，那些〔當地的多樣的習俗〕**並非是客家文化而是地域文化**這一點。……（中略）……

本質化的客家文化概念，實際上是最近的**學術以及經濟發展的產物**。（Lagerwey, 2005: 518，粗體為筆者所加）

客家文化並非是存在於客家地域的實體，而是學術和經濟的作用下出現的產物——勞格文的主張，對此後的客家文化研究具有深厚的影響。在此之前的客家文化概念，多是如陳運棟的第一定義一般，指客家人們的生活樣式。並認為客家文化含有與其他族群不同的特色。先驗地將客家地域的種種現象認定為客家文化的民系論者的認識也是一樣，他們的論述始終無法脫出「那裡有客家，他們創造了客家獨有的文化」這一前提。綜上所述，到底客家文化是否有固定的特色這一問題還值得進一步商榷。當然其中仍不乏有毫不懷疑、堅信客家文化具有固有特色的研究者。但說到底，客家文化有沒有獨自的特色，是否繼承了中原文化這一類的議論，如今已經走到了死胡同中。為了推進客家領域進入下一個階段，不將客家文化及其特色作為事實，而是將其作為民系論者們創出的認識來捕捉，換言之，從話語及意識形態層面去理解客家文化是極為必要的。

這一類研究典範，最近也開始有增多的傾向。小林宏至對圓形土樓的研究便是其中一例。收錄於聯合國教科文組織世界文化遺產的圓形土樓，如今儼然成為客家文化的代表。土樓體現了從中原南下的客家人們抵禦外敵的歷史，說它是極具特色的客家文化象徵也不為過。然而，圓形土樓並未出現於羅香林的《客家文化導論》及陳運棟的《客家人》中，在客家文化研究之中也始終處於周緣的位置。誠然，在作為客家地域的福建省永定縣的圓形土樓非常有名，然而接壤的南靖縣及潮州市的圓形土樓，則是數代閩南人或潮州人居住的地方（橫田浩一，2012：204-5）。另外，以梅縣為首的中國南部各地，乃至於世界各地的多數客家地域，自古以來都不存在圓形土樓。土樓這一集合住宅形式，也不過是福建和廣東省交界處才有的地方文化罷了。小林宏至（2009）指出，土樓成為客家文化代表的運動，原本是 1980 年代由新加坡和香港等地發起的，這一結果最終反饋到了中國大陸，由地方文化「昇華」為客家文化。小林宏至從全球化的維度，探究了圓形土樓（所指）是如何變身為客家文化（能指），並為人們廣泛認識的。[13]

另外，瀨川昌久與飯島典子主編的著作收錄了立足於同樣視點的各類論文，這一論集關注學者、記者、官僚、策劃、商人等不同的行為主體，將特定的事物詮釋為客家文化，並出於各自政治經濟利益上的目的對其利用的過程（瀨川昌久、飯島典子，2012）。具體而言，在改革開放後的政治經濟背景下，客家與客家文化的概念是如何逐漸出現在新聞媒體中（周建新、柴可，2012），以及非客家人是如何出於商業利益逐漸創出、占據客家與客家文化的話語（夏遠鳴，2012）這兩方面，得到了更深入的詮釋。另外，多樣的行為主體利用客家文化的概念並創造出客家地域地標的現象，不僅僅出現在中國南部（稲澤努，2015；田中孝枝，2015），臺灣（洪馨蘭，2015）、越南（Kawai and Wu, 2017）、馬來西亞（河合洋尚，2018b）、日本（辺清音，2015）也出現了同樣的案例。

這些研究向我們展示出，學者、記者、官僚、策劃、開發者、觀光業者、餐廳經營者等等多樣的行為主體，都利用客家文化來實現各自在政治經濟上的目的。我們也絕不能輕視研究者在其中扮演的角色。研究者將圓形土樓等特定的物質與民俗（＝所指）與客家（＝能指）連結起來，並以科學之名創造出客家文化的符號。而其他的行為主體也使用這些被符號化（象徵化）的客家文化

13 緊接著「圓形土樓真的是客家的祖先所建造的嗎？」這一問題也會浮現。但因與本文主題不符，在此不再贅述。

特色，並在不同語境之下，模仿同一手法分別創造出新的客家文化。[14]

不將客家文化及其特色理解為「客觀的」的事實，而將其重新捕捉為被行為主體「主觀」地使用的資源，借由這一視點的轉換，或許可以帶來新的客家文化研究典範轉移。然而，在此我們必須進一步思考客家文化與空間的關係。再次以圓形土樓為例，近十餘年間，在非土樓文化圈地域（廣東梅縣、河源、江西贛州、四川成都、廣西陸川、臺灣臺北、新竹、苗栗、東勢、高雄、馬來西亞的亞庇）中，接連不斷出現模仿土樓形式的近代建築的新現象（河合洋尚，2016a）。當地的土樓文化並不風行，為何又造出圓形土樓作為地域的象徵？其背後的原因，在於圓形土樓已經獲得作為客家文化代表性表徵的地位，在行政區域內可以讓人們在視覺上更加直觀地感受到這裡是客家地域。對這些地域而言，圓形土樓是為了彰顯此地的空間特色而發揮作用的資源。

我們需要注意的是，如今我們理所當然認為是客家地域的行政區，有不少曾經是客家概念較為稀薄的地區。廣東省河源市、福建省龍岩縣與寧化縣、江西省贛州市、四川省成都的東山地區、廣西壯族自治區的陸川縣與博白縣，雖然這些地方如今被認為是客家地域，但在過去當地的住民幾乎沒有作為客家的自我認識。人們雖然同樣使用語言學定義上的客家話，但直到改革開放前，這些人分別稱呼自己為「廣東人」、「痲介人」與「艾人」等（劉鎮發，2001：

14　筆者關心作為表徵的文化與作為實踐知（在空間的視域中被忽視的，人們的實踐及話語）的文化之間的乖離，並借用米歇爾・德・塞爾托《文化的政治學》（ド・セルトー，1990：277-280）的概念，將前者定義為「硬性文化」，後者定義為「軟性文化」（河合洋尚，2013c）。當然，這一概念在更多層面是一種比喻，之所以把作為表徵的文化定義為「硬性」，是因為這一類文化以客家「特色」的名義被固定化的緣故，反之，人們的生活習俗往往因具體的狀況而更容易發生改變，因此稱之為「軟性」。後現代主義的客家文化研究的重要特徵，便是重新審視及考察過去研究中被輕視的「硬性文化」的生成過程。因此，「硬性文化」對「軟性文化」是否造成影響，及造成怎樣的影響，這些問題都會通過田野調查逐漸地變得明瞭。

88-96）。[15] 到了 1980 年後半，梅縣利用客家及客家文化的概念創造了莫大的經濟效益，臨近的龍岩市和贛州市政府，也同樣在官方層面宣稱自己是客家地域。進入 21 世紀後，陸川縣以客家人口過半的名義宣稱自己是「客家強縣」，成都市的東山地區也被定位為客家地區（河合洋尚，2014，2019a）。在上述過程中，學者、官員、記者和商人等，在被認定為客家地域的領域中，揀選出具有特色的民俗與物質等並將其標記為客家文化的符號，同時在這些地域創造圓形土樓地標來彰顯此地作為客家地域的身分。

為了進一步分析上述現象，筆者參考了法國哲學家昂希・列斐伏爾的空間論。空間這一概念，多指在日常會話中，房間、廣場、空地等無機質地向外擴張的物理環境。地理學者段義孚（トゥアン，1993：11）便是利用這一角度定義空間的代表者。然而對列斐伏爾而言，我們抱持空間具有無機質的、物理性向外擴散的、價值中立的這一認識本身，正是被意識形態所支配的思維定勢。列斐伏爾認為，空間是權力者創造、分割境界，投射意識形態並賦予價值的領域，所以我們不能單純地認為空間是物理性的擴張，必須以權力者如何將空間如商品一般以物的形式進行「生產」這一角度為其解讀（ルフェーヴル，2000）（本文強調這一類作為權力的容器的空間概念時，將使用＜＞表示）。

這樣看來，客家地域也可以說是基於政治經濟目的，通過創造境界而生產出的空間。即，中國南部的幾處地方政府，以科學權威為名，宣告自己的行政區是客家＜空間＞。於是，這一＜空間＞的內部開始存在客家，同時埋入了名曰豐富的客家文化特色的意識形態。這裡值得注目的是，＜空間＞的生產是由學者、記者、策劃、開發人士、觀光業者、店鋪經營者等多樣的行為主體，將

15 具體請參照香港的語言學者劉鎮發（2001：92）及筆者（河合洋尚，2013b，2014 等）的研究。然而，這些論著中也同樣強調，以政府、軍隊及一部分與華僑相關的人們為代表，1970 年代之前，他們雖不是客家精英，但也已經擁有客家的自我認同。

領域內的一部分事物借由客家之名表徵化，創造出充溢客家文化符號的虛像世界（ボードリヤール，2008）的過程。

這裡所說的客家文化，不必然是客家的生活實踐中所提煉出的「結晶」。第一，基於民系論的立場，與「中原」和「特色」的表述相結合的事物，往往被認為是科學的客家文化。之所以圓形土樓被選作客家的象徵，也是因為其圓形的建築模式，投射出從中原南下的客家人們以宗族為中心的團結姿態。作為客家料理代表的釀豆腐、梅菜扣肉、盆菜、娘酒等等，其由來及故事也逐漸與中原和朝廷相掛鉤（飯島典子、河合洋尚、小林宏至，2019：99-100），類似的案例不勝枚舉。第二，對於商人們而言，即使在其他地域也隨處可見的事物，只因其處於客家地域這一＜空間＞，同樣可以客家的名義對其進行包裝。然而，對於萬物有靈論及薩滿信仰等與中原漢族文化不相稱的要素（中國大陸的官方往往認為，這些要素屬於少數民族文化），往往從客家文化中被仔細地剔除了出去。通過上述論述我們可以明白，客家文化的概念，首先通過民系論而被分類出來，並藉由所謂的客觀科學，進一步發展出可以生產出＜空間＞特色的話語及意識形態。

四、總結和展望：走向＜空間＞與＜場所＞的研究進路

基於上述議論，本文試圖提出一套新的客家研究的方法論。即，重新反思客家－客家文化－客家地域三者的概念，並以一種新的視點重新定位三者關係。我們可以將既有客家研究所採用的生態學研究進路【A】與本文提倡的空間論研究進路【B】，兩者間在方法論上的差異簡略地總結如下：

【A】生態學的研究進路：客家→客家文化→客家地域

【B】空間論的研究進路：（客家→）客家地域→客家＆客家文化

首先，生態學的研究進路，對於誰是客家這一問題實際上多少抱有曖昧的態度（河合洋尚，2013b，2014，2018a，2019b）。或者說，定義客家的基準，並不是基於人們的自我認同，而是基於語言和地域這些乍看之下彷彿客觀的要素來進行判斷。然而，如本文開頭所說，這些所謂客觀的要素本身值得推敲懷疑。比如雖然是出身於少數民族家庭，但因為在客家地域出生長大所以也被認定為客家人的案例（萬建中，2009：106），可是，這些案例往往沒有被研究者進一步深入探討。基於此，這一研究進路主張客家本身經過特殊的歷史背景並在特定的自然條件下生活，繼承了中原的文化要素從而生成屬於自身的特色，並由此形成客家文化。然後，這些具有特色的客家人或客家文化集中地，形成獨樹一幟的客家地域。然而，現實中有許多不同經歷和背景的人們共存於此，並非每個人都能和中原漢族文化扯上關係，其他族群也普遍存在同樣的物質及民俗這一點，往往被研究者們所忽略。

對此，本文所主張的空間論研究進路，並不著眼於地域內部的文化多樣性，轉而討論，為何特定的行政區會被看作客家地域，在那裡生活的人們及他們的文化為何會以客家之名表徵化這一問題。我們需要改變視點，重新聚焦過去沒有客家意識的人們如今被稱為客家，一部分事物被稱為客家文化這一過程中展現的力學。

筆者始終認為，某一地域被生產為＜客家空間＞的根本原因，在於全球市場經濟的展開。1978 年 12 月改革開放政策實施以後，中國大陸導入了市場經濟，進一步在人、經濟、文化層面加深了與國外的交流。因此，中國各地出現高速開發，但造成空間與景觀趨於同質化的結果。1990 年代後半，中國政府反思上述狀況，開始嘗試在各都市及地區打造「個性化」空間，並積極地吸引投資方與觀光客作為振興地域經濟的戰略。於是，為了賦予空間「個性」及「特色」，民族文化逐漸被利用了起來（Kawai, 2011；河合洋尚，2013a）。作為其中一環，以梅縣為首的數個行政區，都將自己定義為客家地域，即將客家文化作為資源利用，意圖造就對華僑和觀光客等外部人士而言具有魅力的空間。以列斐伏爾的方式來說的話，執政者劃定自身領土的境界，將客家文化這一意識形態投影其中來創造特色，進而完成＜空間＞的生產。

簡而言之，空間論的研究進路，並不像生態學的研究進路一般，認為客家與客家文化自然而然地形成了客家地域。而是將這一邏輯逆轉，認為是將某一行政區塑造為客家＜空間＞的力學，導致當地的人們成為客家，使得當地的事物（並非是其中全部）作為客家文化被大眾所認知。正因如此，無論其自身是否出身於少數民族，或其原來是否自認為客家（比如自稱為潮州人等其他漢族），只要是在客家地域生活同樣可以被認為客家，就算是在別處也普遍存在的物質與民俗，也同樣可以貼上客家文化的標籤。空間論的研究進路強調不能將客家或客家文化的概念固定化。舉例而言，2012 年 3 月筆者在陸川縣進行田野調查時，當地政府的相關人員帶筆者訪問了當地的圍屋式住宅。據他所說，陸川縣是客家占總人口 69% 的「客家強縣」，圍屋式建築是客家文化的特色，所以當地正在推廣將這類建築作為客家民居來進行觀光開發。不過根據筆者的訪談，住在這類集合住宅的人們，從根源和語言來判斷應該是廣府人（河合洋尚，2012：35-36）。然而，他們仍以「客人」（晚些移居到此地的人）自居，多是受到了地方官員和學者的影響，產生了作為客家的自我認同。從這一案例中我們可以發現，由於存在將陸川縣生產為客家＜空間＞的力學，廣府人的住宅被表徵為客家文化，乃至於其中的住民們也轉變成了客家。不言而喻，既有的生態學研究進路無法解釋這一現象。

為了避免可能招致的誤解，筆者必須澄清，空間論的研究進路絕不是立足於一種極端的建構主義。誠然，改革開放之後，中國南部的＜客家空間＞才真正地產生，但如前所述，20 世紀前半以客家精英為首的一部分人，已然擁有作為客家的自我認同。因此，客家與客家文化的概念絕非是在改革開放之後突然出現的。在政府將自己的行政區劃歸為客家地域，公共媒體大肆宣傳客家文化，開發者創造奪人眼球的客家建築物之前，早已出現朝這一方向發展的預兆。然而筆者想要強調的是，縱使如此，多樣的行為主體出於各自的利益創造出客家文化的記號這一現象，以及將客家與沒什麼關係的外人及事物相結合的現象，都是 1980 年代之後，基於生產＜客家空間＞的各類政策力量才逐漸變得越來越普遍及顯著。

為了更具體地說明空間論的研究進路，我們再次以梅縣為例，概述梅縣是如何被生產為＜客家空間＞的。19 世紀之前梅縣並沒有什麼客家的概念。在 20 世紀前半，客家的概念在知識分子中廣泛傳播，才打下了梅縣＝客家地域這一認識的基石，然而在 1980 年代以前，客家的概念在當地仍然沒有普及。1980 年代前半，報紙中很少見到關於客家的記載，從側面證明了客家文化幾乎沒有被政策性地利用起來。此外，在梅縣出生長大的大部分人，雖然說客家話，其中不乏同時具有客家及其他族群認同，即擁有雙重自我認同的住民。另外一些本不屬於客家的人，打著客家文化的招牌進行商業活動的現象也絕不少見（夏遠鳴，2012）。梅縣所謂的客家文化不一定與當地人的傳統生活文化相關聯，圓形土樓就是一個好例子，開發商等為了突出空間特色而將客家文化當作資源利用。因此，因為梅縣人是客家，他們孕育出獨特的客家文化，並由此形成了客家地域這一邏輯是站不住腳的。不如說，為了符合華僑和觀光客等外部人心中的指標和期望，梅縣作為客家的「原鄉」空間才被創造出來，我們需要考察，這一脈絡中客家及客家文化這一詞語是怎樣被使用的。具體而言，研究者和地方政府是如何向我們提示出梅縣＝客家空間這一認識，公共媒體、企業和個體戶等是如何將梅縣的物質和民俗創造為客家文化的符號的，這便是解讀客家空間生產過程的研究方法（譯注：關於具體的案例及細節，參見河合洋尚著《＜客家空間＞的生產》第二章）。

客家並沒有創出客家文化或客家地域，反而是客家空間創造出客家及客家文化。筆者將這一視點的轉換稱之為「空間論轉向」。改革開放後，梅縣被定位為客家空間，從一部分地方精英到當地形形色色的人們，都逐漸內在化（或強化）了客家這一自我認同。此外，以梅縣歷史上不曾存在過的圓形土樓為模板的建築也接連聳立，同時茶、牛奶、銀行等隨處可見的物質，也僅僅因為它們位於梅縣這一空間內而被冠上客家之名。

然而，將當地的物質及民俗（所指）與客家（能指）相關聯，進而創造出屬於客家的文化符號，並豐富客家空間的推手，不僅限於政府、企業、學術界及藝術界。從人類學的視野來看，更為重要的是，以宗族為首的民間大眾同樣參與進＜客家空間＞的生產過程之中這一事實。與此相關的各類案例，請參照筆者所作《＜客家空間＞的生產：梅縣「原鄉」創出的民族誌》的第二章至第七章（河合洋尚，2020），在此不再贅述。但在此必須強調，我們須從以宗族為代表的草根階層的視點出發，去關注他們是如何參與進＜客家空間＞的生產過程中，人們是如何與＜場所＞（place）發生關聯的（譯注：作者此處所使用的＜場所＞，即 place 一詞，在中文語境中有時會譯為「地方」。但如果譯為地方，容易被誤解為其作為特定的物理空間，而這一概念正與作者本身的意圖相反。如後所述，相比無機質的物質空間，＜場所＞〔place〕更強調人和的物質的相互作用。因此此處按照日文漢字的表現形式譯為＜場所＞）。[16]

---

16 近年來，＜場所＞的概念在人類學界逐漸嶄露頭角（Low and Laurence, 2003; Low, 2016, etc.）。人文社會科學中，與空間同樣，＜場所＞概念在特定分野、學者之間以多樣的方式出現。米歇爾・德・塞爾托説道：「空間是被實踐的場所。即使是基於都市規劃而被幾何分割建立成的都市，也會因在其間行走的人們而出現空間的轉換。與此相同，閱讀這一行為同樣對記號系統所創造的場所——被書寫之物——進行實踐化，從而孕育出空間」（ド・セルトー，1987：243）。然而，本書對於空間和場所的概念恰與其相反。對此，段義孚（1993：

正如克利福德・格爾茨（Geertz, 1996: 159）所指出的，原本人類學中的場所概念，僅僅是指物理的背景或社會行為的舞台。然而到了 1980 年代末，場所不再單單是物質性的客體，而是蘊含著人們主觀的經驗、感覺、感情的社會空間，這一概念得到了學界的注目（以下，將這一意義上的場所概念以＜＞表示）。即，場所的概念已經超越了主體／客體、文化／自然等二元區分。馬克・歐傑（Marc Augé）（オジェ，2002：244-245）將＜場所＞定義為賦予自我認同的、關係性的、歷史性的社會空間。即，＜場所＞是人們得以確認自己的出身，將自己放置於以親族和夥伴為首的社會關係網中，使得人們想起共同的記憶、傳承及神話的物理性地理範圍。所以，＜場所＞和＜空間＞不同，它並非出於政治經濟之目的劃定境界線，進而實現資源利用的領域。＜場所＞是透過擁有不同的經驗與知識的不同個體進行對話與競合（Rodman, 1992: 644），又或是基於人們所創造的意義、感情（sense）和物理環境的相互所用（Feld and Basso, 1996; 河合洋尚，2016）所產生的。

舉例而言，近年來，繼圓形土樓之後，梅縣的集合住宅圍龍屋作為新的客家文化資源，逐漸被開發利用。然而，到 21 世紀初為止，當地的政府和企業都未曾將圍龍屋看作是代表性的客家文化，在建造圓形土樓式建築的同時，大量的圍龍屋被拆毀。但是對一部分（特別是有著巨大規模和榮譽的）宗族而言，圍龍屋是蘊含著祖先記憶、親屬羈絆以及一族自我認同的重要＜場所＞。於是，宗族成員們自發地捐款修建、保護圍龍屋。到了 2010 年代，梅縣開始

11-15）認為場所是給予人們安寧、生活舒適的領域，相反，空間是空曠、無機質的，自由的存在。他所定義的＜場所＞與本文的定義相近。地理學者克瑞茲威爾（Cresswell, 2015）所著＜場所＞論的概論書中，也採用和段義孚相似的空間與＜場所＞概念。然而，無論是段義孚還是克瑞茲威爾，都是以列斐伏爾所批判的空間概念作為前提，與本文所講的基於權力而被資源化的＜空間＞概念並不一致。因此，本文中＜場所＞概念與作為資源領域的＜空間＞之間是以對照的關係進行討論的，而非段義孚或克瑞茲威爾＜場所＞論。

推行客家文化政策，宗族們藉此潮流，開始利用客家文化這一用語來為自己的實踐背書，他們直接地，或是間接地參與了<客家文化>新的生產之中（詳情可參照《<客家空間>的生產：梅縣「原鄉」創出的民族誌》的第五章）。[17]

筆者想要強調的是，我們不能夠單純地通過解讀都市規劃和客家文化的政策，由上至下地分析充溢著客家文化的<空間>生產過程。我們需要重視那些由科學與政策構建的客家文化概念所無法把握的<場所>中人們的實踐和話語，來描述經過時間的推移，由下至上地對<空間>進行再生產的過程。[18] 簡而言之，本文試圖提出的，是基於<空間>與<場所>的相互影響，來考察客家空間的生產及再生產的，新的方法論。

附記：本論文是基於河合洋尚（著）《<客家空間>の生產——梅県における「原鄉」創出の民族誌（譯：<客家空間>的生產：梅縣「原鄉」創出的民族誌）》（2020年出版，風響社）的序章，經過大幅度的修改而成的中文論文。本論文中所涉及的具體案例，煩請各位讀者參照該書第二章到第七章（日語）的內容。

17 有的讀者可能會將這樣的論述誤解為<空間>／<場所>、客家文化＝認識論／實踐、實踐知＝本體論的二元對立。需要再三強調的是，筆者的想法恰恰相反。就中國研究而言，<空間>與<場所>是無法分割開來進行討論的（Feuchtwang, 2004; 河合洋尚，2013a；川口幸大，2015等）。正如王斯福所說，中國的寺廟和祖堂，在帝制時期是作為國家的政治意識形態的一環而被建設的，但其後地方的住民將其作為<場所>的案例並不少見（Feuchtwang, 2004: 3-7）。王斯福將本文中<場所>建構的概念，以「領域的場所建構」（territorial place-making）一詞進行表述。以祖堂或寺廟等物質性存在為中心，創造不設定固定境界領域的<場所>的生成過程本身，王斯福將其稱之為「中心化」（centering）的作用（Feuchtwang, 2004: 3）。

18 弗朗索瓦・于連（ジュリアン，2004）的研究在本體論轉向的旗手之一的艾督瓦多・維威洛斯・德・卡斯特羅的著作中屢次登場。然而，從既有的二元論設定中找出其內在的共通項，並解讀它們內部的動力這一研究進路，早在日本學界在呼籲本體論的轉向之前，在渡邊欣雄的漢族研究中已經前瞻性地進行。渡邊欣雄在其最近的著作中將這一視點總結為「術」，表現其本體論式的思考法／價值觀（渡邊欣雄，2017：332、338）。

參考文獻

オジェ、マルク（Augé, Marc）著，森山工譯，2002，《同時代世界の人類學》。東京：藤原書店。

ジュリアン、フランソワ（François Jullien）著，中島隆博譯，2004，《勢 効力の歴史：中國文化横断》。東京：知泉書館。

ド セルトー、ミシェル（de Certeau, Miche）著，山田登世子譯，1987，《日常的実践のポイエティーク》。東京：國文社。

______，山田登世子譯，1990，《文化の政治學》。東京：岩波書店。

トゥアン、イーフー（Tuan, Yi-Fu ／段義孚）著，山本浩譯，1993，《空間の経験：身体から都市へ》。東京：ちくま學芸文庫。

ボードリヤール（Baudrillard, Jean）著，竹原あき子譯，2008，《シミュラークルとシミュレーション》。東京：法政大學出版局。

ルフェーヴル、アンリ（Henri Lefebvre）著， 藤日出治譯，2000，《空間の生産》。東京：青木書店。

丁毅華，2004，〈客家與「客家文化」四論〉。頁 658-664，收錄於陳世松編，《「移民與客家文化」國際學術研討會論文集》。南寧：廣西師範大學出版社。

小林宏至，2009，〈客家地區社會知識的生產與消費：福建省永定縣的客家土樓與風水話語〉。《客家研究輯刊》35：159-165。

小島晋治，1993，《太平天國運動と現代中國》。東京：研文出版。

川口幸大，2015，〈空間／場所論から見た中國の祠堂〉。頁 127-145，收錄於空間史學研究會編，《空間史學叢書 II》。東京：岩田書店。

川瀬由高，2013，〈「社區」與親族結構的人類學研究〉。頁 65-82，收錄於河合洋尙編，《日本客家研究的視角與方法：百年的軌跡》。北京：社會科學文獻。

末成道男，1991，〈台湾漢族の信仰圏域：北部客家村落の資料を中心として〉。《國立民族學博物館研究報告別冊》14：21-101。

田中孝枝，2015，〈從包裝現場到包價旅遊：以面向日本遊客的福建土樓遊為例〉。頁 49-72，收錄於夏遠鳴、河合洋尙編，《全球化背景下客家文化景觀的創造》。廣州：暨南大學出版社。

辺清音，2015，〈在日客家人與新宮徐福信仰的空間生產〉。頁 187-205，收錄於夏遠鳴、河合洋尙編，《全球化背景下客家文化景觀的創造》。廣州：暨南大學出版社。

宋德劍，2003，〈歷史人類學視野的互動和文化認同：以豐順留隍鎮九河村為例〉。頁146-158，收錄於中南民族大學民族學與社會學院編，《族群與族籍交流》。北京：民族。

周大鳴，2002，《中國的族群與族群關係》。廣西：廣西民族。

周建新，2003，〈族群互動中的族群認同〉。頁133-145，收錄於中南民族大學民族學與社會學院編，《族群與族籍交流》。北京：民族。

周建新、柴可著，横田浩一譯，2012，〈贛南地區における客家文化の構築過程：「贛南日報」を事例として〉。頁77-102，收錄於瀬川昌久、飯島典子編，《客家文化の創出と再創出》。東京：風響社。

周達生，1982，〈客家文化考〉。《國立民族學博物館研究報告》7（1）：58-138。

房學嘉，1994，《客家源流探奧》。廣東：廣東高等教育。

林曉平，2004，〈客家文化特質探析〉。頁80-90，收錄於羅勇等編，《客家文化特質與客家精神研究》。黑龍江：黑龍江人民。

河合洋尚，2010，〈客家文化重考：從族群空間生產及其景觀化的觀點來看〉。《贛南師範學院學報》31（2）：3-9。

______，2012，〈廣西玉林市における客家意識と客家文化：土着住民と帰國華僑を対象とする予備的考察〉。《客家與多元文化》8：28-47。

______，2013a，《景觀人類學の課題：中國廣州における都市環境の表象と再生》。東京：風響社。

______，2013b，〈空間概念としての客家：「客家の故郷」建設活動をめぐって〉。《國立民族學博物館研究報告》37（2）：199-244。

______，2013c，〈硬性客家文化與軟性客家文化〉。《客家研究輯刊》42：1-3。

______，2014，〈族群話語與社會空間：四川成都、廣西玉林客家空間的建構〉。《中國社會的家族、民族、國家的話語及其動態》90：115-131。

______，2016a，〈「世界遺産」と景觀再生：円形土樓と囲龍屋の比較研究」〉。《國立民族學博物館調查報告》136：123-139。

______，2018a，〈潮州人と客家：差異と連続〉。頁155-168，收錄於志賀市子編，《潮州人》。東京：風響社。

______，2018b，〈馬来西亞沙巴州的客家人：關於移民・認同感・文化標誌的多地點考察〉。《人類學視野下的歷史・文化與博物館》97：265-280。

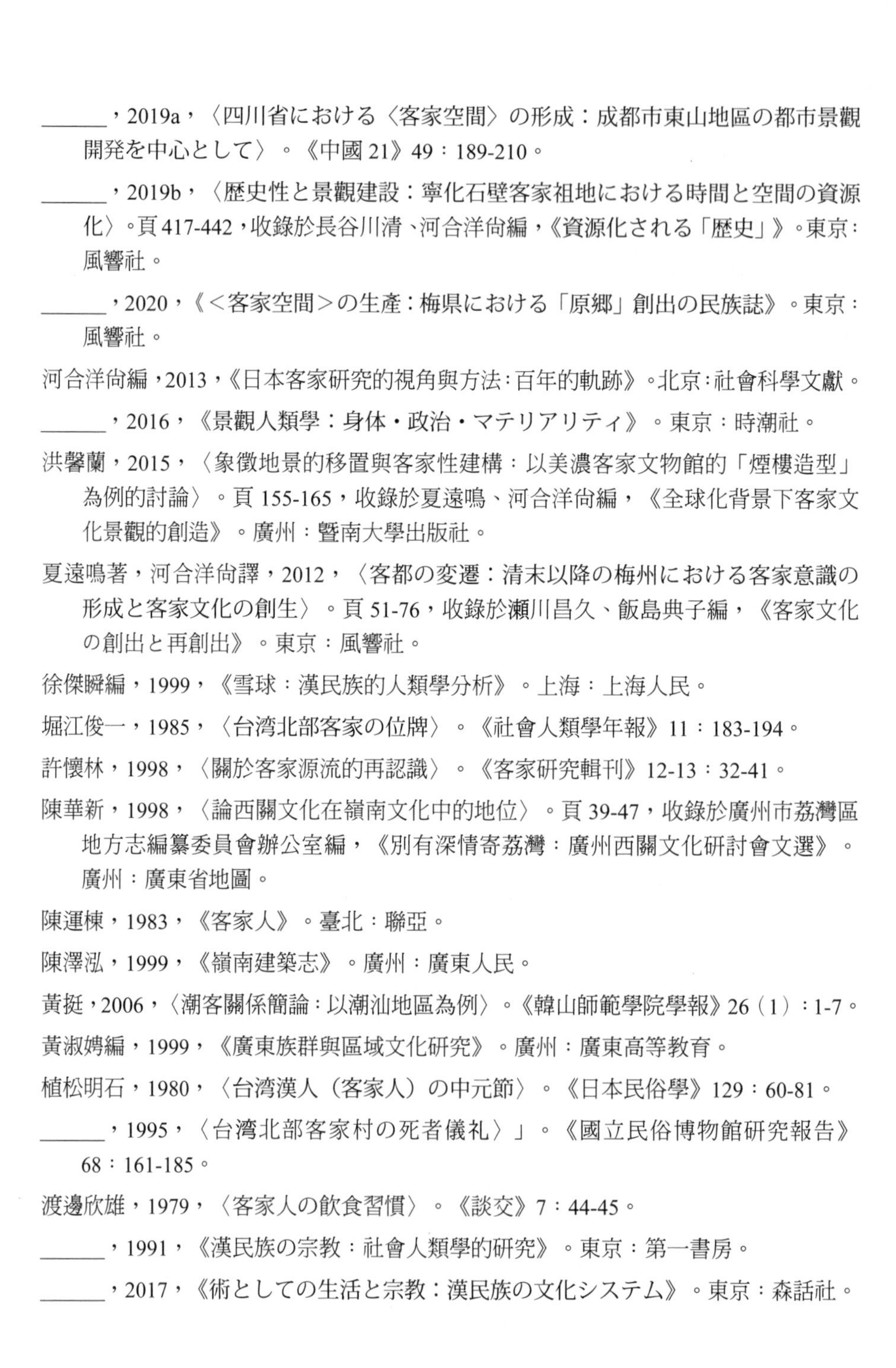

______，2019a，〈四川省における〈客家空間〉の形成：成都市東山地區の都市景觀開発を中心として〉。《中國 21》49：189-210。

______，2019b，〈歴史性と景觀建設：寧化石壁客家祖地における時間と空間の資源化〉。頁 417-442，收錄於長谷川清、河合洋尚編，《資源化される「歷史」》。東京：風響社。

______，2020，《＜客家空間＞の生產：梅県における「原鄉」創出の民族誌》。東京：風響社。

河合洋尚編，2013，《日本客家研究的視角與方法：百年的軌跡》。北京：社會科學文獻。

______，2016，《景觀人類學：身体・政治・マテリアリティ》。東京：時潮社。

洪馨蘭，2015，〈象徵地景的移置與客家性建構：以美濃客家文物館的「煙樓造型」為例的討論〉。頁 155-165，收錄於夏遠鳴、河合洋尚編，《全球化背景下客家文化景觀的創造》。廣州：暨南大學出版社。

夏遠鳴著，河合洋尚譯，2012，〈客都の変遷：清末以降の梅州における客家意識の形成と客家文化の創生〉。頁 51-76，收錄於瀨川昌久、飯島典子編，《客家文化の創出と再創出》。東京：風響社。

徐傑舜編，1999，《雪球：漢民族的人類學分析》。上海：上海人民。

堀江俊一，1985，〈台湾北部客家の位牌〉。《社會人類學年報》11：183-194。

許懷林，1998，〈關於客家源流的再認識〉。《客家研究輯刊》12-13：32-41。

陳華新，1998，〈論西關文化在嶺南文化中的地位〉。頁 39-47，收錄於廣州市荔灣區地方志編纂委員會辦公室編，《別有深情寄荔灣：廣州西關文化研討會文選》。廣州：廣東省地圖。

陳運棟，1983，《客家人》。臺北：聯亞。

陳澤泓，1999，《嶺南建築志》。廣州：廣東人民。

黃挺，2006，〈潮客關係簡論：以潮汕地區為例〉。《韓山師範學院學報》26（1）：1-7。

黃淑娉編，1999，《廣東族群與區域文化研究》。廣州：廣東高等教育。

植松明石，1980，〈台湾漢人（客家人）の中元節〉。《日本民俗學》129：60-81。

______，1995，〈台湾北部客家村の死者儀礼〉」。《國立民俗博物館研究報告》68：161-185。

渡邊欣雄，1979，〈客家人の飲食習慣〉。《談交》7：44-45。

______，1991，《漢民族の宗教：社會人類學的研究》。東京：第一書房。

______，2017，《術としての生活と宗教：漢民族の文化システム》。東京：森話社。

湯泳詩，2002，《一個華南客家教會的研究：從巴色會到香港崇真會》。香港：基督教中國宗教文化研究社。

程美寶，2001，〈地域文化與國家認同：晚清以來「廣東文化」觀的形成〉。頁 387-417，收錄於楊念群編，《空間·記憶·社會轉型：「新社會史」研究論文精選集》。上海：上海人民。

______，2006，《地域文化與國家認同：晚清以来「廣東文化」觀的形成》。北京：生活·讀書·新知三聯書店

菊池秀明，1998，《廣西移民社會と太平天國（本文篇）》。東京：風響社。

費孝通編著，西澤治彥、塚田誠之、曽士才、菊池秀明、吉開将人譯，2008，《中華民族の多元一体構造》。東京：風響社。

飯島典子，2007，《近代客家社會の形成：「他称」と「自称」のはざまで》。東京：風響社。

飯島典子、河合洋尙、小林宏至，2019，《客家：歷史・文化・イメージ》。東京：現代書館。

萬建中，2009，〈客家族群製造的神話敘事〉。《客家學刊》1：104-111。

葉春生，2000，《嶺南民俗文化》。廣州：廣東高等教育。

葉智彰，2001，〈試從自然科學角度探討客家源流〉。《客家研究輯刊》18：17-19、31。

稲澤努，2015，〈汕尾客家與「漁民」的文化景觀創造〉。頁 139-154，收錄於夏遠鳴、河合洋尙編，《全球化背景下客家文化景觀的創造》。廣州：暨南大學出版社。

劉鎮發，2001，《客家：誤會的歷史、歷史的誤會》。廣州：學術研究雜誌社。

横山廣子，1997，〈少数民族の政治とディスコース〉。頁 165-198，收錄於青木保等編，《民族の生成と論理》（岩波講座文化人類學第五卷）。東京：岩波書店。

横田浩一，2012，〈潮汕の視点から見る客家文化の表象〉。頁 203-210，收錄於瀨川昌久、飯島典子編，《客家の創生と再創生》。東京：風響社。

蔡驎，2005，《汀江流域の地域文化と客家：漢族の多様性と一体性に関する一考察》。東京：風響社。

謝重光，2008，《客家文化論述》。北京：中國社會科學。

瀨川昌久，1993，《客家：華南漢族のエスニシティとその境界》。東京：風響社。

______，2003，〈客家語と客家のエスニック・バウンダリーについての再考〉。頁 107-133，收錄於塚田誠之編，《民族の移動と文化の動態》。東京：風響社。

瀨川昌久、飯島典子編，2012，《客家の創生と再創生：歴史と空間からの総合的再検討》。東京：風響社。

羅香林，1992，《客家研究導論》。上海：上海文藝。

譚樹林，2007，〈今年來華基督教傳教士與客家源流研究：以歐德禮、華安、肯比爾為中心〉。《學術研究》25（9）：36-39。

嚴忠明，2004，〈「豐湖雜記」與客家民系形成的標誌問題〉。《西南民族大學學報（人文社科版）》25（9）：36-39。

Campbell, George, 1912, "Origin and Migration of the Hakkas." *China Recorder and Missionary Journal* 43: 473-480.

Cohen, Myron L, 1976, *House United, House Divided: The Chinese Family in Taiwan*. New York: Columbia University Press.

Constable, Nicole, 1996, "Introduction." Pp. 3-35 in *Guest People: Hakka Identity in China and Abroad*, edited by Nicole Constable. Seattle: University of Washington Press.

Cresswell, Tim, 2015, *Place: An Introduction. Second Edition*. Malden and Oxford: Wiley Blackwell.

Feld, Steven and K. H. Basso, 1996, "Introduction." Pp. 3-12 in *Senses of Place*, edited by S. Feld and K. H. Basso. Santa Fe, New Mexico: School of American Research Advanced Seminar Series.

Feuchtwang, Stephan, 2004, "Theorising Place." Pp. 3-32 in *Making Place: State Projects, Globalization and Local Responses in China*. London: USL Press.

Geertz, Clifford, 1996, "Afterword." Pp. 259-262 in *Senses of Place,* edited by S. Feld and K. H. Basso. Santa Fe, New Mexico: School of American Research Advanced Seminar Series.

Harrell, Stevan, 2001, "The Anthropology of Reform and the Reform of Anthropology: Anthropological narratives of Recovery and Progress in China." *Annual Review of Anthropology* 30: 139-161.

Johnson, Elizabeth Lominska, 1996, "Hakka Villager in a Kong Kong City: The Original People of Tsuen Wan." Pp. 80-97 in *Guest People: Hakka Identity in China and Abroad*, edited by Nicole Constable. Seattle: University of Washington Press.

Kawai, Hironao and Wu Yunxia, 2017, "Construction of a Sacred Landscape by the Hakka in Southern Vietnam" Pp. 323-336 in *Family, Ethnicity and State in Chinese Culture under the Impact of Globalization*, edited by Han Min et al.. New York: Bridge 21 and Routledge.

Kawai, Hironao, 2011, "The Making of the Hakka Culture: The Social Production of Space and Landscape in Global Era." *Asian Culture* 35: 50-68.

______, 2012, "Creating Multiculturalism among the Han Chinese: Production of Cantonese Landscape in Urban Guangzhou." *Asia Pacific World* 3(1): 39-56.

Lagerwey, John, 2005, "Introduction (Part2 Lineage Society and its Custom)." 頁 493-520，收錄於勞格文（John Lagerwey）編，《客家傳統社會（下編）》。北京：中華書局。

Low, Setha M. and Denis Lawrence, eds., 2003, *Anthropology of Space and Place: Locating Culture*. Hoboken, New Jersey: Blackwell Publishing.

Low, Setha M., 2016, *Spatializing Culture: The Ethnography of Space and Place*. New York: Routledge.

Rodman, Margaret, 1992, "Empowering Place: Multilocality and Multivocality." *American Anthropologist* 94(3): 640-656.

族群主流化理念之探討

張維安 *

一、前言

近年來族群主流化議題的研究逐漸增加，公部門也有相當數量的委託計畫。學界普遍認為臺灣族群主流化理念與政策的推動，主要來自客家運動及原住民族運動者楊長鎮的構想。[1] 他主張「多數或主流族群應從高貴的第三者的假象或偽善，還原為族群政〔治〕的當事人或肇事者。[2] 族群政策的想像不應囿限於個別族群支持的範疇，也不是科層體系的部門政策足以因應。……族群政策應轉向以族群關係為中心的想像，並參考『性別主流化運動』的思維，進行『族群主流化』的政策重構，其目標大概是：建立一般性公共政策的族群敏感度、建構跨族群文化的公共領域及國家象徵資源的共享共構」（阮俊達，2016：54）。

基本上，族群主流化相關研究大致也都提到上述這幾個重點，不過族群主流化如何借力於「性別主流化」的經驗，族群主流化和性別主流化之間又有哪

* 張維安（wachang@nycu.edu.tw），國立陽明交通大學榮譽教授、人文與社會科學研究中心研究員。

1 本文寫作期間，時任客家委員會主任委員。

2 原文為「還原為族群政的當事人或肇事者」，疑似有漏字。

些差異？族群主流化的理念和楊長鎮將「族群關係政策」重新定位為該黨的族群政策，有何關聯？楊長鎮擔任客家委員會重要職務之後，持續將族群主流化作為客家委員會的重要政策之一（客家委員會，2018）。從2020年立法院的《客家委員會及所屬110年度單位預算評估報告》（立法院，2020），以及客家委員會在2022年完成的委託計畫《「客家族群影響評估」政策研究成果報告》（王俐容等，2022），和正在執行的《族群主流化與族群影響評估指標政策研究案》（客家委員會，2022-2023），[3] 可以看出與族群主流化的理念有關之政策，仍在積極推動中。為了理解族群主流化相關政策之推動，進一步探索楊長鎮所提出的族群主流化基本構想及其後設思考有其必要。下文以楊長鎮的研究為主軸，進行介紹與討論。

二、族群主流化的背景

（一）族群主流化政策的浮現

族群主流化希望倡議怎樣的社會秩序？學者認為是一種價值的宣導，也是一種社會秩序的策略，倡議或培養公部門的行政官僚與民間社群都要能具有族群議題的敏感度，簡單來說族群主流化的倡議即是要回應當前臺灣社會的族群議題。

隨著民主化與本土化的進程，臺灣的族群認同開始崛起（或復甦），族群在社會構成的議題中，逐漸成為論述的軸心，後解嚴的1980年代成為原住民與客家族群運動的高峰。而政黨政治的激烈競爭，提供了族群運動提出的政治訴求獲得被接納（無論是在政策面或社會討論上）的空間，關於族群的政策

3 本計畫於2022年開始執行，計畫主持人王俐容教授，協同主持人王保鍵教授、劉俊裕教授。

機制也因此逐漸成形（楊長鎮，2016：6）。在原住民族運動先行發展的社會氣氛中，1988 年的「還我母語」運動，開啟了客家文化在公領域的訴求。在 1990 年代伴隨著民主化、本土化進程，原住民族與客家更進一步正視文化、語言問題，推進了「族群復興」運動。對族群內部而言，反省語言文化的式微，特別是母語的流失成為當務之急。對族群外部而言，檢視公共體制的偏差與「社會」對於原住民族與客家文化的陌生，甚至於扭曲與偏見也是基礎工程。

2012 年，江明修等在行政院研考會委託的計畫中，開宗明義指出：臺灣族群議題，在歷史、政治、經濟、社會、文化等多重因素的交互作用下，呈現出複雜糾葛的面貌。近年來社會上有多起不當言論，或挑起族群間歷史的矛盾情結、或涉及原住民汙名化爭議、或凸顯族群文化的無知與偏見、或引發族群歧視議題等，顯示我國在族群平等法制與政策方面之不足。因此，如何透過多元族群主流化政策，達到消弭族群歧視、促進族群平等，以及發展族群共榮之目標，有其深入研究的必要（江明修等，2012：1）。

在《政府施政措施落實多元族群主流化之研究》中，江明修等指出當代臺灣社會有許多族群素養的問題，例如行政官員「台巴子」、「高級外省人」的言論挑起所謂「本省人」與「外省人」族群間歷史的矛盾情結，電視綜藝節目《大學生了沒》來賓講述的笑話，導致原住民污名化的爭議，臺北市某所高中的學生臉書發言辱罵客家人「廢物」、「窮酸」等舉動，甚至是臺北車站圍「紅絨」防堵外籍勞工聚集等，都顯現出適當處理臺灣族群議題，以及推動族群主流化政策的重要性（江明修等，2012：1）。

民主化後的臺灣，族群政策具有在國家認同與族群認同兩個向度相互交織的特色（江宜樺，2009）。族群平等、族群正義理念遂成為各政黨或政府的施政重要考量。在這個脈絡下借鏡於性別主流化成功的案例，族群主流化的概念逐漸浮現在我們的社會中。就文獻所知，臺灣族群主流化概念最早出現在2011年民主進步黨《十年政綱》的族群篇，這是臺灣第一部族群主流化的綱要性實質政策，當時所提出的族群主流化概念，已經包括下文將繼續說明的「實體的主流化」和「議題的主流化」（楊長鎮，2016：2）。因此，學界普遍認為族群主流化的推動，始於客家運動及原住民族運動者楊長鎮（時任客家委員會主委）的構想。楊長鎮「認為1980年代起以原住民及客家為主的族群運動，雖然催生出中央的原民會與客委會，卻使公部門因而認為族群議題只是少數族群自己的議題，忽略了『族群運動實有其回應及參與臺灣民主轉型的意義，並蘊含著對主流族群所主導的民主轉型及國族重構的意見或異見，要求關於族群關係或族群政治的對話』」（楊長鎮，2013；轉引自阮俊達，2016：54）。

有鑑於此，國家發展委員會陸續完成多項圍繞著族群主流化議題的學術研究計畫。這些計畫有：行政院研考會時期委託江明修、廖元豪、吳正中等（2012）三位學者進行《政府施政措施落實多元族群主流化之研究》，開啟中央政府機關對族群主流化的討論。2014年之後，國家發展委員會分別執行多個委託研究，如楊文山、詹傑勝、劉千嘉（2014）的《我國辦理族群統計規劃之研究》，林修澈、黃季平、李台元（2016）的《我國族群發展政策之研究》、張翰璧等（2016）的《我國族群發展重要指標分析與運用規劃》，與鍾國允、黃之棟、劉小蘭（2016）的《我國推動族群發展政策之法制盤點與調適》等。相關研究成果都能在國家發展委員會網站上閱讀，對於族群主流化概念的認識，頗有幫助。

（二）多元族群社會的理想

近年來，多元族群社會的形式，似乎漸漸成為我們社會共享的價值觀。進一步看，卻有許多需要釐清的細節。張翰璧等（2016：VI）在《我國族群發展重要指標分析與運用規劃》中指出：如果我們願意將臺灣視為多元族群

（multiethnic）所組成的社會，針對不同族群所面臨的問題便似乎要有新的理解，與不同族群所需的不同權利面向也需要分別強調。由於族群的存在不能脫離族群之間的關係，就規範上而言，我們追求的是何種族群關係（同化／涵化／融合、隔離、還是和諧共存）？究竟原住民族、客家、新移民之族群權利內涵為何？從臺灣的現實生活世界來看，「族群」這個關鍵字，不但經常出現在我們的生活周遭，更是公部門在制訂公共政策時必須考慮的面向，雖然政府機關已經設有族群事務部門，大學也有相關學院與系所，甚至也有代表不同族群文化的媒體。不過族群權利的內涵為何？什麼是我們社會理想的族群關係？仍是有待討論的社會議題。

在這些族群議題的相關討論中，「族群主流化」的主張漸漸成為受到矚目的「理論」。關於族群主流化的主張，阮俊達（2016）指出「族群主流化意指讓各級政府部門具備基本的族群敏銳度，並讓社會大眾意識到每個人都是族群關係的當事人，進而促使多元族群都能共同參與社會主流的建構」。這是一個牽涉到公共政策和族群關係當事人的參與有關的理論，為多元文化論述的族群理論提供出路。阮俊達（2015：174）提到，當代臺灣社會的多元文化論述僅為淺碟式的「加法模式」，導致各級政府部門欠缺對原住民族權利觀點的理解，《原住民族基本法》等現行原住民族法制、政策因而無法有效落實。他希望通過深化族群主流化的定義，闡述族群主流化與轉型正義和國際人權基準的關係，來翻轉族群間不對等權力關係、突破多元文化論述的盲點。他認為從族群主流化觀點來規劃原住民族政策，才能讓原住民族權利的內涵為整體臺灣社會所認識，進而在政府施政中落實權利保障」（阮俊達，2015：173）。

（三）嘉年華化族群政策的反省

族群主流化的提出，反映出臺灣族群政策的不足。最早推動族群主流化政策的臺南市，在《臺南市推動族群主流化政策實施綱領》中，對族群主流化之定義是「為建構各族群之主體性，尊重其文化差異，維護其權利，政府在政策之形成、決策、執行等施政作為，應具族群敏感度，避免以多數或優勢主流族群之單一價值觀為建制標準，造成對其他族群之壓抑或不公，並以『族群議題主流化』及『族群實體主流化』之內涵，在政策中落實推展，進而追求族群之對等互動、交流，共同參與建構跨族群之新主流」（臺南市政府，2017：1-2）。彭渰雯（2012）在其論文中指出族群主流化能夠解決臺灣原有族群理論的不足，就臺灣的族群政策脈絡而言，族群主流化的主張正好是彌補臺灣社會與政府體制對多元文化僅流於「加法模式」（李廣均，2008：105-106）、或「口頭的尊重」（施正鋒，2013：109）等缺陷的可能出路。實踐族群主流化政策，或許可讓原住民族議題跳脫扁平多元文化中的點綴地位，進入臺灣社會的「主流」，進而實現族群間的對等互動，亦創造出跨文化的公共領域，使不分族群皆可共同展望臺灣的未來（阮俊達，2016：56）。

多元族群理念的加法模式，族群權益嘉年華化的思維，忽略族群權益的結構性問題，似乎是這一段時間族群研究學者共同注意到的問題。族群主流化的思考，積極的提出這個問題的出路。多元族群文化認識的表面化，產生許多無助於解決族群權力結構的「多元歡樂」政策。「加法模式」多元文化政策，徒有節慶活動（如所謂聯合豐年祭、客家的桐花節、移工的潑水節與開齋節）及觀光消費、歌舞表演的「多元」表象，卻難以翻轉既有權力關係上的不平等（阮俊達，2015：180；轉引自王俐容等，2022：5）。

三、他山之石：性別主流化

張翰璧指出，「族群主流化」是臺灣在「性別主流化」發展之外，所面臨的新社會挑戰：如何在政策思考、規劃和執行過程中建立「族群感知」的能力，以達到族群平等，建立和諧的族群關係（張翰璧等，2016：VI）。族群主流化需要與國家的族群政策有澈底的對話。如我們所知，族群主流化的推動是借鏡臺灣相對發展成熟的「性別主流化」（gender mainstreaming）經驗，而「性別主流化」則是聯合國自 1995 年起大力推動的性別平等策略，該政策希望在所有政府活動（包括政策發展、研究、倡議與對話、立法、資源配置、計畫的執行與監督等等）中都能注入性別觀點，來達到性別平權的理想。[4]

很清楚的，過往性別主流化政策的經驗對於族群主流化政策的推行，有一定的影響。2003 年以降，在行政院婦權會積極運作、以及 APEC 成立「性別聯絡人網絡」（Gender Focal Point Network, GFPN）的國際趨勢下，我國政府陸續推出許多性別主流化創制，例如各部會均需設置「性別聯絡人」並成立「性別平等專案小組」、各部會所屬委員會需符合三分之一性別比例原則、所有機關中長程規劃案均需納入性別影響評估等等（彭渰雯，2012：221-22；轉引自阮俊達，2016：56）。

關於性別主流化的一些原則，1997 年聯合國經濟及社會理事會（UN Economic and Social Council）首先提出，爾後廣為各界引用，如果我們將兩段下文的「性別」替換成「族群」來閱讀，也就說，將性別主流化的原則讀成族群主流化的基本原則，讀起來也相當有感受：

> 性別（族群）觀點的主流化乃是一項過程，在於評估立法、政策、方案等有計畫性的行動，在所有範疇、所有層次中對男性與女性（不同族群）所產生的影響。這是一種策略，務必使所有政治、經濟、

4　「性別主流化」一詞，最早於 1985 年奈洛比舉行的聯合國第 3 次婦女大會中提出。1995 年聯合國第 4 次婦女大會在北京舉行時，獲得各國共識列入「北京行動綱領」，成為系統性促進性別平等的全球策略。隨後在歐盟、APEC、聯合國隸屬機構及其他國際組織大力推動下，各國政府相繼表態支持，短短幾年內便蔚為風氣，廣泛運用於裁軍、減少貧窮、總體經濟、健康、教育、貿易與國際工作領域（轉引自阮俊達，2016：54）。

> 社會領域的政策與方案，在研擬、執行、監督、評估的過程，都將女男（不同族群）的關切與經驗視為考量的必然面向，以確保女男（不同族群）獲益均等，以遏止不平等狀況，而終極目標在促進性別（不同族群）平等（轉引自王俐容等，2022：6-7）。
>
> 性別（族群）主流化的策略必須有政治、理念、組織條件的配合。首先，性別（族群）平等的論述與宣傳不再以促進婦女（族群）權益為中心思想，而是強調主流的國家政策都必須進行性別（族群）分析，亦即，在研擬一項政策時（包括法律、計畫、方案），必須利用系列工具來檢視性別（族群）不平等的運作，並評估實施結果男女（不同族群）是否平均受益，是否可以促進性別（族群）平等目標，再據以編列預算及修訂政策內容（轉引自王俐容等，2022：7）。

黃之棟指出從性別主流化的經驗來看，所謂的主流化，是指一套能夠促使性別議題納入各決策領域的政策工具；就操作面向來看，希望培養決策過程中所有參與者都具備性別意識，並在過程中盡可能將各種影響一併納入考量的範圍；對那些有不平等疑慮的政策，應立即修正。總之，主流化的目的是要避免各種可能的不平等，從而促進平等。此外，因為它所關注的是深層的結構，因此主流化概念也帶有「轉化」（transformative）的功能，甚至具備潛在革命的可能性（potentially revolutionary）；「性別主流化最大的貢獻就在於它質疑了那些看似客觀中立的規範（如：法律、政策），進而凸顯某些看似中性的政策背後，其實帶有不平等的因子」（黃之棟，2019）。族群主流化也一樣要反省那些看似客觀中立的規範（如：法律、政策），反思某些看似中性的政策，其背後其實（可能）帶有不平等的因子。

性別主流化牽涉到「集體權」（collect rights）的見解。張翰璧引用法國國際法與人權專家 Karel Vasak 所提出的人權發展觀，在人權的發展歷史中，婦女、兒童等弱勢團體的集體權，是當前重要的人權內容。與所有規範傳統一樣，人權傳統也是其時代的產物。第一代是公民權、政治權（civil and political rights），第二代是經濟權、社會權與文化權（economic, social and cultural rights），第三代是共同權或群體權（solidarity or group rights）（張翰璧等，2016：5）。

細看 Karel Vasak 關於第三代共同權或群體權部分，和平權、清潔健康環境權和人道主義救災權均屬之，需要所有社會力量在很大程度上，在全球範圍之內共同努力來達成。人權發展的歷史反映了在不同時期，通過不同的視角，哪些價值觀或能力最需要負責任的關注，同時也反映了人類對連續性和穩定性的一再要求。在人權持續演變的壓力中，當前人權內容是「第四代」人權，包括婦女權利和代際權利（即子孫後代，包括現有兒童的權利）等。[5] 婦女或族群的權利，在第一代人權理念中已經存在，第一代公民權、政治權中已經包括免於性別、種族和同等形式的歧視；不過「第四代」人權則更重視其集體性、共同權的面相。關於婦女、兒童等弱勢團體的共同權或群體權之主張，可引伸為性別主流化的理論基礎。

在這樣的思考下，論者嘗試思索更具整全性的策略，以便對抗不平等的問題。至於其方法，就是透過不同的策略，來把性別意識注入到日常（routines）行政之中，而不再只是被動地於事發之後才來消弭歧視問題。雖然性別主流化與族群主流化不一定能夠完全類比，不過此處若將「性別」替換成「族群」，

---

5 “Human rights,” *Britannica's public website*. https://www.britannica.com/topic/human-rights/Liberte-civil-and-political-rights#ref742089 (Date visited: June 10, 2023).

似乎也得到許多正面的啟示，例如「促使族群議題納入各決策領域；培養決策過程中所有參與者都具備族群意識，並在過程中盡可能將各種影響一併納入考量的範圍；對那些有不平等疑慮的政策，應立即修正。總之，主流化的目的是要避免各種可能的不平等，從而促進平等」（黃之棟，2019）。

四、族群主流化

大部分論及族群主流化的論文，都會提到受臺灣實施性別主流化成功模式的啟發，不過也同時會指出性別主流化和族群主流化之間仍然存在著一些差異。例如性別與族群的人群分類性質不同，要平行移植「各機關應遵循性別平等政策綱領，具體要求持續推動並擴大實行三分之一性別比例原則」便不容易，性別主流化的一些做法並不合適移植到族群議題方面來實施。這方面，楊長鎮指出族群主流化（Ethnic Mainstreaming）是族群議題或政策上的新興概念，其概念化建構雖與「性別主流化」密切相關，甚至企圖學習性別主流化的理論與實務架構，來建立族群主流化的政策方法，不過族群主流化與性別主流化之間仍有其差異（楊長鎮，2016：1）。通過對江明修等（2012）的研究報告評論，他指出：該研究的觀點把族群主流化等同於多元族群平等主流化，政策建議混淆了工具與目的，將族群政策的主流化問題與族群實體的主流化問題混為一談，也因此其研究結果幾乎是形式性地沿襲性別主流化，未能從社會實體主流化層面上，將「以性別平等為導向的性別主流化」與「以回歸主流（或介入主流）為導向的族群主流化」兩者加以區別（楊長鎮，2016：3）。這個評論中蘊藏他對族群主流化理論的見解。下文將進一步說明。

還有一處關於性別主流化和族群主流化的差別，那便是個人權與集體權的差異，他指出：性別是個人身分，不成為一個社會集體，但族群議題兼具個人認同權（與平等、反歧視相關）及集體權的承認；進一步說，性別主流化處理的是個人性別身分或認同問題，不牽涉到群體的社會制度特質問題，也就是說其核心議題和文化基本無關，因此其主流化也就不牽涉到個人實體行為以外的集體象徵或價值體系問題（楊長鎮，2016：3）。這個部分和前文所引「族群主流化在名稱上與性別主流化類似，兩者均指涉「群體權」（group rights），也有直接的對話。Karel Vasak 關於第三代或第四代共同權或群體權部分，似乎可作為性別與族群主流化關於共同權的基礎。[6]

在楊長鎮的主流化理論中，性別主流化屬於「議題的主流化」：性別主流化是女性主義或婦女運動的產物，指涉的是關於性別的議題應該進入主流的公共政策形成與體制建構中，而不是被當作邊緣議題或女性自己的議題。「議題的主流化」層次的性別主流化，重點領域放在公共政策的方法論上（楊長鎮，2016：14）。女性主義者提出了「個人的就是政治的」（Personal is Political）的政治哲學，[7] 認為許多被認為是個人性的特殊問題，其實是性別政治或父權體制下的產物（楊長鎮，2016：14）。性別主流化及歐盟、英國所談的「弱勢主流化」經驗著重在政策方法程序，及在政策目標上預設個人主義的平等權問題及社會融入問題（楊長鎮，2016：5）。[8] 基本上，楊長鎮認為這些以個人為基礎的概念在處理多族群社會，尤其是本土多族群社會的集體權、族群實體主流化的問題，還有不足之處。

雖然在英國或歐盟的弱勢主流化的見解和理論，對於思考族群主流化也有一定程度的幫助，不過在英國或歐盟的情境下，各國國內被要求的弱勢主流化或族群主流化議題，多半集中在多元的移民群體或種族，面對的是具體生活中

6 需要再進一步區分族群作為一個集體和性別作為一個集體，兩者之間在性質上的差異。

7 相同的，可以加上相似的一句話：族群的就是政治的。

8 關於個人主義或自由主義的權利及集體或社群主義的權利，在族群議題上有許多的討論，請參考（江宜樺，2009；Kymlicka, 1995: 49-74）。

的歧視問題，如工作的機會、租屋或居住、學習等面向為主的歧視，及與主流族群在生活互動中面對一般性態度上的歧視或仇恨語言。這些族群議題基本上是歧視造成在經濟層面上的弱勢及政治上的低度參與或無法參與，議題的型態預設的是以個人為單位組成的社會，對議題的關注也就側重於個人受歧視的因應方式（楊長鎮，2016：26-27），因為個人的身分異質性而造成歧視、不平等，因此，在政策面上採取議題主流化方式（楊長鎮，2016：27）。

相對於以個人主義為基礎，具有議題主流化性質的「性別主流化」理論，楊長鎮在《臺南市族群主流分析化政策分析的研究成果報告》中，提出三個重點進一步深化族群主流化理論的基礎。

（一）從個人到群體：族群人的提出

承上文性別主流化討論的脈絡，族群主流化所面對的人群，不只在個人平等或反歧視的範圍，族群議題不僅是族群成員作為國民個體的議題，更是族群之社會實體與其象徵（文化）的議題（楊長鎮，2016：27）。族群主流化以群體作為對象，社會由不同的族群所組成，雖然也是討論「人」，不過討論的是族群人，不是原子化的個人，其權利可比擬為第四代人權的共同權與群體權。

楊長鎮引述查爾斯・泰勒（Charles Taylor）的觀點，例如「語言社群的存在並可作為可資認同的對象，乃吾人成為完整主體所不可或缺者」、「對於使我們成為完整主體的條件，我們有權利要求他人尊重」，「所以我們有權利要求他人尊重我們的語言社群作為可資認同的對象」（楊長鎮，2016：28）。他引用泰勒的「承認政治」理論，將基於共同歷史過程與價值體系的群體認同視為存在的重要基礎。也就是說，個人權與集體權在族群議題上是不可切割的。基於這樣的認知，楊長鎮（2016：28）嘗試建構「族群人」的概念，並以之作為建立良好族群關係的基礎。

「族群人」的概念，認為人的存在狀態之一，即為其作為一人群共同生活的社會及其歷史之產物，人作為個體並非原子式散列、均質的存在。人是族群人，人也是社會人、政治人、性別人、階級人，這些是關於人或社會政治問題的不同論述架構或典範，有些左翼或所謂進步知識分子以族群或民族的提出乃在抹殺階級或性取向，實為思考上的一大謬誤。我們認為這些概念不是可以相互化約或被化約的。既然如此，不同的文化體系碰撞或接觸之過程中，即形成族群邊界（Barth, 1969:15-18；引自楊長鎮，2016：28），使人們得以群體區別作為相互評價及自我評價的依據。但這種獲取自我認同或評價的依據並不是某種工具性價值，而是作為「族群人」必然要面對的存在與道德課題。由此，我們認為人勢必處在某種「族群人」的存在樣態中，不管是主流族群或弱勢族群的成員皆然，並不存在去族群性的一般文化價值體系與「一般人」（楊長鎮，2016：28）。優勢或多數的主流文化群體與弱勢或少數的邊緣文化群體，都以「族群」的狀態而存在。因此，「族群人」的論述提供了「族群關係」的必然性理論基礎，進一步，將可為我們揭示族群實體的主流化的意義何在（楊長鎮，2016：29）？

當代「族群議題」（ethnic issues）的基本結構，似乎圍繞著個人主義和社群主義的辯證：現代國家基本上是以個人主義為基礎建立的憲政民主政體；在憲政民主的基本架構上，人們開始發現非主流群體可能在多數決的民主制度中被迫同化，或因為其文化特殊性而遭受個別的歧視。而少數或弱勢群體對這種「人人平等」卻欠缺文化差異考慮的憲政民主，也表達了不滿或抗議。這種在自由主義政治中如何包容社群主義的問題，是當代「族群議題」的基本結構（楊長鎮，2016：6）。

（二）族群事務：從專屬部門到所有部門

突破族群業務屬於專屬部門，也是族群主流化努力的目標。臺灣從 1996 年 3 月，成立第一個族群事務機關——「臺北市政府原住民事務委員會」之後，行政院原住民族事務委員會（1996年12月）、行政院客家委員會（2000年6月）相繼成立。其後，各直轄市、縣市政府陸續成立原住民事務局（委員會）或客家事務局（委員會），感覺政府公部門非常重視族群事務。依據楊長鎮的觀察，這些族群行政機制基本上是以「分族分工」為原則。以個別族群分別單位主責來設計，關於新移民事務則基本上另歸屬於民政事務，而Holo及「外省」族群，則被認為一般事務，未歸入族群事務；同時也未正式建立「族群關係」的政策概念（楊長鎮，2016：7）。

「個別族群事務專責單位或機關的出現，是回應各該族群的政治、文化權利訴求，也有人認為，這只是庸俗的民主政治下為了選票的分贓政治。但事實上原住民、客家等弱勢族群文化已經瀕臨高度危機，這是長期威權統治，政府打壓本土族群文化語言的結果。所以從轉型正義的角度，對個別族群語言文化復振運動的支持，是民主國家符合族群正義的應有作為」（楊長鎮，2016：7）。

從經驗可知「專責單位的成立，理論上與事實上都可造成其他一般政府機關或政策、法規的忽視，在資源分配上實質萎縮，[9] 在主流社會觀感上異眼相待，甚至認為少數族群受到特權待遇。因此，族群政策的建立反而可能造成弱勢族群的再邊緣化，甚或新的族群歧視。同時，當族群議題被提出，當弱勢族群意識覺醒，優勢或多數族群往往產生相對危機感，排斥對這種異質性的承認，或認為強調異質性的族群運動是「撕裂族群」（楊長鎮，2016：8-9）。

族群主流化理論要打破專責族群事務單位的分工模式，促使各級政府（政府作為一個整體）要共同為族群主流化政策負起責任。就像性別主流化發展的經驗那樣，各級政府在所有擬定的政策中均須具備族群主流化的敏感度，或者

9 如行政院原住民委員會及客家委員會成立後，原先向其他部會申請補助的原住民團體與客家團體，開始被拒絕，只能向各該族群委員會申請，競爭更為有限的資源。這種族群專責單位成立後，一般機關拒絕處理族群課題的現象也在地方政府層級發生。

進行族群影響評估，並對政策、立法與預算資源，重新配置和改變。簡言之，族群主流化要求所有政府部門能夠正確認知多元族群觀點，在政策上避免歧視、保障族群平等，而非看不見族群差異、預設了優勢族群的思考模式；就積極面而言，族群主流化更要追求多元族群「共同參與主流的建構」，積極參與國家歷史記憶、國家紀念日與儀式節慶、國家語言、大眾文化及大眾傳播的建構（阮俊達，2016）。參考「性別主流化運動」的思維，進行「族群主流化」的政策重構之目的為建立一般性公共政策的族群敏感度、建構跨族群文化的公共領域及國家象徵資源的共享共構（楊長鎮，2013）。

（三）從族群到族群之間

族群之所以有意義，是因為有周邊其他的族群，族群事務本質上就是「族群關係」的事務，這也是族群主流化理論的核心概念。族群主流化政策必須面對「個別族群事務專責單位或機關」設立時，假設個別族群的事務能夠分別、獨立處理的邏輯。2011 年，楊長鎮參與民進黨《十年政綱：未來十年台灣發展政策綱領》書寫時，便以「族群關係政策」來定位族群政策，訴求「多數、優勢族群必須扮演族群關係的反省者和參與者，……進一步創造出各族群積極互動、相互成長的可能性」。族群主流化的概念積極將過去分族分工治理的族群概念，轉換為族群與族群之間的關係，建立族群主流化政策的族群治理邏輯。

「每一個族群都不是生存在各自的封閉系統中，相反地，正因為少數或弱勢族群必須生存在主流族群主導的社會或國家中，必須被迫扭曲或壓抑自己文化特質以適應主流族群所認定的普遍價值或一般標準，才產生其族群權利問題。也就是說，個別族群的事務本質上就是族群關係或族群政治的產物，主流族群與弱勢或少數族群都是這個議題的『重要關係人』。在這個意義上，個別族群事務專責機構雖能強化該族群自我力量，但卻無法處理所面對的族群關係環境或推動關於族群正義的政治與體制」（楊長鎮，2016：8）。

把族群事務放在族群關係之中、置於整體的社會體制之中來理解，那些不認為自己是族群的「一般人」，非常可能就是議題的重要關係人。關於「一般人」，楊長鎮在論文的一個註腳提到：「族群」經常意味著弱勢或少數族群，而社會中具有多數或優勢地位的族群，則常被忽視其作為族群的群體意義，其成員更習慣將自己當作「一般人」，而不從族群角度自我定位。以臺灣而言，過去在政治與文化上優勢的「外省人」認為「外省」是省籍的概念，而不傾向接受其社群在臺灣已經具有「族群」的意義；同樣的，Holo 也常常以「臺灣人」自述，而不太有 Holo 為自我定位的族群意識。同時，外省人會以「中國人」的國家認同取代族群身分認同，而 Holo 人則比其他本土族群更常以「臺灣人」當然代表自居，將「臺灣人」與「客家人」、「原住民」平列討論，顯示出一種新國族主義下的文化霸權（楊長鎮，2016：7）。

因此楊長鎮主張「多數或主流族群應從高貴的第三者的假象或偽善，還原為族群政策的當事人或肇事者。……族群政策的想像不應囿限於個別族群支持的範疇，也不是科層體系的部門政策足以因應。……族群政策應轉向以族群關係為中心的想像」（阮俊達，2016）。

五、族群主流化的理論：實體與議題

關於主流化的概念，楊長鎮（2016：11）指出，「主流化」（Mainstreaming）預設了主流（Majority）與弱勢（Minority）的相對並立。Minority 在不同脈絡下可能理解為邊緣或弱勢，而 Majority 在許多脈絡下往往被理解成多數或優勢。在實際的族群權力關係中，少數可能居於統治地位，或占有其他優勢；相對地，多數群體可能居於被統治的弱勢地位。優勢或弱勢的定義是多元的。楊長鎮在論文中指出，在族群議題方面，Minority 基本上將採「弱勢」

的用語，例如弱勢的文化群體，在某些脈絡下可能指涉原住民族與客家族群，在威權時代統治階層以外省權貴為主的脈絡中，弱勢族群也可能是指涉一般的本土族群。細緻一點來說，族群主流化的概念可分為，廣義的弱勢群體的主流化（Minority Mainstreaming）及弱勢議題的主流化（Minority Issues Mainstreaming）兩個層面。前者意味著原先被邊緣化的弱勢群體重新被接納到主流社會中，可稱為社會實體的主流化；[10] 後者則意味關於弱勢群體的議題應該成為主流政策建構的一般性原則，而不是局限在特殊化政策中，可稱為「弱勢議題的主流化」（尤其是指政策如何面對弱勢議題）（楊長鎮，2016：1）。

（一）弱勢群體的主流化（族群實體主流化）

非主流群體的問題，經常是因為現實上它必須片面適應或符合主流群體建構的環境或標準，這才是一個社會群體會被弱勢化、邊緣化、非主流化的根本原因。因此，主流化政策除了思考非主流群體的需要，還應將主流群體納入問題結構中，使二者互為「重要他者」，進而建構新的「我們」關係（楊長鎮，2016：18）。族群實體主流化的目標是要去除弱勢少數者的邊緣地位，提供族群友善的制度環境與文化環境，使其進入主流之中與原先的主流者共同重構主流。所以，族群實體主流化作為政策目標，不能止步於「反歧視」或「平等」這類個人主義權利層次，而要進入到族群集體權利的保障、集體的發展可能，與不同族群間在個人或集體層面上能夠相互跨越、彼此認識欣賞，進一步以互為主體性的模式共同成長，在保持族群文化特質與認同之下，共同建構多元的新文化或新社會，去除「主流 vs. 非主流」的二元架構，形成一種「在主流中的參與式平等」（楊長鎮，2016：18）。

---

10 楊長鎮（2016：1）指出 Kymlicka（1995）關於多元文化公民的討論，主張少數族群以其身分參與憲政民族，此一討論實質已指出了族群實體主流化的基本方向。

弱勢群體的主流化（族群實體的主流化）的提問，偏重於「如何能在個別族群的資源支持和發展之外，打開族群間的友善與互動空間，透過共同參與主流的建構，確保族群間的平等與共存共榮，並豐富本土文化的內涵與論述，將是未來臺灣社會自我挑戰的課題」、「賦予各族群語言『國家語言』的地位」、「重建多族群觀點的國家象徵、紀念體系及歷史記憶」（民主進步黨，2011；轉引自楊長鎮，2016：2）。也許制度設計上有許多方法，例如社會工作、特殊教育等，族群實體的主流化的目標在於，促使邊緣社群作為社會實體在實質上回歸主流社群之中，共同成為社會的常態成員。

（二）弱勢議題的主流化（族群議題的主流化）

弱勢議題的主流化（族群議題的主流化），有時使用議題與政策的主流化，其目標在於，以「族群關係政策」來重新定位，在此定位中，多數／優勢族群必須扮演族群關係的反省者和參與者，避免將個別族群特殊化進而邊緣化，並進一步創造出各族群積極互動、相互成長的可能性。弱勢議題的主流化的具體政策包括「提升國民及公教人員之跨文化素養……使其具備跨出自我文化本位的尊重與同理心」及「推動多族群觀點的施政：許多政策表面上似乎無特定族群意涵，但卻預設了主要人口族群之文化標準或價值……」（民主進步黨，2011；引自楊長鎮，2016：2）。

弱勢議題的主流化，則是將弱勢議題從特殊政策中解放出來，要求非特定相關部門的政策或施政也都應檢討其責任與做法，具有弱勢族群的敏感度，以避免造成結構性或建制性的歧視。楊長鎮進一步指出，以個人主義為觀點的權利平等尚不足以處理族群課題，因此，政策議題的弱勢主流化之目標應更積極從平等權發展到參與權，進而注意主流與非主流群體間是否因一般政策而造成隔閡或疏離，乃至對立，或制度性地造成弱勢循環（楊長鎮，2016：18）。

六、族群：鑲嵌於社會脈絡中

從方法論的個體主義來看，族群主流化所面對的仍是具體的個人，不過他不是原子化的人，而是「族群人」，所以族群主流化所面對的其實是族群人所歸屬、所認同的群體（族群），換個角度說是將族群（基於共同記憶的想像共同體）視為社會的組成單位，就如我們常說臺灣是由多元族群（multiethnic）所組成的社會。族群主流化理論的分析，有需要澄清「族群」的意涵，並剖析族群之間的結構關係。

（一）族群定位

從社會文化背景來看，雖然常有學者認為「族群是指一群因為擁有共同的來源，或者是共同的祖先、共同的文化或語言，而自認為、或者是被其他的人認為，構成一個獨特社群的一群人」，其中所謂的「共同文化」、「共同祖先」的說法，往往必須訴諸歷史與文化材料的證據（王甫昌，2003：10-11）。不過，從歷史經驗來看，一群有「共同文化」且有「共同祖先」的人，並不會自然的成為一個族群。王甫昌（2003：18）指出「族群」往往是一群人為了要採取集體行動改變自身所處不利地位，才透過重新詮釋歷史及建構新的認同而產生的人群分類方式。他進一步說「族群」並不是因為有一些本質性的特質（例如血緣關係或語言文化特質），所以才「存在」。族群團體其實是在特定的歷史脈絡中，通過人們的族群想像所界定出來的（王甫昌，2003：51）；族群並不是「團體」，它是一套關於「如何分類人群的意識形態」（王甫昌，2003：61）。

族群之間的區別，常源於族群相遇時的「人我之別與彼此區分」，特別是其情境有必要區分你我是否屬於同一「族類」時，會依不同的基礎，如語言、文化、信仰或省籍，有時是連帶的利益（如學額），進行「人我之別與彼此區分」。區分人我的過程中所激發的族群意識，會進一步促進人群的歸屬與認同。

王甫昌指出弱勢者的「族群意識」內涵通常包括三個不同層次與不同程度分類意識的理念元素。（1）歷史經驗與文化特質（差異認知）：祖先是誰、如何遷移、過去的光榮、苦難、英雄、文化特質；（2）我們（弱勢）vs. 他們（優勢）（不平等認知）：目前受壓迫的面向：政治權力、經濟利益、語言文化、社會地位；（3）族群運動目標（集體行動必要性認知）：政治、經濟、社會平等；文化、語言、歷史記憶，以及認同被尊重（王甫昌，2003：17），族群發生於彼此互動的脈絡中，例如臺灣的「漢人」，事實上是由原住民在發展「泛臺灣原住民」的族群意識時所鎖定的「壓迫者」或「優勢族群」（王甫昌，2003：13）。

臺灣四大族群的誕生與近代政治經濟結構的轉型有密切關係，族群鑲嵌在政治經濟結構的轉型的脈絡中。根據張茂桂（1997）的說法，臺灣「四大族群」分類方式被正式提出來到現在還不到 10 年（王甫昌，2003：24），從該書出版時間推算至 2023 年，大約 36 年。「閩南人」這個詞出現的時機，大約在 1960 至 1970 年代左右才出現。而且因為先有「閩南話」的稱呼，才有後來「閩南人」的說法（王甫昌，2003：27）；林再復（1986）所著的《閩南人》一書中提出「閩南人」這個詞，從出現到目前為止可能還不到 30 年（王甫昌，2003：24）。從該書出版時間推算至 2023 年，還不到 67 年。原住民族一詞出現得更晚，1997 年第 4 次修憲時，這個具有集體權屬性的「原住民族」正名才算底定（1997 年至 2023 年共 26 年）。如前文所言，「族群」往往是一群人為了要採取集體行動改變自身所處不利地位，才透過重新詮釋歷史及建構新的認同而產生的人群分類方式。

如果「族群」並不是因為有一些本質性的特質（例如血緣關係或語言文化特質），或根據學說指稱「同出一源」或「生活文化一致」所以才「存在」的人群。[11] 那麼族群的社會內涵便須要從社會脈絡中來理解，族群意識不只誕生在和其他族群互動的過程中，更受到當時所處社會脈絡、國家政策所形塑。例如，臺灣歷史上省籍的區分轉換成族群的分類，當前族群的認同和國家認同互相交織成為臺灣族群議題與國家政策的特殊現象，臺灣的族群主流化議題與方案需要從族群所鑲嵌的社會脈絡與國家政策中來思索。

（二）臺灣的族群關係結構

關於臺灣的族群關係與相應的族群主流化策略，楊長鎮指出，既然我們將主流化設定在兩個層次，我們就有必要檢視臺灣族群關係的結構或特殊經驗，根據這個檢視，我們將會了解臺灣歷史與當代族群關係中的優勢 vs. 弱勢，多數 vs. 少數，以及不同時代、不同意義的本土 vs. 外來（移民），等不同邏輯或對比層面上的族群關係與族群議題性質。進一步，我們將能根據這些不同邏輯下建構的族群關係提出族群實體主流化的政策目標。這些族群政策實質目標或價值的提出，也將會決定我們的族群議題及政策主流化策略（楊長鎮，2016：18-19）。

臺灣主要的三組族群結構及其關鍵性議題，首先是原、漢之間，制度上、政治上與文化上的解殖民，是原漢歷史性和解的前提。在原、閩、客三者中，日本殖民統治及臺灣戰後的中國化政策下，客家、原住民族及 Holo 的本土文化與認同同受打壓，這種共同的歷史經驗本可成為三大族群和解的基礎。其次，在客、閩之間，臺灣的常民生活中，本土化似乎就是 Holo 化，「臺語」就是 Holo 語，臺灣人就是 Holo 人。這個現象使原住民族及客家都產生相對剝

11 江宜樺（2009），在〈族群正義與國家認同〉一文中指出，理念上，族群應該指涉某種「同出一源」或「生活文化一致」的人群（這也是西文字根 ethno 所強調的涵義），不是隨便一群大眾的集合。江宜樺指出按一般的說法，臺灣社會有四大族群——閩南人、外省人、客家人、原住民。如果以前面採用的定義來看，這個「四大族群說」是很有問題的（http://www.aisixiang.com/data/30594.html，取用日期：2023 年 3 月 17 日）。

奪感，但 Holo 族群卻視為理所當然。作為人口絕對多數的 Holo 如何反省臺灣的族群權關係，並相應形成一種新的文化與制度，就成為族群主流化政策中無可迴避的課題（楊長鎮，2016：25）。第三，在本省、外省之間，對以 Holo 人口為主的本土族群而言，威權時期外省權貴的統治一方面是統治階級壟斷權利的問題，另一方面是華語在臺灣語言生態中幾乎擁有絕對優勢地位。在當時的社會結構中，原來以其他條件為基礎而結合的人群轉變成族群，在資源分配、權力結構諸種政治經濟脈絡中，生成族群之間過往的關係。在本土化與民主化之後，本土族群人士的受剝削記憶與現實感受仍然強烈，Holo 語與華語在政治權力與市場經濟中競逐霸權，這使原住民族與客家感受到新的邊緣化，使 Holo 及族群繼續維持傷痕記憶與反抗論述，使外省族群因政治地位變遷與語言絕對優勢不再而有強烈相對剝奪與被排斥感（楊長鎮，2016：26）。

除了前述三組族群結構外，以當前的狀況，也許我們還可以加上「原居民 vs. 新移民」，但新移民多半以個人身分成為婚姻配偶，其群體性較為薄弱。因此，一般臺灣族群分類雖以原、Holo、客家、外省構成所謂「四大族群」（楊長鎮，2016：19）。不過，四大族群的分類其實不是在同一時空中平列劃分的群體，而是在不同歷史階段發生並延續的不同性質的族群對立或分類。如果我們不能掌握這種多樣的分類邏輯，我們就不能掌握臺灣各族群間優劣勢或主流、非主流的劃分問題本質，從而就難以提出較妥善的族群主流化政策（楊長鎮，2016：18-19）。不同的族群因有不同的歷史的脈絡，各有其族群主流化議題。

臺灣族群議題的多義性與複雜性，使我們擬定族群主流化政策目標時必須有更為細緻的思考，並連動到族群議題主流化的政策設計（楊長鎮，2016：26）。

七、結語

通過楊長鎮的族群主流化理論研究可知，族群議題的處理不（能）再是特定族群單位的任務，所有行政官僚都應該負起族群平等、族群主流化政策的任務。更進一步來說，不只是公部門的行政單位，民間各單位，不論是營利或非營利組織，乃至於個人，也應該要有族群主流化的素養。

所有的國家政策在規劃過程中，都應該進行族群影響評估，族群主流化的理論必須成為各層公共政策執行者的 DNA，因為族群主流化並不希望流於你我不相干的互相尊重的多元文化主義。族群主流化理論的設計是所有人，特別是優勢、尊貴的「一般人」，全部都是族群正義的當事人。

性別主流化的理念和實施的經驗，對於族群主流化理念、政策的推動具有非常重要的參考價值，不過族群主流化還是要進一步思考性別和族群兩者之間不同之處，都是共同／群體權，不過族群作為一個整體的意義，和性別作為一個人群的類別，畢竟有本質上的差異。所著重的主流化層次，也有所不同，性別意識與族群意識的出現，都和特定的社會脈絡有關，不過族群的流動性、歷史性、政治性及其與國家認同的歷史的交織似乎更為複雜。

充分釐清族群主流化的理論，明白清楚臺灣族群關係的歷史結構，是討論臺灣族群政策的基礎。

附記：本文為客家委員會獎助計畫（HAC-110-IP-0008-01-01）之部分成果，謹此致謝。

參考文獻

王甫昌，2003，《當代臺灣社會的族群想像》。臺北：群學。

王俐容等，2022，《「客家族群影響評估」政策研究成果報告》。新北：客家委員會。

民主進步黨，2011，《十年政綱：未來十年台灣發展政策綱領》族群篇。http://iing10.blogspot.com/2011/08/blog-post_07.html，取用日期：2023 年 4 月 1 日。

立法院，2020，《客家委員會及所屬 110 年度單位預算評估報告》。https://www.ly.gov.tw/Pages/List.aspx?nodeid=44094，取用日期：2022 年 12 月 9 日。

江宜樺，2009，〈族群正義與國家認同〉。《愛思想》，9 月 27 日。http://www.aisixiang.com/data/30594.html，取用日期：2023 年 3 月 17 日。

江明修、廖元豪、吳正中，2012，《政府施政措施落實多元族群主流化之研究》。臺北：行政院研考會。

李廣均，2008，〈籍貫制度、四大族群與多元文化：國家認同之下的人群分類〉。頁 93-110，收錄於王宏仁、李廣均、龔宜君編，《跨界：流動與堅持的臺灣社會》。臺北：群學。

阮俊達，2015，〈從族群主流化觀點思考原住民族政策〉。《臺灣原住民族研究學報》5（3）：173-200。

______，2016，〈族群主流化觀點下的原住民族轉型正義〉。《臺灣原住民族研究學報》6（3）：51-72。

林再復，1986，《閩南人》。臺北：三民書局。

林修澈、黃季平、李台元，2016，《我國族群發展政策之研究》（NDC-DSD-104-002〔委託研究報告〕）。臺北：國家發展委員會。

客家委員會，2018，《客家委員會 109 至 114 年度社會發展中長程個案計畫：客家族群主流化發展計畫》。新北：客家委員會。

______，2022-2023 年《族群主流化與族群影響評估指標政策研究案》，委託研究計畫案。新北：客家委員會。

施正鋒，2013，〈民進黨執政八年主權政策回顧與展望〉。《臺灣原住民研究論叢》14：58-120。

張茂桂，1997，〈臺灣的政治轉型與政治的「族群化」過程〉。《教授論壇專刊》4：73-108。

張翰璧等，2016，《我國族群發展重要指標分析與運用規劃》。臺北：國家發展委員會。

彭渰雯，2012，〈婦運與政治〉。頁 209-32，收錄於黃淑玲、游美惠編，《性別向度與臺灣社會》。臺北：巨流。

黃之棟，2019，〈族群主流化的理論框架與政策意涵〉。《東吳政治學報》37（2）：117-165。

楊文山、詹傑勝、劉千嘉，2014，《我國辦理族群統計規劃之研究》。臺北：國家發展委員會。

楊長鎮，2013，〈族群主流化：從行政院客委會到民進黨族群部的工作與思考〉演講於中研院社會學研究所。12 月 24 日。

______，2016，〈臺南市政府民族事務委員會族群主流化政策基礎研究（一）：族群主流化政策的理念建構〉。《臺南市族群主流分析化政策分析的研究成果報告》。臺南：臺南市政府。

臺南市政府，2017，《臺南市推動族群主流化政策實施綱領》。臺南市政府網站。

鍾國允、黃之棟、劉小蘭，2016，《我國推動族群發展政策之法制盤點與調適》。臺北：國家發展委員會。

Barth, Fredrik, ed., 1969, *Ethnic Groups and Boundaries: The Social Organization of Culture Difference*. Illinois: Waveland Press.

Kymlicka, Will ,1995, *Multicultural Citizenship*. London: Oxford University Press

試論客家學的方法論與理論

楊國鑫 *

一、前言

怎麼會沒有客家學（Hakkaology）的方法論（Methodology）呢？怎麼說客家學沒有理論（Theory）呢？我們早就有歷史，但是歷史學是很後面的事。早就有人類，但是人類學是很後面的事。我們早就有社會，但是社會學也是很後面的事。一樣的，早就有客家，而客家學也是後來才有的。當然，後來也就出現了許多的歷史學理論、人類學理論與社會學理論，那麼客家學的方法論在哪裡呢？會有客家學的理論嗎？

把以前使用過的英漢字典拿出來，查一下「internet」這個字，你會很驚訝竟然查不到。或者查一下「brunch」，也可能找不到。現在，誰不知道 internet 叫作網際網路，brunch 叫作早午餐。世界一直在轉變，總是會有一些新事物出現或新事情發生，沒有一定有或沒有，過去沒有，不一定未來也沒有，不過，你認為可能會有的，未來也不一定會發生。下文將先探究為什麼（why）會有客家學？接著討論客家學的核心議題，從此定義客家學是什麼（what）？進而討論客家學的方法論與理論。方法論與理論就是如何（how）研究客家學的探討。

* 楊國鑫（yangks0223@gmail.com），新竹縣內思高工教師，國立中央大學哲學研究所博士。

二、客家學的定義與為何會有客家學？

1980 年左右，臺灣政治氣氛進入後蔣經國時期，本土聲量逐漸增多，學生在學校講客家話被禁止的事情逐漸消失。當時，臺北街頭並不容易找到客家餐館，2000 年之後臺北增加了許多客家餐館。客家莊亦然，1980 年在臺灣客家莊幾乎沒有所謂的客家餐館，2000 年之後的客家莊到處都是客家餐館。這樣的現象與臺灣的各種發展有關，其中客家論述的聲量變多，尤其是一些研究論述，加上許多的報導傳播，政府政策等的影響，臺灣到處出現了「客家」。政府設有客家事務單位，學校也有客家教學，客家莊的街上也容易看到許多客家的看板，媒體也出現不少客家妹客家一哥。

上述這些現象的出現，主要是因為一些客家論述的出現，加上臺灣民主化、交通發展、電腦網路資訊發達、週休二日等等因素，影響了客家文化的變遷。其實，以前大部分的人不知道什麼叫客家，家人沒說，學校老師也沒有教，政府更沒有專責的客家事務單位，當客家被發現、被研究後，社會上到處都是客家。

2000 年後，臺灣做客家相關學術研究的人口越來越多，為什麼要做研究？為什麼要做客家學的研究？關於「客家學」一詞，雖然最早出現在羅香林的《客家研究導論》書中，但據了解並不是羅香林所發明，而是他一位任職於英文新民日報編輯的友人鍾一帆所提的（羅香林，1981：24-25），[1] 此事發生在 1930 年，羅香林出版《客家研究導論》的 3 年前。

事實上，羅香林在寫《客家研究導論》的時候，其重點工作，主要目的是在回應當時客家社會所關心的客家源流等問題，是在解讀客家族群的身分問

1 Hakkaology 一詞，並沒有出現在《客家研究導論》的本文中，而是出現在該書的註釋中，詳述請參見該註釋。

題。關於客家的源流，羅香林基本上採用歷史學以及人類學的方法與角度，其實就是一種歷史學研究，或者說是一種人類學研究。本文認為，要研究某一時間點的客家，或要研究某一地理空間的客家歷史、文化以及生存發展的事情，用客家學這個詞是適合的。本文採用「客家學」這個用詞來指涉這些的研究。

客家學的關鍵問題是定義的問題，以及我們對它的態度。重要的是要如何切入客家學的研究，也可以說「做研究的目的」是什麼？以及做出來的東西有何意義與價值？客家學的內涵也包括我們所要具備的入門知識，這些就是客家學方法論所要探討的。客家學方法論與理論的討論，以及為什麼會有客家學是彼此相關的。

「為什麼會有客家學？」通常是緣於要去解決一些問題，例如一個人因為肚子餓了，所以到處找吃的。當客家被污名化，所以要進行研究提出證據反駁污名化，這些研究的目的就是為了解決客家所面臨的問題，而這些解決客家問題的研究，本文稱之為「客家學」。舉例說明如下，當客家語言被打壓，當客家文化被流失甚至被消失，對許多人而言這是問題，因此有些人為了回應、解決這些問題，從而進行相關的研究，這些研究本文稱之為「客家學」。再舉例說明，有一些人不見得是從問題開啟他的研究，或許他們只是覺得驚奇，因為驚奇而進行研究，因為對一些客家人的行為產生驚奇或說好奇而進行研究，想要理解這些客家人的特質，這些研究本文也稱之為「客家學」。另外，一些客家人因為不知道客家為何？而進行一種自我了解、自我解惑、自我探究的研究，本文也稱之為「客家學」。

除了解決客家族群面臨的問題，或個人的疑惑、驚奇之外，也許有些人是為了一些利益，而對客家進行研究，例如執行研究客家計畫以獲取一些經費，或研究客家可以對傳教的事務有所幫助、對政府的施政有幫助、選舉時可以爭取客家票，這些研究客家雖然有把客家研究工具化的現象，不過在許多情況底下仍然對客家問題有所回應、對客家的驚奇有所解讀，或者具有探究客家自我的意義，本文認為這些研究一樣也稱之為「客家學」。

承上，以選總統為例，一位總統候選人如果想要爭取客家選民的支持，而進行一些研究，甚至進而制定一些客家政策以爭取客家選票，這些研究本文也稱它為「客家學」。為何把「以爭取客家票」為目的的研究也當作是「客家學」呢？本文的見解是，雖然該研究的初始目的是爭取客家選票，但是有時候這種研究可能會是更加貼近客家需求的客家學。譬如說，有一位總統候選人的團隊，通過研究發現臺灣到處都有客家人，這些客家人之間除了語言、文化不完全一樣外，他們的需求與訴求也不相同，這種研究也可以當作「客家學」。例如，臺灣各高鐵站都有客語廣播，但幾乎都是四縣腔的客家話，這種客語廣播服務與新竹在地的主要客語腔調並不符。[2] 如果該候選人的團隊通過研究發現這個問題，並指出應當要尊重當地海陸腔客家話，基於研究提出建議，把高鐵新竹站的廣播調整為海陸腔客家話，或海陸腔與四縣腔客家話並存，這種研究也是值得鼓勵的「客家學」，它對客家的理解與解讀有正向的影響。雖然是為了選舉目的而進行的研究，其成果正向影響了未來的政策，這肯定是要被社會接受與鼓勵的。

為什麼會有客家學？依筆者的理解可分成兩類。第一類是回應客家族群面臨的問題，不同時空會出現不同的客家問題。例如，20 世紀 70 年代開始，臺灣出現了兩個核心的客家問題（楊國鑫，2013：70-74），[3] 一個是客家語言與

---

2 臺大醫院竹北院區的客語廣播也是四縣腔，但是高鐵新竹站與臺大醫院竹北院區都座落於竹北市隘口里，這裡的客家莊主要是海陸腔的客家話，竹北市隘口里及其附近是不是以海陸腔客家話為主，其實可以參閱「桃竹海陸腔客語優勢區（南片）語言地圖」，該地圖請參閱洪惟仁（2019b：84）。

3 關於何謂客家問題的論述，可以進一步參考楊國鑫（2013）。

文化的流失與沒落，另一個是客家莊的消失與萎縮。回應此問題，於是出現了許多關於客家的研究。第二類是解讀客家族群本身內涵的問題，這種研究的客家學有時候具有工具性價值，可以幫助傳教、支持僑政、爭取客家選票等等。解讀所謂的客家是什麼，有時候是一種單純的驚奇，解讀所謂的客家是什麼，也有時候卻是一種自我認識的一個過程。

簡言之，客家學的出現緣於回應客家問題或客家驚奇的探究。楊國鑫（2013：259）通過客家學定義的相關文獻探討、客家學與客家研究的關係，以及為何有客家學以及客家學的特性等探討之後，對客家學做出一個規創性的定義（stipulative definition），此一定義，揭示了客家學的一個方法論，那就是跨領域研究。

> 客家學是以一般學科或整合相關學科的方式，研究客家的形成、客家是什麼以及它與其他族群、該國家或全人類的關係，同時回應未來客家的文化實踐與生存發展的學科。（楊國鑫，2013：259）

三、客家學的方法論

建構客家學理論，需要先探究客家學的方法論。客家學方法論的理解有助於客家學理論的論述。關於方法論，江明修提到：

> 「方法論」為研究應如何進行的理論分析，比「方法」較具普遍性及抽象性。而從知識論、方法論及方法三者的層次關係觀察，方法論具有指導「方法」之選擇與使用的功能，若研究人員未能對方法論有深刻的反省，即可能因選用不恰當的研究方法，導致研究成果

未能幫助實務與學術發展。（江明修，2009：11）

林品章則對方法論做出這樣的解釋：

「方法論」是我們碰到了一個問題，很困擾我們，於是我們開始討論問題及思考如何進行解決問題，也去參考一些理論，同時也提出了各種的看法，再經過辯論之後，確定了一種可以解決問題的執行步驟。（林品章，2008：120）

從此可知，方法論是研究者在進入相關研究之前要先有所理解的一種入手知識。本文認為要研究客家學，要先理解客家學的方法論，掌握尋找解答的科學，才不會發生江明修所說的對客家學的實務與學術發展沒有幫助。客家學的方法論，可以對研究客家學的議題給予理論與方法的引導，進而有助於解答客家學的相關問題。

綜合上述學者的見解，本文認為方法論，是指一種以解決問題為目標的一個體系，一門學問的方法論，對該學問的理論或方法具有規範、指導或限定的作用，同時也會引導研究者的研究方向、目標、理論與方法。方法論不是直接解決具體問題的技藝，它提供解決問題的起始入手思路，以此再透過理論與方法展開研究之路。基於這樣的理解，本文所提出的客家學方法論是一種整合論（Integrated theory）性質的方法論，透過整合性的研究（Integrated inquiry）以達到解決客家問題與解讀客家是什麼的目的。

（一）跨領域研究[4]

真實世界的重大議題或問題，通常很難由單一學科或某一個領域處理與理解，而是需要結合好幾種不同領域的知識與觀點，針對某一個議題或問題以獲得一個妥善的解決。針對某一個議題或問題要具有廣度的理解與深入的了解，才能予以適切的處理，以回應該議題或甚至解決該問題。以清華大學人文社會學院創立社會人類學研究所的理想為例，當時所持有的理想是通過跨領域的學科對話，來面對臺灣本土化的問題：

> 1987 年清華大學成立社會人類學研究所，原有結合社會學與人類學，回應本土化問題的意圖，但後來顯然不敵學科的邏輯，認為分開反而是比較有希望的。（湯志傑，2008：576）[5]

雖然清華社會人類學研究所後來邁向成立單一專業的研究所，不過跨域的整合研究理想依然存在。國立中央大學設立客家學院之初，也是引用跨領域研究的取徑，整合社會學、人類學、歷史、語言、文學與政治經濟等作為客家研究的基礎。本文認為，就客家學的研究議題而言，跨域的研究是有其需要與意義。關於跨學科或跨領域研究，人類學者容觀敻指出：

> 所謂跨學科研究又稱科際研究或綜合研究，就是從多種學科的不同角度同時考察一個對象，處處著眼于事物的「全面」和「整體」，

4 本文客家學方法論的一種建議是採用跨領域研究，主要的觀點是它可以對相關問題或議題有更廣泛或更深入的認識。至於，從文學研究客家文學、從語言學研究客家語言、從歷史學研究客家歷史等等單一學門的研究，仍是值得研究與鼓勵的。

5 本段引文是蔡明哲的講法，轉引自湯志傑〈本土社會學傳統的建構與重構：理念、傳承與實踐〉。

> 重視比較綜合，避免瞎子摸象的片面理解，共同協作解決一個不是單一學科所能解決的問題。（容觀敻，1999：104-105）

這種研究取徑，強調人類社會的議題或問題是複雜的，需要多種學科相關知識與方法，方得以進行較全面與整體的認識。進行跨域研究需要跨領域的學者之間進行整合研究，或單一學者本身需要有跨領域的學習與深造，跨領域研究要兼顧專業的深度與跨域的廣度。

孫煒在談到客家知識體系的分析架構時，提到：

> 在全球化的浪潮下，臺灣不能自外於全球政治、經濟、社會、文化影響之下的學術潮流，而客家知識體系的建構也無法脫離臺灣本土自身的政治、經濟、社會、文化影響之下的學術典範。（孫煒，2013：26）

客家問題的發生，與整個世界的發展以及臺灣本土的情境息息相關，所以在世界快速變化之下，包括世界政治、經濟、文化以及自然界等的變遷，客家學的探究肯定牽涉到跨學科的知識理論或研究取徑。以一個國家為範圍來討論客家的問題，不論客家是生活在哪一個國家裡，他們都被該國的政治、經濟、文化以及該國的自然界所影響。如此，客家學的方法論內容除了跨領域學習之外，也包括對世界狀態以及該國狀態的探討。不過話說回來，要一個學者能夠具備多個學科的研究能力，有點可遇而不可求，不過誠如孫煒的前述觀點，本文認為一個客家學的研究者，可以透過與相關世界學術潮流以及臺灣學術典範的交流，吸取各學科的研究成果或相關研究取徑，這樣的客家學研究是可能也可行的，不過前提是該學者也要具備相關學科的基本素養，也才能進行交流與吸取（跨領域學科的）相關知識。

的確，就臺灣客家而言，這些客家人所處的世界是什麼狀態，以及臺灣的狀態是什麼，從過去、現在與未來都一直影響著臺灣客家，探討世界與臺灣的變化，是探究客家學的一個初步入手工程。對世界與臺灣有所理解，才能進一步探究臺灣客家人在不同時空下所經過的歷史與文化變遷的脈絡。就臺灣而言，客家莊是如何形成的，以及這些客家莊的發展，還有他們語言與文化的發展，這樣的探究其實就是解讀客家人是如何養成的。當然這些客家的形成與發展，也不可能自外於世界，例如 1907 年 11 月發生的北埔事件，如果視為當時北埔客家人的行為，顯然是不足的。需要進一步探究 1895 年的乙未戰爭、探究當時的隘勇制度、探究北埔附近賽夏族與客家的關係，以及處理賽夏族對日本統治的態度等等，甚至還要追溯理解當時的世界情勢與狀態，包括對當時臺灣政治、經濟與文化的理解，清朝政府對臺灣的態度等，才有解讀當時北埔事件的基礎。

客家莊形成之後，有一些，甚至可說是大量的人口離開客家莊，造成客莊人口流失的現象，這些人離開的原因是什麼呢？相信不論是個人的理由或結構的因素都是客家學的重點之一，理解這些原因才能對客家莊的發展，對客家語言、文化的發展有所助益。要理解客家人的遷徙，便要理解當時的世界情勢與狀態，包括當時臺灣政治、經濟與文化，掌握更整體的環境因素與理由，才能解讀客家人遷徙的現象，理解客家問題發生的原因。

關於跨領域研究的另一個模式，本文認為可以採取「跨學科整合研究」的方式。不同專長的研究者針對同一個議題共同討論與研究，可以達到跨領域的研究效果。例如，Anjum、Copeland 與 Rocca 三位不同專業領域的學者，共同研究罕見病例的因果關係，他們是哲學研究者與臨床醫師的合作，他們提到：

> 沒有一個實踐是發生在哲學真空裡，醫學也不例外。健康科學和醫

療保健的實踐受到一些隱含哲學假設的支持、塑造與限制，從業者應該意識到這些假設。（Anjum, Rani Lill, Samantha Copeland and Elena Rocca, 2020: 3）

醫學與一般科學一樣，包含著一些非經驗元素，所以哲學研究者與臨床醫師的合作，可以把一些病例掌握更透澈、更完備，更有效回應問題。跨領域的研究在一些問題上，是有必要被鼓勵的。

在客家學的一些議題上，某一領域總是對另一個領域的研究有幫助，或者說，是一種互相幫助。客家知識體系的規劃更需如此，才能關照其廣度與深度，2011 年江明修主持的「客家知識體系」規劃研究便是一個範例，12 位來自不同領域的學者共同出版跨領域《客家研究：社群省思與政策對話》一書。

（二）長期關注客家議題

每一年到了 12 月，就會有一些關於客家運動的紀念活動，或要求政府振復客家語言的倡議。2021 年 12 月，有立委呼籲朝野儘速完成「臺灣客家語言發展」立法（劉玉秋，2021），設立國家語言監察使，設立客語學校，以增加客語的使用及人才就業機會等。本文認為國家資源、社會資源、人力資源等都是有限，我們應該要對症下藥，先要找出客家問題發生的原因。不過探究客家問題發生的原因並不容易，一般而言是先有原因出現，才會有果，發現果之後，再回去探究原因。探究客家問題發生的原因需要有長期關注、觀察以及蒐集資料，即使如此，也不易找到（引發問題的）原因。客家問題是一種果，會發生這一種果，勢必有其原因，探究其原因才可能減輕問題，甚或解決問題。雖然不是說找到原因就可以解決問題，但是沒有找到發生問題的原因，的確是對解決問題很難有所推展。

為什麼要長期關注呢？ 20 世紀 70 年代以降，臺灣客家問題，包括客家語言與文化流失、沒落的問題，客家莊消失、萎縮的問題，到底是什麼原因所造成的呢？其原因，可能是一個，也可能是兩個或是更多更複雜的原因所造成。為了診斷如此複雜問題的成因，長期關注、觀察以及蒐集資料，有助於掌握問題發生的原因。

（三）回應客家問題的規範之學

客家問題的處理，除了關乎「實然」的經驗科學研究之外，關於行為、政策對錯的批判也是重要的，這方面涉及「應然」層面的規範理論，規範作為匡正問題的架構，我們要論述的是規範是什麼？規範的基礎又是什麼？

本文認為方法論提供一套解決問題的入手思路，不能直接解決具體問題。回應客家問題發生原因的規範之學，則是具體提出解決問題之前所要探討的議題，是採用相關理論或方法之前要有所探討的議題。即進行經驗性問題探究的同時或早於蒐集經驗材料時，必須探究規範問題發生的原因，同時也要論述規範的基礎。《續修新竹縣志・卷三・住民志》，〈語言篇〉有一段內容：

> 百年來多元豐富的語言生活經驗，終究也敵不過一朝錯誤的語言政策推行，政府雷厲風行的「國語運動」，不過幾十年間、三、四代人的時間歷程而已，新竹原、客、閩等本土語言的語言活力就已驟降至「瀕危」的境地了。回顧新竹這百年來因語言接觸、語言轉移，從而導致在地的本土語言消亡，社會逐步走向語言單一化的現象，或能提醒吾人當為「語言與文化多樣性」的存續多盡一份心力。（程俊源，2021：376）

透過政治力強行推行「國語政策」禁止方言的使用，而導致客家話等流失甚至於消失，今天只是「規範」政府不得再推行所謂的單一國語運動，會使得客家話有所復振而能流傳下去嗎？顯然是不會的。「國語政策」在民間造成本土語言的斷層，即使「規範」政府採取開放政策，甚至鼓勵本土語言，卻也難擋本土語言的流失。客家語言與文化流失沒落的問題，是自然淘汰的嗎？在我們生活的客家莊裡，許多年輕人只會講華語，跟他自己的阿公、阿婆也只講華語，雖然他的阿公、阿婆的客家話還是流利的，這種母語使用的代間斷層現象日漸普遍。這樣的結果是好的嗎？這樣的結果是對的嗎？是應該發生的嗎？這就是「規範」性問題。

有人說，自然地被淘汰不就是如此嗎？自然地也不見得會被淘汰的，何況客家的語言與文化面臨的是一種結構上的不公平對待，是一種權利被侵犯。當這些客家語言與文化沒有被公平對待，當他們的權利被侵犯時，我們要如何處理呢？尋求正義的組織來協助，並對該組織的道德規範有所要求，要求政府廢除單一國語政策，更當要求政府為過去的錯誤予以補正。

向政府提出道德要求、正義規範，政府會不會接受呢？民主政府下推行弱勢主流化政策是可能的，通常自由民主的國家可以溝通，政府本身也是一種道德意義的存在，政府的存在就是為了回應人民的生存發展與合理的道德要求。因此要求政府為錯誤的語言政策予以改正，是合理的。

規範之學是一種應然的探討，應然的探討也需要實然的基礎。應然與實然的配合，才能回應客家問題與原因。從規範理論來探討規範之學有兩個方向，一個是規範當時不道德行為所導致問題的發生，另一個規範是指道德救濟，也就是對錯誤行為的道德補償。

（四）多元與創新的適應之學

舊時，茶葉是金，樟腦也是金；桐樹是金，香蕉也是金的時代，臺灣人口分布比較平均，客家莊的形象清晰，有其相關的農產業，語言與文化是清楚與土地相連接的。隨著時代的變遷，茶葉、樟腦、桐樹與香蕉等不再如往昔有價值，工業區、科學園區不斷開發出來，人口不斷離開客莊往科學園區、朝都市移動，客家莊人口不斷老化、產業日漸轉型，文化、語言不再鑲嵌於土地，鄉間的客家莊，特別與都市相連的客家莊，語言生態逐漸被改變。

以新竹周邊的變化為例，新竹科學園區成立於 1980 年，後來不斷擴張。同一年交通大學校本部由博愛校區遷入光復校區，這裡的客家莊[6]有些直接變成園區的一部分，有些則承受文化、人口和生態的激烈衝擊。1982 年新竹縣市分家，新竹縣治遷至竹北鄉，1988 年竹北鄉改制為縣轄市，竹北鄉時代客家莊是縱貫線或說是鐵路以東，變成竹北市之後，由於縣治區的發展，竹北這個原來在鐵路以東的客家莊，萎縮成高速公路以東才是客莊。2007 年臺灣高鐵正式通車，新竹高鐵特定區的開發，以及 2009 年竹北生醫園區的開發，這個竹北高速公路以東的客家莊，再度受到衝擊，土地重劃、大樓新建、科技人移入，客家人的身影已然消失（或隱藏）。2023 年時竹北只剩下東海地區為客家莊了，若璞玉計畫[7]通過開發案，不但竹北沒有了所謂的客家莊，客家莊再往東，璞玉計畫再加上芎林的金獅、綠獅以及芎林市區 19 公頃重劃區，連芎林的客家莊都要再往東萎縮，到了北二高以東了。竹科園區的生活圈可能再往北、東、與南擴散至竹北、芎林、竹東、寶山，甚至於北埔與峨眉，到時候新竹的純客家鄉鎮還剩下幾個呢？

客家莊都市化發展下，客家話與外來人口的語言接觸頻繁，對客家話之發展並不樂觀。如程俊源所言：

---

6 新竹科學園區與國立陽明交通大學光復校區的所在地之前是新竹市的客家莊，包括金山面、埔頂以及關東橋等地。

7 璞玉計畫，後來改名為臺灣知識經濟旗艦園區，位在高鐵新竹車站北側及東側，範圍涵蓋竹北與芎林，共約 447 公頃。

> 社會語言學指出社會場域若呈現「雙言現象」時，高、低階語言會在社會使用時進行職能分工。一般而言，「高階語言」（High language）（即強勢語言）通常使用於公開正式或公領域的場合，比如政府機關或學校等；而「低階語言」（Low language）（即弱勢語言）則多運用於私領域的場合，比如家庭或親友間。然則，年齡越輕，這類語言使用場域分工的傾向愈來愈不明顯，愈來愈單一化。（程俊源，2021：448）

新竹因為產業的發展與經濟的需求，都會區愈來愈多、愈來愈大，語言使用愈趨單一。從心理動機來看，弱勢的客家話在此都市化的過程中也是不樂觀的。洪惟仁指出：

> 在語言學、方言學上，「接觸理論」也是解釋語言融合的利器。「接觸效應」表現在語言心理學（social psychology）有所謂「溝通遷就理論」（communication accommodation theory）。不同族群或不同的方言人口為了溝通的需要，寧願放棄自己特異的土話（idiosyncratic localism），遷就、接受、使用各方言折衷性的（compromising）「通行語」（koiné），謂之「趨同」（convergence）。（洪惟仁，2019a：142）

當客家話與強勢語言接觸，客家話的流通不易。如此觀之，客家話不能只寄望於在客家莊持續生存，因為客家莊持續在縮小，客家話的推廣要強化在非純客家莊如何延續其生命力。例如從多元文化、多元語言角度入手，思考文化創新，以適應新的語言、文化生態，創造語言、文化多樣性永續發展的條件。

釐清客家問題的發生原因之後，如何回應便是客家學的問題。如何使客家語言與文化有所發展，或使客家莊有所發展。例如，是否可以思考新型態的都市客家莊的形成，例如建構空中客家莊、雲端客家莊或網路客家莊，突破實體地理空間社區的概念，發揮具有「想像共同體」特質的客家族群想像，這是21世紀客家學中的一種適應之學可以發展的方向。在客家人口密度不高的都市，甚至於在國外可以收聽到客語廣播節目，看到客語電視節目。只需能上網的工具，不論是手機、平板或電腦，甚至於物聯網，都可以是客家語言、文化發展的載體。這是一種適應之學。為什麼要探究適應之學呢？「適者生存」，不僅是動物界或植物界的自然現象，在文化上也是如此，無法適應新局勢的發展，文化是會被淘汰的。

適應之學是一種文化本身的適應，這個前提在於理解世界是變動的，也才要有適應之學。不過，這種適應之學也要族群本身有所共識才可能達成適應的調整或變化。如此適應之學與規範之學相呼應，客家語言與文化流傳可望出現生機。

（五）以懷疑研究客家驚奇之說

許多的客家驚奇之說，是一些人的印象，甚至於是一種想像，是真的也可能是假的。不論如何，一個研究者有必要在第一時間就要有所懷疑，將其放入括號，將現象轉化成「議題」，這本身就是客家學的精神。為什麼要有所懷疑呢？事實上很多的講法常常是沒有經過嚴謹的資料收集、推論或分析。如此，我們很難來判定這些講法的真假，所以必須要有所懷疑，以進一步來檢驗，找出許多的謬誤（fallacy），釐清錯誤的講法，透過懷疑找出真正的學問與知識。

例如社會上有此一說，「1895年在臺灣發生的乙未戰爭，臺灣人拿刀拿槍跟日本軍隊拚命，其中客家人占高比例」。此一說法是否為真？有需要先放入括弧（作為有待驗證的假設）並細心求證，所以我建議應該要先懷疑，然後多方求證。我們要問：為什麼拿刀拿槍跟日本軍隊拚命的臺灣人中，客家人比例會比較高的呢？是這些客家人資訊不足嗎？是他們不知道日本來的是正規軍嗎？是不了解日本軍隊的裝備中有槍有砲？還是其他的經濟利益或意識形態的原因呢？有必要一路懷疑到底，追查下去。

當我們進一步探究客家驚奇的原因時，會發現此一說法不一定完全錯誤，不過其陳述可能並不精準，需要進行更精確的定位。當我們面對一些所謂的客家驚奇之說，需要先有懷疑的態度，不論是歷史上的還是當代的，不論是民間的說法或者是學者的研究見解，都應該先放括弧，實事求是，從各種方向去懷疑，提出證據與論證，基本上，這就是客家學方法論一個重要的內涵。

四、客家學的理論

（一）理解客家理解世界的理論

回應客家學方法論的理論，都可以作為客家學的理論。如前文所言，客家學方法論的第一個重點是以跨領域研究取徑來理解這個世界。以理解常住在臺灣的本國籍人口之使用語言情形為例，我們有相關的普查或調查結果，根據行政院主計總處 2021 年 10 月公布的〈109 年人口及住宅普查初步統計結果提要分析〉（中華民國統計資訊網，2021），2020 年 6 歲以上本國籍常住人口之使用語言情形如下，主要使用語言為國語者占 66.3%，閩南語占 31.7%。次要使用語言為閩南語者占 54.3%，國語占 30.5%。主要使用或次要使用國語者占 96.8%，閩南語者占 86.0%， 客語者占 5.5%。這是對臺灣一些現況的理解，透過普查或調查的理論[8]可以得到一些資料，從而理解一些現況。進行問卷調查、電話調查、網路調查等方法的底層，有一個指導研究調查的邏輯和理論，可視

8 方法的背後往往有理論的支持，有方法就可以進一步得到相關的資料。

為客家學研究中理解世界的理論。

基本上對於過去的世界或現代社會的理解，大部分自然科學或人文社會科學的相關理論都可能有其貢獻。理解人類過去或現況的理論也不斷在發展中，對研究客家學來說，哪些自然科學或人文社會科學的相關理論可能對了解客家世界有所貢獻呢？可以作為客家學理論呢？張維安認為：

> 熟稔其他既有學科的理論與方法，將有助於客家學的發展與論述。各種社會科學的理論中，有些對於客家議題的關心與思考具有較強的選擇親近性，並逐漸吸收或轉化為客家學核心知識的訓練基礎，這些知識可能來自人類學、社會學、歷史學、政治經濟學、語言學……。（張維安，2019：33）

王俐容與魏玓論述客家學術機構之發展時，也提到：

> 以目前的學術發展而言，客家學術相關科系主要在文學、語言學、人類學、社會學、歷史學、政治學、經濟學、傳播學、公共行政與政策、文化研究、性別研究、藝術學、區域研究等領域。（王俐容、魏玓，2013：70）

上述這些學科相關理論可能有助於我們理解世界、解讀臺灣，進而解釋客家為何？本文相信不只這些，其他學科的理論只要有助於了解客家為何，都可以稱為客家學的理論，然而每一個各別學科都有其特殊的觀點與角度，不盡然能全面的解讀客家，也因此維持跨領域研究的敏感度與探索仍有其需要。

（二）探究客家問題發生原因的理論

原因論（Etiology）是一門研究事件發生因果關係的學問，在醫學上比較常見，也稱之為病因學，專門研究有關疾病的成因以及解決的方法。事實上，在哲學、法學、心理學、物理學、生物學裡，也都會運用它來解釋許多現象的起因，例如為什麼這個結果會發生，以及這個結果發生的背後原因。相同的，面對客家問題發生的原因，原因論的運用有其重要性，可引為找尋發生客家問題原因的理論，以及進一步論述有效回應此原因的方法。

因果關係論（Causality），也有助於探究客家問題發生的原因，在工程學、法律學、物理學、哲學、宗教學等應用頗多。從一個果的發生來看，有時候由某一個因所產生，有時候是由許多個因交錯影響所產生。一個果的產生有時候是單純的，有時候卻是複雜的。

因果關係的探討除了釐清複雜的經驗事實之外，邏輯學的訓練有其重要性。邏輯學（Logic），用於結果與原因之間的歸納推理、溯因推理以及演繹推理等三個常被使用的論證理論。質性研究的理論與量化研究的理論，常需要搭配邏輯推理才能推論發生問題的原因。

關於客家問題發生原因的探索，除了具有原因論、因果論以及邏輯學等理論的素養之外，還需要有長期資料收集與經驗觀察，不斷地進行經驗現象與理論思考的辯證，才能推論出問題發生的原因。面對客家驚奇之說亦然，需要有長期資料收集與經驗觀察，不斷地進行經驗現象與理論思考的辯證，才能確認客家驚奇之說是否正確。

（三）回應客家問題的規範之學的理論

我們憑藉什麼來規範人類的行為呢？以及我們要的政體是什麼呢？這在道德哲學與政治哲學上多所討論。政治哲學，是一種關注於政治的規範之學，是關於規範政府保護、延續語言與文化的一種理論，透過詳細的論述以建構政府作為被規範的對象，提供語言與文化的延續、傳承等政府作為的基礎。

政治哲學建立了我們對政府提出建議，甚至是對於政府作為道德正義者的一種規範，規範政府有義務對於語言與文化的延續、傳承等做出相關政策，並實際推動與執行，同時也受到人民的監督與問責。此一規範之學的理論，一樣可以規範政府以外的其他人，是一種道德哲學。

政治哲學，也涉及人民所擁有的利益、權利、環境、教育資源等的分配，人民具有的語言與文化權利，必須受到合理的分配與發展的規範支持。也就是說，客家語言與文化的權利行使，必須受到平等、公平與正義的對待。規範之學的理論，也規範政府或個人予以尊重與互相理解，進而互相扶持與支持。

從政治哲學與道德哲學的相關理論可以作為客家學規範之學的理論，正義理論、權利理論、人權理論、自由理論等亦然。當客家語言與文化受到不平等對待，可以正義理論為基礎要求政府予以規範；當客家語言與文化的權利受到侵犯，可以透過權利理論要求政府予以規範。人民有說自己語言的自由，則是受到自由理論的支持。

如果因為政府的政策，語言、文化受到不平等對待，那就要規範政府的行為，政府的行為要怎樣才會接受規範之學的理論所規範？前提是要有一個自由民主的國家，如果政府的政策侵犯了我們的權利，人民有權利不讓其繼續執政，如此才能真正實踐規範之學的理論所討論的人民權利，才能自由發展我們的語言與文化。

（四）回應客家問題發生原因的適應之學理論

達爾文演化論的觀點，文化與物種是一樣的，無法適應將會被淘汰，換句話說，如果客家語言與文化可以適應新的世界新的環境，那它們可能延續下去，如果客家語言與文化無法適應新的世界新的環境，那它們可能就會消失。

達爾文的演化論可以解釋文化的變化甚至於消失的現象，重點是在於客家語言與文化要如何去適應新的世界、新的環境？文化適應理論、文化創新理論，甚至文化創意產業等的理論，也許能協助使客家語言與文化的永續發展。

文化適應涉及文化之間的接觸和交流的過程，本文的提問是在這個過程中，客家語言與文化能否保存呢？社會學家 Nicki Lisa Cole 認為：

> 文化涵化（Acculturation）可以採取不同的形式，具有不同的結果。這取決於參與文化交流的人們或團體所採取的策略。所採用的策略又取決於個人或團體是否認為保持原有文化的重要性，以及他們與他們自身文化不同的更大的社區和社會建立和維持關係的重要性。（Nicki Lisa Cole, 2019）

從這樣的觀點，在客家與其他文化接觸和交流的過程中，客家語言與文化的發展是否可以建設，主要是要看客家社會有無共識一起來延續此語言與文化。另外一方面，也要注意客家語言與文化的延續，與整個臺灣社會文化甚至於全世界有無衝突，或者是可以共存共榮，建立多元文化的社會。規範之學的理論所面臨的社會環境相同，一個共榮共存、多元文化社會的建立，本身即預設了一個多元文化社會存在的基礎，這種基礎往往並不自然存在，而需要許多社會反思、思想變革與社會運動來促成。總之，透過文化適應理論、文化創新理論等的理解，也許可以尋找出客家語言與文化延續的策略。

（五）回應客家驚奇之說的理論

解讀客家驚奇之說，是要用什麼理論呢？只要能夠解讀客家歷史、文化與群體行為的理論，都是可以運用的理論，這包括歷史學、文化學、人類學、語言學、社會學、經濟學等人文社會科學，也包括文學、哲學與醫學等，其實也包括對自然環境理解之學，包括地理學、生態學等。客家人或部分客家人的群體行為因素之探究，可以透過該群體的風俗、歷史經驗、價值體系等理論的研究，進一步來解讀。如前文所言，除了跨領域研究的取徑之外，以長期資料收集與經驗觀察為基礎，不斷地進行經驗現象與理論思考的辯證，才能確認客家驚奇之說是否正確。

客家驚奇之說其實是一種命題，我們應當先懷疑此命題成立否？把理論觀點、驚奇之說放入括弧，把它當作研究的議題，而不是理所當然的接受為定論，質疑客家驚奇說中的時間與空間描述是否精準，質疑佐證的資料是否合理，質疑推理的論述是否成立、邏輯是否合理等。透過不斷的質疑，客家驚奇之說作為研究的議題，找尋確切的描述，以期建構合理的客家驚奇之說。

五、結語

客家學是以一般學科或整合相關學科的方式為基礎，來研究客家的形成、客家是什麼以及它與其他族群、與政府或人類社會的關係的一門學問。它同時也是回應未來客家文化實踐與生存發展的學科。

如果沒有客家問題、沒有客家驚奇，則不需要客家學。有客家學，則是因為有客家問題或因為有客家驚奇。所以客家學的核心議題就是研究客家問題發生的原因，研究客家驚奇及其原因。客家學要如何展開呢？本文建議客家學的方法論，是以跨領域研究取徑為基礎，來理解這個世界亦理解客家；以長期關注探究客家問題與原因，加上哲學探究來回應客家問題的規範之學；以多元社會文化理論與文化創新理論等來回應客家問題的適應之學；最後，是以將客家驚奇之說放入括弧，將驚奇之說作為研究的議題，不是在毫無反思與研究的情況下，理所當然的接受，將日常生活的「自然態度」，轉化成反思與研究的議題。此一方法論，也是一種整合論，整合相關的學科、理論、方法、方法論，目標是朝向建構客家學為一個族群幸福之學。

客家學的理論是什麼？本文建議，文學、語言學、音樂學、人類學、社會學、歷史學、政治學、經濟學、傳播學、公共行政學、文化學、性別研究、藝術學等等能夠理解客家理解世界的皆是可以運用的理論。原因論、因果關係論、邏輯學等等能夠探究客家問題與原因的皆是可以運用的理論。政治哲學、道德哲學、正義理論、權利理論、人權理論、自由理論等等皆可運用作為客家學規範的理論。演化論、文化適應理論、文化創新理論、文化創意產業等等理論，可作為延續客家語言與文化，創造文化永續發展的理論。哲學、醫學以及上述的理論等可以創造族群幸福之學的理論，皆是客家學的理論。

回應客家問題的客家學，是經驗之學、適應之學與規範之學等各種面向的整合，經驗之學不夠嚴謹，規範之學探討不足，則提不出適應之學，也不足以創造族群幸福之學的理論。客家問題原因之探究，需要長時間的統計、觀察來分析與歸納，如此才能回應政府施政的政策，推動民間組織的理想。回應客家驚奇的客家學研究，需要有計畫且是長期的持續與分工研究。相信，透過這些客家學方法論的探究與推展，能達致族群幸福之路。

附記：本論文在 2021 年 10 月 17 日發表於「族群與客家研究理論工作坊」（國立陽明交通大學人文與社會科學研究中心主辦），受到與談人張維安教授的指正，因而論文調整與修改頗多，特此致謝。

參考文獻

中華民國統計資訊網，2021，〈109 年人口及住宅普查初步統計結果提要分析〉。《中華民國統計資訊網》。https://www.stat.gov.tw/public/Data/1101813419GEYJEAG4.pdf，取用日期：2023 年 02 月 17 日。

王俐容、魏玓，2013，〈客家學術機構之發展〉。頁 67-102，收錄於江明修編，《客家研究：社群省思與政策對話》。臺北：智勝文化。

江明修，2009，《研究方法論》。臺北：智勝文化。

林品章，2008，《方法論：解決問題的思考方法》。臺南：基礎造形學會。

洪惟仁，2019a，《臺灣語言的分類與分區：理論與方法》。臺北：前衛。

______，2019b，《臺灣語言地圖集》。臺北：前衛。

孫煒，2013，〈客家知識體系的分析架構〉。收錄於江明修主編，《客家研究：社群省思與政策對話》。臺北：智勝文化。

容觀夐，1999，《人類學方法論》。南寧：廣西民族。

張維安，2019，〈客家意象、客家研究與客家學〉。頁 27-56，收錄於蕭新煌編，《客家研究與客家學》。新竹：國立交通大學出版社。

湯志傑，2008，〈本土社會學傳統的建構與重構：理念、傳承與實踐〉。頁 553-630，收錄於謝國雄編，《群學爭鳴：台灣社會學發展史，1945-2005》。臺北：群學。

程俊源，2021，〈語言篇〉《續修新竹縣志・卷三・住民志》。竹北：新竹縣政府文化局。

楊國鑫，2013，《詏有好食：台灣客家問題與客家學》。中壢：搖籃工作室。

劉玉秋，2021，〈莫忘祖宗言 跨黨派立委催生「台灣客家語言發展法」救消失中的客語〉。《中央廣播電台》，12 月 24 日。https://www.rti.org.tw/news/view/id/2120299，取用日期：2021 年 12 月 24 日。

羅香林，1981，《客家研究導論》。臺北：衆文。

Anjum, Rani Lill, Samantha Copeland and Elena Rocca, 2020, *Rethinking Causality, Complexity and Evidence for the Unique Patient*. Cham: Springer.

Nicki Lisa Cole, 2019, "Understanding Acculturation and Why It Happens." In *ThoughtCo*, thoughtco.com/acculturation-definition-3026039 (Date Visited: January 10, 2022).

「國家制度化的族群」概念建構：族群優惠性差別待遇與族群認同

王保鍵 *

一、前言

受第三波民主化浪潮影響，臺灣於 1980 年代開始進行民主轉型；臺灣的民主轉型，除帶來憲政體制變革外，民間社會力解放，臺灣本土意識漸成政治主流，原住民族運動、客家運動之族群運動興起，四大族群概念成為族群政治的共識（王保鍵，2022a：142）。在族群政治發展下，「客家人」的定義，明定於《客家基本法》第 2 條第 1 款。《原住民身分法》第 2 條承襲日治時期原住民的分類，將原住民劃分為「山地原住民」、「平地原住民」。《憲法增修條文》第 4 條第 1 項第 2 款，明定平地原住民及山地原住民各 3 名立法委員，並依《公職人員選舉罷免法》第 16 條，由具有原住民身分選舉人選出。除原住民立法委員外，各直轄市議會、縣（市）議會的原住民議員，亦由具有原住民身分者選出。又《憲法增修條文》第 10 條第 12 項定有原住民族語言、文化、地位、政治參與、教育文化、交通水利、衛生醫療、經濟土地、社會福利事業

* 王保鍵（paochien@cc.ncu.edu.tw），國立中央大學客家語文暨社會科學系教授、國立中央大學客家學院語言平等及政策研究中心主任。

等保障扶助規範。至於其他族群權利保障法源，則以《憲法》第7條「平等權」、《憲法增修條文》第 10 條第 11 項「國家肯定多元文化」為依據，如《大眾運輸工具播音語言平等保障法》第 1 條、《客家基本法》第 1 條。[1]

按平等權強調：本質上相同之事物應為相同之處理，不得恣意為無正當理由之差別待遇（司法院釋字第 666 號解釋理由書）。平等權要求國家法律禁止因族群身分、使用族群母語而生的歧視，如《公民與政治權利國際公約》（*International Covenant on Civil and Political Rights*）第 26 條、《客家基本法》第 3 條第 1 項、《國家語言發展法》第 4 條。一般來說，平等權可分為「形式平等」（formal equality）與「實質平等」（substantive equality）兩個層次。「公務人員特種考試原住民族考試」[2] 僅限戶籍登記為原住民者報考，可視為基於「實質平等」對於少數族群的「優惠性差別待遇」（affirmative action ／ positive action）。然而，就公務人員考試，以往針對外省人，憲法第 84 條定有「按省區分定錄取名額」規定，原意係在中國大陸保障「受教育人數較少省分」的應考人，惟當此優惠性措施僅適用於臺灣，在《戶籍法》的本（省）籍登記制度下，卻保障在臺人數較少的外省人，反招致不公平的爭議。

1 《大眾運輸工具播音語言平等保障法》第 1 條規定，為維護國內各族群地位之實質對等，促進多元文化之發展，便利各族群使用大眾運輸工具，特制定本法。《客家基本法》第 1 條規定，為落實憲法平等及保障多元文化精神，傳承與發揚客家語言、文化，繁榮客家及客庄文化產業，推動客家事務，保障客家族群集體權益，建立共存共榮之族群關係，特制定本法。

2 按 1956 年首次舉辦特種考試臺灣省山地人民應山地行政人員考試，係為選拔原住民行政及技術人員，從事原住民地區地方自治及經濟建設工作；其後名稱歷經多次修正，分別為 1974 年特種考試山地行政及經濟建設人員考試、1988 年特種考試臺灣省山地行政及技術人員考試、1991 年特種考試臺灣省山胞行政暨技術人員考試、1993 年特種考試山胞行政暨技術人員考試、1996 年特種考試原住民行政暨技術人員考試，2002 年修正為公務人員特種考試原住民考試，2004 年起，修正為公務人員特種考試原住民族考試（考選部，2022）。

事實上，國民政府來臺後，積極推動「國語（華語）運動」，[3] 形成語言歧視，並對非華語使用者，造成語言傷痕。近年來，臺灣陸續制定法律，以國家政策作為，保障各族群母語使用者之平等地位，如《大眾運輸工具播音語言平等保障法》第 1 條及第 2 條、《客家基本法》第 3 條第 1 項、《國家語言發展法》第 4 條等關於語言平等規定。而《國家語言發展法》第 7 條關於「對於面臨傳承危機之國家語言，政府應優先推動其傳承、復振及發展等特別保障措施」，可謂「實質平等」概念的體現（Wang, Pao-Chien, 2023）。

按憲法或法律等人造法如何定義族群？如何認定族群成員身分？非單純「血統」的自然事實，更涉及國家政策所欲形塑的族群關係。憲法法庭 2022 年憲判字第 17 號判決，指摘《原住民身分法》第 2 條有瑕疵，並建構具有文化特徵存續、族群成員維持認同、客觀歷史紀錄可稽等三要件，亦可取得原住民身分。上開判決，將導致大量平埔原住民取得法定原住民身分；就此，可以窺見國家制度（司法判決）演變對族群類別、族群成員人數之形塑效果。本文

3 1945 年 6 月 9 日公布《教育部國語推行委員會組織條例》。臺灣省行政長官公署教育廳為推行標準國語（華語），於 1946 年 4 月 2 日訂頒《臺灣省國語推行委員會組織規程》，由國府教育部國語推行委員會常務委員魏建功來臺出任主任委員，並提出「臺灣省國語運動綱領」（黃英哲，2005）。1947 年 4 月 22 日行政院會決議，臺灣省行政長官公署改制為臺灣省政府。1950 年 5 月 27 日臺灣省政府教育廳代電發布「本省非常時期教育綱領實施辦法有關各級學校及各社教機關應行注意遵辦暨應加強推動事項」指示，各級學校及各社教機關應加強推行國語運動。1966 年臺灣省政府頒布〈加強推行國語計畫實施辦法〉規定，各級學校師生必須隨時隨地使用國語；學生違犯者依獎懲辦法處理（陳美如，2009：304）；學生在學校講方言會被處罰，如罰錢、掛牌子、罰站（陳淑華，2009）。類似的例子，也曾發生在法國的布列塔尼語（Breton），法國教育部禁止學校使用布列塔尼語，學校張貼「不得隨地吐痰或使用布列塔尼語」（no spitting on the ground or speaking Breton）標示（Hooper, 2011）。又如 19 世紀的英國威爾斯，為強制學生使用英語，並禁止學生使用威爾斯語，亦採取在學生身上掛上禁說威爾斯語（Welsh Not ／ Welsh Stick）牌子。事實上，「國語（華語）運動」以使用標準華語為政策目標，除造成臺灣本土語言使用者的語言傷痕外，對於外省族群的各省方言使用者，或帶有濃郁鄉音的華語使用者，也產生語言傷痕。

以文獻分析法，運用實質平等權理論，從國家優惠性差別待遇角度，以國家制度安排下的人群類屬，探討：（1）由國家進行族群分類，並賦予族群優惠性差別待遇，所產生的「國家制度化的族群」概念為何？（2）國家制度安排下的人群類屬，配合其他制度性優惠措施，對族群身分認同的影響為何？

二、少數群體之優惠性差別待遇

在國際法上，《公民與政治權利國際公約》第 27 條將少數群體分為族群、宗教、語言三類。而《在民族或族群、宗教和語言上屬於少數群體者權利宣言》（*Declaration on the Rights of Persons Belonging to National or Ethnic, Religious and Linguistic Minorities*）則增加民族少數群體（national minorities），將少數群體劃分為四類。在臺灣，一般常用的「少數族群」語彙，約略可指涉：（1）泛指各類型少數者，除傳統四大族群概念所指涉的「族群」（ethnic）外，尚擴及其他群體，如司法院釋字第 617 號解釋「少數性文化族群」，或釋字第 748 號解釋理由書「多元性別／性傾向族群」，或《有線廣播電視法》第 45 條第 2 項第 2 款等法律所規定「弱勢族群」。[4]（2）專指被支配者（非人數上少數），如施正鋒（2011，2018：278）認為，少數族群指一個國家內部被支配的族群，而非人數較少的族群。（3）族裔（ethnicity）人口較少者，如前述臺灣的「公民與政治權利國際公約第三次國家報告」所指原住民各族、蒙族、

4 法律條文規範「弱勢族群」者，約略有：《有線廣播電視法》第 45 條第 2 項第 2 款（法務部全國法規資料庫英語譯為 disadvantaged minority groups）、《教育經費編列與管理法》第 6 條及《土地徵收條例》第 3 條之 2 第 1 款（法務部全國法規資料庫將此二部法律條文皆英譯為 disadvantaged groups）、《災害防救法》第 22 條第 1 項第 11 款（法務部全國法規資料庫英語譯為 disadvantaged minority）、《社會工作師法》第 2 條第 2 項（法務部全國法規資料庫英語譯為 minor groups）、《儲蓄互助社法》第 7 條之 1 第 1 項（法務部全國法規資料庫英語譯為 underprivileged）等。

藏族等（王保鍵，2022a：8-9）。就臺灣四大族群，客家人、外省人、原住民為「人口數」較少（國家領土內人數未達總人口一半）的少數族群；但就「語言使用者人數」，閩南人、客家人、原住民為語言使用上的少數族群。[5]

（一）少數群體保障的哲學基礎

當代人權的理論基礎，一般都接受自然權利理論（natural rights theory）為人權之哲學論述（Donnelly, 1982）。John Locke 與 Immanuel Kan 為自然權利理論主要支持者，並由 Jean-Jacques Rosseau 與 John Stuart Mill 及 Mary Wollstonecraft 進一步演繹自然權利理論；但 Karl Marx 與 Jeremy Bentham 則對自然權利理論提出批判（Australian Human Rights Commission, 2009）。在歷史發展實踐上，有許多實現自然權利理論的重要文獻，諸如由 Thomas Jefferson 起草並經大陸會議（Continental Congress）於 1776 年通過的《獨立宣言》（*United States Declaration of Independence*），或如 1789 年法國大革命後的《人權暨公民權利宣言》（*Declaration of the Rights of Man and of the Citizens*）等（王保鍵，2022a：39-40）。自然權利理論則相當程度受到自由主義影響，關注於如何確保個人自由（王保鍵，2022a：41）；在政治領域，展現出政治中的個人主義或憲法上個人主義（constitutional individualism），並演進為近代憲政主義（constitutionalism）思想（王保鍵，2023）。

一般來說，自由主義對個人自由的想像為：（1）自由主義肯定個人擁有不可被剝奪與侵犯之自我選擇自由；（2）自由主義強調以憲政制度安排，調節個人間彼此衝突的價值與生活方式（蔡英文，2002：3）。John Rawls 企圖

---

5 行政院官網國情簡介關於「族群」部分，分成兩種概念：（1）少數種族、族群，包括經政府認定的原住民族與蒙藏族；（2）語言上的少數種族、族群，則包括原住民族、客家族群、蒙藏族、新住民、移工等（行政院，2023）。上開人權類屬，依循《公民與政治權利國際公約》第 27 條概念。

證明，一套以公平為特徵的正義觀，恰好滿足了自由主義對個人自由與基本權利的追求（錢永祥，2003）。John Rawls 的《正義論》探討兩個正義原則：（1）平等自由權原則，即每個人都有平等的權利主張，享有一完備體系下的各項平等自由權；（2）社會及經濟的不平等須滿足：（a）「公平機會平等原則」（各項職位及地位，必須在公平的機會平等下，對所有人開放）、（b）「差異原則」（使社會中處境最不利的成員獲得最大的利益）兩個條件（張福建，1997）。

對於 John Rawls 的回應，Alasdair MacIntyre、Michael Sandel、Charles Taylor 及 Michael Walzer 等，發展出社群主義（communitarianism），並借用 Aristotle 與 Hegel 觀點，對 John Rawls 的學說，提出批判（Daniel, 2020）。自由主義與社群主義之間的爭辯，約略為個人為社會的本質（nature of individuals as social beings）、群體價值（value of community）、政治原則正當性（justification of political principles）等議題（Morrice, 2000）。在少數群體層面上，則出現多元文化主義（multiculturalism）與族群社群主義（ethnic communitarianism）兩種思路（Theobald and Wood, 2009）在多元文化主義思潮下，因現代國家甚難達到族群文化中立（ethnocultural neutrality），[6] 國家應尊重多元文化的差異，並對少數群體做出相應之彌補；而少數群體權利的要求，則被視為「差異政治」（politics of difference）或肯認政治（politics of recognition）的一環，如 Iris Marion Young 或 Charles Taylor 之主張（許國賢，

---

6 Will Kymlicka 將少數群體哲學辯論分為三個階段：第一階段將少數群體權利視為社群主義者抵抗自由主義入侵的防禦（minority rights as a communitarian defence against the encroachment of liberalism），但已逐漸由自由主義內部關於文化和認同爭論所取代；第二階段關心透過少數群體權利來補充一般性之個人權利，得否成為揚棄族群文化中立（ethnocultural neutrality）正當性基礎；第三階段應將少數群體權利視為對多數群體民族國家建構（majority nation-building）的回應，而非對族群文化的偏離（Kymlicka, 2004: 96-97）。

2001；郭秋永，2012；張錦華，1997；張培倫，2005：7）。[7]

（二）實質平等權：優惠性差別待遇

就平等權的「形式平等」與「實質平等」兩個面向，「形式平等」者，以道德平等觀為理論基礎，依「等則等之，不等者不等之」分析路徑，所發展出的平等理論（黃昭元，2017：286）。至於「實質平等」，則指涉「採取積極手段，消除弱勢（disadvantaged）、無力（powerless）族群或團體人民所處的相對次級地位」為核心意義之平等要求（黃昭元，2017：286）。司法院釋字第 485 號解釋指出，憲法第 7 條平等原則並非指絕對、機械之形式上平等，而係保障人民在法律上地位之實質平等，立法機關基於憲法之價值體系及立法目的，自得斟酌規範事物性質之差異而為「合理」之區別對待。又司法院釋字第 682 號、第 722 號、第 745 號、第 750 號、第 791 號、第 794 號、第 804 號解釋指出，法規範所為差別待遇，是否符合平等保障之要求，應視該差別待遇之目的是否合憲，及其所採取之分類與規範目的之達成間，是否存有一定程度之關聯性而定。

事實上，「實質平等」理論之發展，逐漸演繹出「優惠性差別待遇」之積極性平權概念（王保鍵，2022a：46）。司法院葉百修大法官於釋字第 719 號解釋所提出協同意見指出，「優惠性差別待遇」（或稱「優惠性矯正措施」、「積極平權措施」），係指國家透過積極作為，以「優惠措施」實踐憲法平等權之保障人民「實質平等」意旨。[8]在司法實務上，司法院釋字第 649 號解釋（身

---

7 Young（2011: 179）認為一個公正的政體必須接受異質公眾的理念（a just polity must embrace the ideal of a heterogeneous public），而應接受民族或族群的群體差異（group differences of nation or ethnicity）。

8 葉百修大法官並指出，應注意「優惠性差別待遇」是否會構成「反向歧視」（reverse ／ benign discrimination）問題，意即本案（政府採購得標廠商應進用一定比例原住民案）以歧視非原住

心障礙者保護法按摩業專由視障者從事）、第 719 號解釋（政府採購得標廠商應進用一定比例原住民）等兩個解釋，對「優惠性差別待遇」概念，做出重要演繹。

此外，加拿大聯邦政府為促進兩種官方語言（英語及法語）間的實質平等，於 2021 年公布《英語和法語：實現加拿大官方語言的實質平等》（*English and French: Towards a Substantive Equality of Official Languages in Canada*）白皮書，以推動語言體制改革（Canada.ca, 2021: 29）。

本文以實質平等權理論之優惠性差別待遇，就國家制度安排下的人群類屬，檢視《戶籍法》的省籍（本籍）登記、原住民身分登記等規範，並以此作為其他制度性優惠措施的資格條件，演繹「國家制度化的族群」概念，並探討國家制度安排對族群成員身分認同之選擇。

三、「國家制度化的族群」之開啓：清領及日治時期

1661 年 4 月，鄭成功率軍攻臺，至 1662 年 2 月 1 日鄭方與荷蘭簽訂合約，2 月 9 日荷蘭末代總督揆一交出城鑰，率領 2 千人的船隊返航巴達維亞（即雅加達），結束荷蘭在臺灣 38 年的殖民統治，臺灣歷史上第一個漢人政權正式建立（戴寶村，2001）。1683 年，清朝由施琅率軍攻臺，明鄭政權出降，清朝開始治理臺灣。

（一）清領時期

清朝政府對漢人的人群分類，沿襲明代以來里甲編戶的辦法，相應而生的閩、粵籍貫之分，便成為臺灣漢人的兩大類別（林正慧，2015：13）。清朝治

民而達成原受歧視之原住民權利獲得實質平等之保障，以及實際上給予積極優惠措施，有無因此造成原住民成為需要積極保障之社會弱勢地位之刻板印象或次等公民身分標記之議題。

理臺灣初期，以防止臺灣叛亂的思維，於 1684 年發布「渡臺禁令」，[9] 其中禁止粵人（廣東人）來臺乙節，便是一種在國家人群分類下，依其身分類屬而產生的制度安排。

在清朝治理機制中，以人群分類之省籍劃分為基礎，進行其他制度安排，可就科舉考試的學額制度為代表。[10] 在 1885 年臺灣設省前，臺灣係納入福建省管轄，在臺灣的閩人以「隔省流寓」來抗拒粵人在臺參與科舉考試（李文良，2008）。惟 1721 年朱一貴民變，粵籍為主的客家人，協助清政府平亂有功。到了 1741 年，政府決定將原有的臺灣學額劃歸閩籍，並增設粵籍專屬的生員學額，即「臺灣粵籍生員增額錄取案」；透過此項政治安排，促使閩粵雙方的族群界線更形明確（李文良，2008）。

---

9 「渡臺禁令三條」，包含：（1）欲渡船臺灣者，先給原籍地方照單，經分巡臺廈兵備道稽查，依臺灣海防同知審驗批准，潛渡者嚴辦，偷渡之船戶及失察之地方官，亦照法查辦；（2）渡臺者不准攜帶妻兒家眷，業經渡臺者，亦不得招致；（3）粵地屢為海盜淵藪，以積習未脫，禁其民渡臺（阮忠仁，2009：135）。惟依《重修臺灣府志》記載：「臺灣始入版圖，為五方雜處之區，而閩、粵之人尤多。先時，鄭逆竊踞海上，開墾十無二、三。迨鄭逆平後，招徠墾田報戶。終將軍施琅之世，嚴禁粵中惠、潮之民，不許渡臺，蓋惡惠、潮之地，數為海盜淵藪而積習未忘也，琅歿，漸弛其禁，惠、潮民乃得越渡」（黃秀政，1990）。惟「禁止粵人渡臺」之真實性，亦受挑戰，如尹章義（2003：10-12）。韋煙灶（2013）從空間自明性（spatial identity）指出，粵東客家人的居住地並不靠海，如何成為海盜；或阮忠仁（2009：135-137）纂修的《嘉義縣志・卷二・沿革志》則提出「完全缺乏文獻證據」、「文句不像清代文獻」、「與施琅疏的時間及內容均不符」、「諸羅縣招徠墾民」等理由，認為渡臺禁令並非在 1684 年形成，如渡臺照單在 1702 年以後，因開放渡臺日久，奸徒混渡臺灣，而須發照過濾。

10 科舉分區定額主要包括解額（中額）與學額兩方面，解額多指每科鄉試各地錄取的舉人數額，也有指會試錄取名額；學額的界定可分為：（1）廣義的學額包括了廩生、增生、附生等全部官學學生名額；（2）狹義的學額則在明前中期指廩生、增生的定額，在清代指每次錄取的附學生員定額（葉鵬，2020）。

（二）日治時期

中日甲午戰爭結束，簽訂《中日馬關條約》，日本成為臺灣的治理主體。日本治臺後，自 1896 年《臺灣住民戶籍調查規則》以降，進行多次戶口調查。依中央研究院人文社會科學研究中心歷史人口研究計畫所建置的「日治時期戶口調查資料庫」指出，臺灣於日本統治時期分別於 1905 年、1915 年、1920 年、1925 年、1930 年、1935 年、1940 年進行 7 次戶口調查；其中 1905、1915 年稱為「臨時臺灣戶口調查」，1920 年以後開始與日本本土同時舉行，並正式定名為「國勢調查」，包括每 10 年的大調查（1920 年及 1930 年），暨每 10 年之間的簡易調查（1925 年及 1935 年）；戶口調查人群包括所有居住於臺灣本島以及澎湖列島的內地人（日本人）、本島人（日本統治臺灣之前即定居臺灣的漢人、熟番、生番）、外國人（日本統治臺灣時期移入的清國人、韓國人等）；本島漢人又依其祖籍地分為「福」（福建）、「廣」（廣東）、以及「其他」（非福建廣東）等。[11]

日本統治臺灣時期的國勢調查，各有其重點，第 1 次（1920 年）國勢調查偏重職業，第 2 次（1925 年）國勢調查偏重年齡，第 4 次（1935 年）國勢調查偏重種族與婚姻關係（臺中市豐原區戶政事務所，2015）。1935 年依《戶口調查規程》所進行的國勢調查，在種族分類上，分為「內地人」、「本島人」、「朝鮮人」、「滿州國人」、「中華民國人」、「其他外國人」等分類，並在本島人之下，劃分為「福建族」、「廣東族」、「其他漢族」、「平埔族」、

11 1905 年依《戶口調查規則》進行第 1 次臨時臺灣戶口調查，兼採現住主義與本籍主義（臺中市豐原區戶政事務所，2013）；並於 1907 年出版《臨時臺灣戶口調查集計原表》，劃分臺灣種族為：（1）內地人；（2）本島人，分為漢人、熟蕃、生蕃三種，並將漢人再細分為福建、廣東、其他三種次類型；（3）外國人，細分為清國人及其他兩種次類型。

「高砂族」等次類型（臺中市豐原區戶政事務所，2014）。[12]

以上開人群分類為基礎，日本於1898年在臺灣施行之初等教育，採取差別式的教育制度：（1）日本人就讀「小學校」；（2）臺籍人進入「公學校」；（3）原住民則分為學校系統的「蕃人公學校」，及警察系統的「蕃童教育所」（溫振華，2009）。惟上開差別式的初等教育制度，具有殖民主義的思維，具有歧視性，實已違反平等權。

四、「國家制度化的族群」之發展：國府威權統治時期

二次大戰後，臺灣統治權由日本移轉給中華民國政府，在大陸旋即發生國共內戰，1949年，政府撤守臺灣，開啟兩岸分治的局面。為厲行全國總動員及戡平叛亂，政府於1948年5月10日依憲法第174條第1款規定，發布具有

12 就日本統治臺灣時期，政府對臺灣人民的身分識別，雖仍承襲清朝「省籍」的閩、粵籍貫之分，採「福建族」及「廣東族」之別。而此福建省、廣東省之「行政區劃」之分，與當代人們所熟悉的使用閩南語、使用客語者之「語系區分」，為兩種不同的概念（王甫昌，2005）。陳麗華（2013）指出，日本統治臺灣時期對福建族與廣東族之界定，係以「語言」為基礎，與清政府的分類有根本上不同。林正慧（2015：13）認為，日治時期承襲閩、粵兩大類別的名稱，卻改變其內涵，轉化以語言區分的「福建種族」和「廣東種族」。然而，以1940年國勢調查為例，依《昭和十五年國勢調查施行令》第3條規定，雖無種族之調查；惟依《昭和十五年國勢調查施行規則》第1條規定，應進行種族之調查。而檢視1940年國勢調查「申報書填寫須知」之「申報書各欄記載方法」項下，關於「一般後方國民記載之方法」之「種族」項：分為內地人（日本人）、朝鮮人、本島人（臺灣人）、外國人四大類，本島人分為福建系、廣東系、其他漢族系、平埔族、高砂族，外國人分中華民國人（當時僑居臺灣之外省人）、其他外國人，並以內、朝、福、廣、漢、平、高、中、外為申報填寫之「略語」；若種族不詳者，皆以推測之種族記載，但須註明「推定」兩字（臺灣省政府主計處，1953：185）。再查《昭和十五年國勢調查綱要》第4點關於調查方法規定，係就各戶調查，由戶主申報（臺灣省政府主計處，1953：173）。因此，日本統治臺灣時期種族之認定，係在政府官方規範之人群分類架構下，由申報人自我認定並填寫，而申報人究竟是依「省籍」原則，或採「語言」原則，進行填報？涉及當時人們的自我認同取向，可進一步研究。

憲法效力的《動員戡亂時期臨時條款》（後於 1991 年 5 月 1 日廢止）。1948 年 12 月 10 日依《動員戡亂時期臨時條款》規定，國民政府公布「全國戒嚴令」，並於 1949 年 7 月 7 日擴大實施範圍，惟當時臺灣非屬戒嚴令實施範圍。臺灣實施戒嚴，係於 1949 年 5 月 19 日由臺灣省政府主席兼臺灣省警備總司令陳誠發布戒嚴令（國家發展委員會檔案管理局，2013）。嗣後，臺灣民主化，政府於 1987 年 7 月 15 日發布「臺灣地區解嚴令」，而金門及馬祖地區，則於 1992 年 11 月 6 日解除「戰地政務」；依《促進轉型正義條例》第 3 條第 1 款，定義威權統治時期，指自 1945 年 8 月 15 日起至 1992 年 11 月 6 日止之時期（周錦宏、王保鍵，2018：21-23）。

（一）戶籍法之省籍登記

二次世界大戰結束，國民政府治理臺灣，伴隨國共內戰，大批軍、公、教人員及少數民間人士隨著政府遷臺。為安置這批戰後移民，政府興建許多「眷村」；此類「眷村」，其語言、文化、飲食，甚至可能政治取向等，[13] 與周邊族群（閩南人或客家人）相異，成為「外省族群孤島」（mainlanders ethnic enclaves）（王保鍵，2022b）。這種在國家政策作為下，由政府興建分配之眷村，促使外省人聚居，族群情感緊密連結，但與周邊族群互動，產生某種程度的隔閡。

政府在威權統治時期，在中國法統想像之下，基於團結人民以及代表中國的統治需要，採行籍別類屬分類制度（王甫昌，2005），以「省籍」概念之「本籍」之籍別制度，作為人民身分識別的標準。1946 年 1 月 3 日修正公布的《戶

---

13 二次大戰結束後，隨著國民政府來臺的大批軍民，政府為安置軍人及其眷屬，在全臺各地設置「眷村」。以「眷村」方式存在的「外省族群孤島」，其政治文化、投票行為，具有相當程度的一致性，而有「鐵票」之稱；在部分選區，眷村鐵票出現與周邊群體明顯相異的選票分布，成為「政治孤島」。

籍法》第5條規定，中華民國人民之籍別，以省及其所屬之縣為依據；同法第17條規定，中華民國人民之本籍，以其父母之本籍為本籍之原則，且一人同時不得有兩本籍。[14]

在國家制度設計上，以《戶籍法》為基礎的省籍（本籍）之人群分類，非僅單純的人群類屬，更進一步轉換為其他制度安排的資格條件，並成為國家資源分配的準繩。因國家制度性優惠措施、資源分配差異，產生「外省人」與「本省人」間的族群平等議題，引發「族群情結」（省籍情結）議題。事實上，對於外省人、本省人間族群不平等的討論，存有多元取向，諸如「政治排外」、「透過社經背景所產生的人力資本再製」等（蘇國賢、喻維欣，2007）；本文則嘗試串接《戶籍法》與《考試法》兩者，就公務人員考試「按省區分定錄取名額」規定，討論以國家制度的人群劃分所建構的優惠性差別待遇，對族群個別成員之族群認同選擇的影響。

（二）按省區分定錄取名額之公務人員考試

在國民政府治理機制中，以人群分類之省籍劃分為基礎，進行其他制度安排，公務人員考試的「按省區分定錄取名額」為一個鮮明的代表。依《憲法》第85條規定：「公務人員之選拔，應實行公開競爭之考試制度，並應按省區分別規定名額，分區舉行考試。」

14 1973年7月17日修正公布的《戶籍法》，關於本籍之規定，概有：（1）第5條規定戶籍登記項目，包含本籍登記、身分登記、遷徙登記、行業及職業登記、教育程度登記等5項；（2）第6條規定中華民國人民之本籍，以其所屬之省及縣為依據；（3）第16條關於初次戶籍登記本籍決定之規定；（4）第17條規定妻得以夫之本籍為本籍，贅夫得以妻之本籍為本籍；（5）第18條規定一人同時不得有兩本籍；（6）第19條關於因其他原因致無本籍者之設籍登記規定；（7）第20條關於除籍及設籍登記之規定；（8）第21條關於除籍登記之規定；（9）第42條關於本籍登記或遷徙登記申請人之規定。

1. 外省籍的全國性公務人員高普考試

憲法施行後，1948 年《考試法》第 20 條規定：「各省區之公務人員考試，分別在各該省區舉行，應考人以本籍為限（第 1 項）。全國性之公務人員考試，應分省區或聯合數省區舉行，並應按省區分定錄取名額，由考試院於考期前三個月公告之，其定額比例標準，為該省區人口在三百萬以下者五人，人口超過三百萬者，每滿一百萬人增加一人（第 2 項）。」

事實上，國民政府成立初始，並無因省籍不同而給予優待之規定；1934 年 11 月考試院召開全國考銓會議，決議：在首都或考試院指定區域舉行高等考試，或在首都舉行普通考試時，對於受教育人數較少省分之應考人，另訂從寬錄取辦法（考選部，2012）。1947 年公布《中華民國憲法》，明定「按省區分定錄取名額」規定。基本上，分區定額擇優錄取之規定，原意是保障「受教育人數較少省分」，依當時政府領土主權範圍包含中國大陸，此「按省區分定錄取名額」尚屬合宜。[15]

然而，當國民政府播遷臺灣，憲法未有相應修正，繼續實施，如同小孩穿大人衣服，自會出現扞格。加上外省人、本省人之人口數之差異，原意保障「受教育人數較少省分」的「按省區分定錄取名額」規定，實際運作在臺灣，不但違反考試公平原則，而且形成省籍歧視。

就族群個別成員而言，具有雙族裔身分者，戶籍資料、身分證件之註記，及族群身分而享有的優惠性差別待遇，是否影響渠等之族群歸屬的認同選擇？例如，1945 年後隨著國民政府來臺的廣東籍客家人（外省客），戶籍登記為外省人，並享有以外省籍身分參加「全國性公務人員高普考試」享有「按省區

15 另 1935 年公布《特種考試邊區行政人員考試條例》旨在保障籍隸蒙古、西藏、青海、西康、新疆等邊區人民。

分定錄取名額」優惠，可能偏向外省族群的身分認同。

2. 本省籍的臺灣省公務人員高等暨普通考試

1948 年《考試法》第 20 條關於各省區定額數，係依內政部人口局 1948 年所統計各省區人口數而訂之比例標準表，惟中央政府暫遷臺灣以後，各省人民隨同政府來臺者人口數不一，「全國性公務人員高普考試」採「按省區分定錄取名額」規定，有失公平，特別不利於報考人數最多的臺灣省籍（本省人）應考人；因而，臺灣自 1950 年起，依《考試法》第 20 條第 1 項規定，辦理「臺灣省公務人員高等暨普通考試」[16]（應考人以臺灣省籍為限，且錄取完全不受定額比例限制），並和全國性公務人員高普考試同時合併舉行，以增加臺灣省籍應考人之錄取機會（考選部，2012）。

然而，雖意欲以臺灣省籍專屬的「臺灣省公務人員高等暨普通考試」彌補「按省區分定錄取名額」之缺失，但外省籍、本省籍考生的錄取機會，仍失公平。就 1950 年的國家考試以觀，全國性公務人員高等考試錄取人為臺灣省籍者，有 7 人，其他省籍為 179 人，加上臺灣省公務人員考試所錄取 30 人，當年外省籍占高考錄取者的 83%，使得參加公務人員考試的外省籍考生，獲得實質優惠（駱明慶，2003），對人口數較多的本省籍考生，造成不公平。

嗣後，1962 年《考試法》第 21 條（原第 20 條）第 2 項，增列但書規定：「但仍得依考試成績按定額標準比例增減錄取之。對於無人達到錄取標準之省區，得降低錄取標準，擇優錄取一人，但降低錄取標準十分仍無人可資錄取時任其缺額。」[17] 透過上開但書規定，技術性地改變「按省區分定錄取名額」的

16 政府遷臺後，1950 年起，每年均同時舉行全國性公務人員高普考試、專技人員高普考試、臺灣省公務人員高普考試等三項考試（考試院編纂室，2012：91）。

17 此但書規定，係指在程序上每年全國性公務人員高普考試第 2 次典試委員會，當決定各類科錄取標準後，作成決議：各省區按比例增加若干倍數錄取，其應增加之倍數，於開拆及格人

實質效果，本省籍錄取者日益增加。[18]至1968年，因《考試法》修正，分區定額錄取問題已告解決，「臺灣省公務人員高等暨普通考試」遂停止舉辦（考試院編纂室，2012：91）。

就上開公務人員考試的制度變革，可以觀察到：（1）原以全中國為範圍，具有保障少數或弱勢群體的「按省區分定錄取名額」的規定，在臺灣實作經驗，成為保障人口數較少的外省人，反而違反平等權。為促進考試公平性，國家則以開辦「臺灣省公務人員高等暨普通考試」增加臺灣省籍考生的錄取機會，作為制度性調整機制。（2）戶籍登記為外省籍，方可依「按省區分定錄取名額」規定，參加特定省區名額之高普考試，而此種優惠性差別待遇措施，對於外省人的身分認同，可能具有強化效果。[19]

員彌封姓名冊後，查明省籍，在典試委員長及監試委員監督下，參照往例覈實決定；意即，按各類科臺灣省籍應考人凡達到錄取標準之總人數，除以臺灣區法定定額錄取比例數，所得之結果，據以對各省區之錄取定額增加若干倍數錄取；以使臺灣省籍應考人凡成績達到最低錄取標準者皆能錄取，其他省市區籍應考人即使定額比例數再增加，但因未達最低錄取標準，遂無法多錄取一人；此制實施以後，公務人員考試遂可促使臺灣省籍應考人錄取者居多，其他省市區籍錄取者較少，且與臺灣地區人口籍貫分布情形相近（考選部，2012）。

18　以1982年高普考試為例，臺灣省（含臺北、高雄）公告錄取定額比例為19人，各類科依錄取標準，及格人員中以臺灣省籍錄取人數最多（分別為高考576人、普考637人），爰高考增加30倍（579／19）錄取，普考增加33倍（637／19）錄取（張麗雪，2011）。

19　類似的情況，也可能出現在客家人父親、原住民母親之子女，基於原住民福利措施，選擇是否依《原住民身分法》登記為原住民。事實上，以苗栗縣泰安鄉為例，2016年12月底戶政人口統計泰安鄉總人口為5,930人，註記具原住民身分者為4,263人，非原住民者為1,667人；但客家委員會客家人口調查資料結果顯示，泰安鄉的客家人為4,144人，顯見泰安鄉居民有明顯的多族裔認同，許多身分註記為原住民者，亦被納入客家人之統計數據（周錦宏、王保鍵，2018）。

五、國家制度化的族群之反饋：臺灣民主轉型

在我國法律體系，就少數族群成員身分，予以定義者，包含《原住民身分法》第 2 條、《蒙藏族身分證明條例》第 3 條、《客家基本法》第 2 條、《新住民就讀大學辦法》等。國家法令於定義少數族群成員身分後，再以實質平等權概念，賦予渠等制度性之優惠性差別待遇（優惠措施），如《蒙藏邊區人員任用條例》、《蒙藏學生升學優待辦法》等。

然而，在法律體系，對於少數族群保障制度較為完善者，應屬原住民。而原住民優惠性差別待遇之制度建構，實受第三波民主浪潮下的臺灣民主轉型，臺灣原住民族以社會運動方式，反饋於「國家制度化的族群」。按新制度主義（new institutionalism）者，關心「制度」與「行為」間互動（制度影響行為及行為反饋制度），面對國家所建構相關族群制度性機制，族群本身如有需求（demand），亦會反饋回政治系統（political system）。本節以原住民為例，探討族群本身如何對國家制度進行反饋，要求制度的變革。

（一）以社會運動進行制度反饋：原住民族運動

約略來看，臺灣原住民，清領時期分類為「生番」者，日治時期認定為「生蕃」，戶口調查簿登記「生」；清領時期分類為「熟番」者，日治時期認定為「熟蕃」，戶口調查簿登記「熟」；其後「生蕃」改稱「高砂」，則登記為「高」；「熟蕃」改稱「平埔」，則登記為「平」（原住民身分法修正草案第 2 條條文說明）。國民政府治臺後，將「高砂」改稱「高山族」，並劃分為「山地山胞」、「平地山胞」；至於「平埔」則為「平地山胞」。[20]

---

20 臺灣省政府 1954 年 2 月 9 日（肆參）府民四字第 11197 號等函令，使用「山地山胞」及「平地山胞」用語。臺灣省政府 1957 年 1 月 22 日（肆陸）府民一字第 128663 號令：「日據時代居住平地行政區域內，而戶籍簿種族欄記載為『熟』，於光復後繼續居住平地行政區域者，

然而，「山胞」之名稱是由統治者透過國家法令所賦予，非原住民族自己決定，更帶有濃厚的歧視意味。「原住民族權利促進會」於 1984 年成立，並於 1984 年發表《臺灣原住民族權利宣言》，積極推動原住民族正名運動。正名主張，在原住民族內部凝聚高度的共識，並成為原住民族憲法運動的核心議題，經過 1991 年修憲、1992 年修憲 2 次抗爭失利，1994 年第 3 次修憲，將「山胞」正名為「原住民」，故第 3 次《憲法增修條文》公布日（8 月 1 日）也成為「原住民族日」（行政院 2016 年 7 月 27 日院臺原字第 1050171747 號函）。[21] 意即，原住民族正名運動，可說是原住民對於國家所賦予的族群名稱，找回「名稱」的自我決定權，彰顯原住民族反抗國家歧視性族群名稱之具體成果。

又為回應原住民族正名、還我土地等社會運動訴求，國家制度安排也逐步建構相關原住民族保障措施，並發展出諸多原住民優惠性差別待遇。就原住民優惠措施之國家制度安排，可分為：（1）憲法層級，包含《憲法增修條文》第 4 條第 1 項、第 10 條第 11 項、第 10 條第 12 項。（2）法律層級，諸如《地方制度法》第 33 條，及《原住民族工作權保障法》第 12 條第 1 項，及《公務人員考試法》第 6 條第 2 項，及《原住民族基本法》第 27 條，暨《原住民族教育法》第 26 條第 2 項、第 26 條第 3 項、第 31 條第 1 項、第 34 條第 2 項等。

上開原住民的優惠性措施，涉及政治參與、教育文化、交通水利、衛生醫

應依照『平地山胞認定標準』之規定，經聲請登記後，可准予登記為『平地山胞』」。政府曾於 1956 年、1957 年、1959 年、1963 年，4 次限期開放戶口調查簿登記為「熟」者，登記為平地原住民。

21 依行政院 2016 年 7 月 27 日院臺原字第 1050171747 號函同意原住民族委員會 2016 年 7 月 19 日簽報行政院之「8 月 1 日原住民族日之由來與意義」指出，原住民族日為「紀念日」性質，從「番」到「高砂」到「山胞」到「原住民」，紀念原住民族藉由正名運動，回復自己在臺灣的地位，也象徵肯認原住民族作為國內、國際法之權利主體。嗣後，1997 年第 4 次修憲時，進一步將具有集體權屬性的「原住民族」入憲，將「原住民」正名為「原住民族」。

療、經濟土地、社會福利等多元面向，具有兩個層面的效果：（1）以實質平等權概念保障扶助原住民發展，實現歷史正義與轉型正義，並促進階級流動；（2）以優惠性措施，誘導跨族裔通婚（漢父原母）子女，依《原住民身分法》第4條第2項登記為原住民，影響族群個別成員的認同選擇。

（二）以司法訴訟進行制度反饋：爭取國家承認其原住民身分

按1970年《臺灣省山胞身分認定標準》、1991年《山胞身分認定標準》（1994年名稱修正為《原住民身分認定標準》）、《原住民身分法》，以日治時期戶口調查簿登記，將原住民劃分為「山地原住民」、「平地原住民」。[22] 另依《原住民民族別認定辦法》，劃分原住民之民族別。又憲法法庭2022年憲判字第17號判決，就西拉雅族原住民身分案，判決相關機關應於3年內，修正原住民身分法或另定特別法。

---

22 依《原住民身分法》第4條及第6條規定，原住民身分取得採「血統主義為主，兼採認同主義」，包含：（1）完全血統主義：原住民間婚生子女（第4條第1項），以申請登記身分行為彰顯其認同；（2）母系血統主義：原住民女子之非婚生子女（第6條第1項），及申請登記身分之認同行為；（3）單系血統主義：包含「原住民與非原住民間婚生子女」（第4條第2項）、「原住民女子之非婚子女經非原住民生父認領」（第6條第2項）、「非原住民女子之非婚生子女，經原住民生父認領」（第6條第3項）等三者，以從原住民之父或母之姓（血統來源者之姓），或從原住民傳統名字，並申請取得原住民身分之認同行為（王保鍵，2022a：98）。惟憲法法庭2022年憲判字第4號判決認定《原住民身分法》第4條第2項違憲，原住民與非原住民結婚所生子女，取得原住民身分，並得辦理原住民身分及民族別登記。

表 1　國家制度安排下的原住民身分類屬

態樣		內涵
原住民身分法第 2 條	山地原住民	臺灣光復前原籍在山地行政區域內，且戶口調查簿登記其本人或直系血親尊親屬屬於原住民者。
	平地原住民	臺灣光復前原籍在平地行政區域內，且戶口調查簿登記其本人或直系血親尊親屬屬於原住民，並申請戶籍所在地鄉（鎮、市、區）公所登記為平地原住民有案者。
原住民民族別認定辦法第 2 條	民族別	指阿美族、泰雅族、排灣族、布農族、卑南族、魯凱族、鄒族、賽夏族、雅美族、邵族、噶瑪蘭族、太魯閣族及其他經行政院核定之民族。
憲法法庭 111 年憲判字第 17 號判決	平埔原住民[23]	除憲法增修條文第 4 條第 1 項第 2 款規定所稱之山地原住民及平地原住民，舉凡其民族語言、習俗、傳統等文化特徵至今仍然存續，其成員仍維持族群認同，且有客觀歷史紀錄可稽之其他臺灣南島語系民族，亦均得依其民族意願，申請核定其為原住民族；其所屬成員，得依法取得原住民身分。

資料來源：本文整理。

上開原住民身分類屬，係由國家以戶籍登記方式，加以認定特定人是否具有原住民身分，及其原住民身分之類別。然而，在國家制度安排下，原住民身分之取得，非單純族群認同，尚涉及原住民權益、優惠性差別待遇等措施，致使原住民身分登記，產生許多議題。諸如漢人父親、原住民母親之子女姓名從母姓，或西拉雅族爭取法定原住民身分。

23 行政院 2017 年 8 月 18 日院臺原字第 1060185101 號函請立法院審議《原住民身分法修正草案》第 2 條增列「平埔原住民」，係指本人或直系血親尊親屬於臺灣光復前原籍在平地行政區域內，且戶口調查簿登記屬於原住民者。

事實上，行政院2017年間送請立法院審議《原住民身分法修正草案》，就已增列「平埔原住民」類屬，但因原住民身分享有諸多福利措施，致使已有原住民身分者，擔憂一旦納入平埔原住民，後續將排擠山地、平地原住民族權益（陳鈺馥，2018）。修法途徑受阻，未能登記為原住民的平埔族，遂透過司法訴訟的方式，爭取政府肯認其原住民身分，並獲得憲法法庭2022年憲判字第17號判決的支持。

綜上，從原住民族來看「國家制度化的族群」，可以觀察到國家制度安排與族群認同的雙向性：（1）國家制度對原住民族所進行的人群分類，未必能獲得原住民的接受，如「山胞」，致使原住民自身以社會運動（臺灣原住民族運動）途徑，反饋回政治系統，要求國家調整制度規範。（2）漢父原母之子女，從母姓並戶籍登記為原住民，或平埔原住民爭取國家制度肯認，似與原住民族優惠措施有關。就此，國家若實施更廣泛的族群性優惠措施，似可影響族群個別成員身分認同之選擇。

六、結論

臺灣歷來統治者，在人群劃分及族群類屬上，較為細緻規範者，以原住民族為代表。國民政府治臺，國家法令肯認日治時期的原住民規範，以《原住民身分法》第2條採認日治戶口調查簿登記，作為「山地原住民」、「平地原住民」的族群類屬。然而，憲法法庭2022年憲判字第17號判決，則不再以「血統」作為原住民身分認定標準，認為民族語言、習俗、傳統等文化特徵至今仍然存續，其成員仍維持族群認同，且有客觀歷史紀錄可稽者，可取得原住民身分。在國家族群類屬下，為扶助少數族群的發展，多以族群優惠性差別待遇，促進少數族群的實質平等，如《原住民族教育法》。

本文以文獻分析法，運用實質平等權理論，從國家的人群分類及族群優惠性差別待遇，嘗試演繹「國家制度化的族群」概念，以探討國家政策對於族群形塑的效果。本文的研究發現為：（1）「國家制度化的族群」概念可分為三個層次：國家法律可以建構族群，如《戶籍法》的省籍登記；國家法律可以肯認族群，如《客家基本法》第 2 條；國家法律可以再重新定義族群，如憲法法庭 2022 年憲判字第 17 號判決要求 3 年內修正《原住民身分法》。（2）國家制度安排下的人群類屬，及因族群身分所享有的優惠性差別待遇，有助於提升族群身分認同。

又可進一步思考：當國家廢止族群優惠性差別待遇，原享有該優惠性措施的族群成員，是否會因情勢變遷，改變其族群身分認同？例如，原享有「按省區分定錄取名額」優惠性差別待遇之外省籍客家人，當「按省區分定錄取名額」廢止、《戶籍法》將「本籍」改為「出生地」登記，且臺灣本土意識漸成政治主流後，外省籍客家人是否會逐漸由外省族群認同，轉換為客家族群認同？

此外，「國家制度化的族群」概念，在族群成員身分界定的法律規範上，多以「血緣認同」，如《原住民身分法》第 2 條、《蒙藏族身分證明條例》第 3 條、《客家基本法》第 2 條；惟當代族群政策亦關注於族群母語傳承，期待各族群個別成員擁有母語之「語言使用能力」，甚至出現「客家人不會講客語，是背祖」的說法。如何從「血緣認同」與「語言使用能力」兩個面向，構思「客家新族群性」（Hakka’s new ethnicity）概念，實為未來理論發展可關注。

附記：本文為國科會（原科技部）補助多年期專題研究計畫「語言人權與國家語言政策：客語、原住民族語、馬祖語之少數語言權利」（111-2410-H-008 -036 -MY2）之部分研究成果。

參考文獻

Kymlicka, Will 著，鄧紅風譯，2004，《少數群體的權利：民族主義、多元文化主義和公民權》。新北：左岸。

尹章義，2003，《臺灣客家史研究》。臺北：臺北市政府客家事務委員會。

王甫昌，2005，〈由「中國省籍」到「台灣族群」：戶口普查籍別類屬轉變之分析〉。《台灣社會學》9：59-117。

王保鍵，2022a，《少數群體語言權利：加拿大、英國、臺灣語言政策之比較》。臺北：五南。

______，2022b，〈客家孤島語言傳承與周邊族群：以宜蘭大南澳濱海客家為例〉。《文官制度》14（2）：143-178。

______，2023，〈香港雙語法制與語言人權：國家義務理論的觀點〉，發表於「香港雙語法制：回顧與前瞻」研討會，8 月 26 日至 27 日。香港：香港大學法律學院。

考試院編纂室，2012，《建國一百年國家考試暨文官制度》。臺北：考試院編纂室。

考選部，2012，〈解構分區定額擇優錄取制度〉。《考選通訊》3。https://wwwc.moex.gov.tw/main/ExamCom/wHandExamCom_File.ashx?examcom_id=913，取用日期：2023 年 1 月 3 日。

______，2022，〈2022 年公務人員特種考試原住民族考試－本考試簡介〉。《考選部》，4 月 21 日。https://wwwc.moex.gov.tw/main/exam/wFrmPropertyDetail.aspx?m=5770&c=111150，取用日期：2023 年 1 月 12 日。

行政院，2023，〈族群〉。《行政院》，2 月 7 日。https://www.ey.gov.tw/state/99B2E89521FC31E1/2820610c-e97f-4d33-aa1e-e7b15222e45a，取用日期：2023 年 2 月 18 日。

李文良，2008，〈學額、祖籍認同與地方社會：乾隆初年臺灣粵籍生員增額錄取案〉。《臺灣文獻》59（3）：1-38。

阮忠仁，2009，〈沿革志〉。頁 123-24，收錄於雷家驥總纂修，《嘉義縣志》。嘉義：嘉義縣政府。

周錦宏、王保鍵，2018，〈客原複合行政區之族群與政經關係：以苗栗縣泰安鄉與南庄鄉為場域〉。《客家公共事務學報》17：1-26。

林正慧，2015，《臺灣客家的形塑歷程：清代至戰後的追索》。臺北：國立臺灣大學出版中心。

施正鋒，2011，〈由族群研究到原住民族研究〉。《臺灣原住民族研究季刊》4（1）：1-37。

______，2018，〈加拿大的少數族群語言教育權利：以法語族群為例〉。頁 277-314，收錄於國家教育研究院編，《世界各國語文教育政策研究》。新北：國家教育研究院。

韋煙灶，2013，〈「兩岸閩客交界地帶族群分布所顯示的地理與語言意涵」之研究歷程〉。《人文與社會科學簡訊》15（1）：53-59。

國家發展委員會檔案管理局，2013，〈戒嚴令〉。《檔案支援教學網》。https://art.archives.gov.tw/Theme.aspx?MenuID=566，取用日期：2023 年 1 月 10 日。

張培倫，2005，《秦力克論自由主義與多元文化論》。宜蘭縣：佛光人文社會學院。

張福建，1997，〈多元主義與合理的政治秩序：羅爾斯「政治自由主義」評釋〉。《政治科學論叢》8：111-132。

張錦華，1997，〈多元文化主義與我國廣播政策：以台灣原住民與客家族群為例〉。《廣播與電視》3（1）：1-23。

張麗雪，2011，〈公務人員高普考試按省區定額錄取制度沿革〉。《考選論壇季刊》1（2）：53-60。

許國賢，2001，〈少數權利與民主〉。《政治科學論叢》15：63-82。

郭秋永，2012，〈社會正義、差異政治、以及溝通民主〉。《人文及社會科學集刊》24（4）：529-574。

陳美如，2009，《臺灣語言教育之回顧與展望》（第二版）。高雄：復文。

陳淑華，2009，〈臺灣鄉土語言政策沿革的後殖民特色與展望〉。《教育學誌》21：51-90。

陳鈺馥，2018，〈平埔族納入原住民，「原住民身分法」修法朝野沒共識〉。《自由時報》，12 月 24 日。https://news.ltn.com.tw/news/politics/breakingnews/2651700，取用日期：2023 年 1 月 8 日。

陳麗華，2013，〈「消失」的族群？南臺灣屏東地區廣東福佬人的身分與認同〉。《臺灣史研究》20（1）：169-199。

黃秀政，1990，〈清代治臺政策的再檢討：以渡臺禁令為例〉。《興大人文學報》20：49-66。

黃昭元，2017，〈從平等理論的演進檢討實質平等觀在憲法適用上的難題〉。頁 271-312，收錄於李建良編，《憲法解釋之理論與實務（九）》。臺北：中研院法律學研究所。

黃英哲，2005，〈魏建功與戰後臺灣「國語」運動（1946 － 1968）〉。《臺灣文學研究學報》1：79-107。

溫振華，2009，〈日治時期的原住民教育〉。《臺灣學通訊》26：10-11。

葉鵬，2020，〈明清學額制度之基層運作：以十七、十八世紀福建莆田、仙遊兩縣學額爭端為中心〉。《近代史研究所集刊》108：55-90。

臺中市豐原區戶政事務所，2013，〈日治時期戶籍登記法律及用語編譯之一〉。https://www.hfengyuan.taichung.gov.tw/1598003/EBookList，取用日期：2023 年 1 月 10 日。

______，2014，〈日治時期戶籍登記法律及用語編譯之四〉。https://www.hfengyuan.taichung.gov.tw/1598003/EBookList，取用日期：2023 年 1 月 10 日。

______，2015，〈日治時期戶籍登記法律及用語編譯之六〉。https://www.hfengyuan.taichung.gov.tw/1598003/EBookList，取用日期：2023 年 1 月 10 日。

臺灣省政府主計處，1953，《臺灣第七次人口普查結果表》。南投：臺灣省政府主計處。

蔡英文，2002，〈中譯本導論〉。頁 1-20，收錄於 John Gray 著、蔡英文譯，《自由主義的兩種面貌》。臺北：巨流。

錢永祥，2003，〈羅爾斯與自由主義傳統〉。《二十一世紀》75：4-9。

駱明慶，2003，〈高普考分省區定額錄取與特種考試的省籍篩選效果〉。《經濟論文叢刊》31（1）：87-106。

戴寶村，2001，〈國姓爺的歷史與傳說〉。《吳三連臺灣史料基金會》，4 月 30 日。http://www.twcenter.org.tw/thematic_series/history_class/tw_window/e02_20010430，取用日期：2022 年 12 月 22 日。

蘇國賢、喻維欣，2007，〈臺灣族群不平等的再探討：解釋本省／外省族群差異的縮減〉。《臺灣社會學刊》39：1-63。

Australian Human Rights Commission, 2009, “Human Rights Philosophies.” In *Australian Human Rights Commission*. https://humanrights.gov.au/our-work/education/human-rights-explained-fact-sheet-3-human-rights-philosophies (Date visited: January 2, 2023).

Canada.ca, 2021, “English and French: Towards a Substantive Equality of Official Languages in Canada.” In *Canada.ca*, 19 February. https://www.canada.ca/en/canadian-heritage/corporate/publications/general-publications/equality-official-languages.html#a4. (Date visited: January 10, 2023).

Daniel, Bell, 2020, “Communitarianism.” In *The Stanford Encyclopedia of Philosophy Archive*, 15 May. https://plato.stanford.edu/archives/fall2020/entries/communitarianism/. (Date visited: January 8, 2023).

Donnelly, Jack, 1982, "Human Rights as Natural Rights." *Human Rights Quarterly* 4(3): 391-405.

Hooper, Simon, 2011, "Bretons Fight to Save Language from Extinction." In *CNN*, 5 January. http://edition.cnn.com/2010/WORLD/europe/12/11/brittany.language/index.html (Date visited: January 9, 2023).

Morrice, David, 2000, "The Liberal-communitarian Debate in Contemporary Political Philosophy and its Significance for International Relations." *Review of International Studies*, 26: 233-251.

Theobald, Paul and Wood, Kathy L., 2009, "Communitarianism and Multiculturalism in the Academy." *Journal of Thought* 44(1-2): 9-23.

Wang, Pao-Chien. 2023. Language Human Rights and National Language Policy: Minorities' rights of the Hakka Language, Indigenous languages, and Matsu Language in Taiwan. [Conference presentation]. 2023 Hawai'i International Conference on Chinese Studies (HICCS), 4-6 January, Hawaii: University of Hawai'i at Manoa, United States.

Young, Iris Marion, 2011, *Justice and the Politics of Difference*. New Jersey: Princeton University Press.

東南亞客家研究案例及其他

On Being Hakka (Hakka as a Dialect Group) in Malaysia

Danny Wong Tze Ken*

In October 2019, the Hakka Federation of Malaysia, the largest Hakka umbrella body, welcome delegates from all over the world to the 30th World Hakka Conference, hosted by the Federation. This was the third time the meeting was held in Malaysia, and it was an extremely proud moment for the President and his Executive Committee. The hosting of the event which included an academic conference by the side, was a major event in the calendar of not just the Federation, but also to the delegates who were looking forward to join the gathering every two years. This gathering of leaders (community, culture and business) that called themselves Hakka is one of the largest gatherings of a particular community of Chinese in the world. It is now in its post-Covid-19, 31st edition, it also inspired other communities to start their own meetings, including the Hokkien (Fujian) and the Teochiu (Chaozhou).

* Danny Wong Tze Ken (黃子堅，dannyw@um.edu.my), Professor of Department History, Faculty of Arts and Social Sciences, Universiti Malaya.

That the latter two represented groups of people with clear geographical definition, namely, the province of Fujian and the Prefecture of Chaozhou in Guangdong Province, but the Hakka however, did not come from a single province nor a single geographical location, yet they are an acknowledged community, a people with a distinctive identity that transcend provinces in China. Outside of China, they formed an identity that is known as dialect group. Indeed, that is the way the Hakka are known in Malaysia (and much of Southeast Asia), one of many sub-ethnic groups in the country. And (as in the case of China) unlike other dialect (sub-ethnic) groups in the country which could trace their origins to a particular location, the Hakka are literary a people that were pulled together for a common past and speaking a similar language that is known as Hakka. What then is being a Hakka in Malaysia?

This paper is an attempt to explore the meaning of being a Hakka in Malaysia. It will trace the creation and official usage of the term both in China, before taking on a new official meaning in a colonial Malaya (Malaysia). It will then look at how the Hakka looked at themselves, how their identity would evolve based on the evolution of their institutions as well as certain changes that were being brought about by changes that were taking place in the evolving environment including role of supra-Hakka organisations and the role of the state. Finally, it will address the meaning of being a Hakka in Malaysia.

In 1995, Professor Wang Gungwu discussed on the Hakka migration to and in Southeast Asia, of which he laid down several characteristics of being Hakka in Southeast Asia. He argues that they were constantly on the move and have tendency for remigration. He also detected that they possessed mining skills which allowed them to engage in mining activities, and that they were familiar with martial arts and likely to engage in armed conflicts. Wang also suggests that they were more likely to be tied to the rural areas – and association with land. More importantly, they always good at organising themselves, conscious of their common links – mainly because they had no single homeland. Finally, they were identified with a common language (or dialect). The paper will also undertake to examine the Hakka in Malaysia through the prism of the Hakka characters as proposed by Wang.

The Hakka in China

The origin of the Hakka has been the subject of contention for many years. The emergence of these people, were said to be originated from the northern region in what was deemed to be the heart of China, or Zhongyuan, which is roughly the region south of the Huanghe (Yellow River) basin, and north of the Yangzi River. They migrated southward crossing different provinces before settling in the region south of the mountains, and set up settlements across different provinces including in Northwest of Fujian, Northeast of Guangdong, and much of the River basin, and into Eastern Guangxi as well as part of Sichuan. This spread across much of the southern part of China made these late comers and resulted in them being left with little space on the fertile plains. Instead, they were bound to the rural and more hilly lands, or strips of lands between hills. They were also left without a single locality which could be synonymously identified with being Hakka. (The exception is perhaps Meixian, long considered the heartland of the Hakka. Even then, this was a late occurrence.)

It is clear that far from being identified with a particular place, the Hakkas were found in several provinces, and therefore having a trans-provincial identity that hinged on common culture including a spoken language and perhaps a common experience of being migrants and late comers to the southern region. In this sense, the long used argument of the Hakka being late comers and therefore like 'guests' to the earlier settlers. In Cantonese-dominated areas in Guangdong, the earlier settlers were known in Cantonese as Punti 本地 or original people. The late comers had to challenge the Cantonese for better lands, but often had to settle in less fertile lands, often in between hills.

When Christian missionaries began their work in southern China, they also came across this group of people who identified themselves as a people, a particular ethnic group and were not identified themselves with a particular locality. Thus, the Hakka dialect which became the main basis of their identification made them a particular people – a particular ethnic group – speaking the same language yet found in most parts of southern China. One of the main Christian missionary groups which started work among the Hakkas, the Basel Missionary Society based in the northern Swiss (and southern Germany) city of Basel, recorded that their missionaries, Theodore Hamburg and Rudolph Lechler, started to work among the Hakka of Guangdong in around 1851, after failing to make inroad among the Fulao people in the prefecture of Chaozhou. It was this group of Christian Missionaries who eventually played significant role in shaping up of the Hakka identity, as these missionary-scholars began to try to document the words and language of the Hakkas, and to provide readings and written materials to be used for training clergymen and also to teach women folks to read. The missionary also came up with the first Hakka lexicon and Hakka dictionary. In many ways, the Christian missionaries helped to formalise and to institutionalise the Hakka identity, though among the Chinese they were considered Hakka, but the picture was not as straight forward as it seemed. Their migration to Malaysia since the late 18th century, saw the Hakka identity evolved.

Hakka Migration to Malaysia

The Hakka began to arrive in sizeable number at around early 19th century to Penang. The island, which was taken over and developed by the British since 1786, attracted Chinese who came to settle on the island. Among the Chinese were the Hakkas who came to the island enroute to the tin mines in the state of Kedah and Perak on the mainland. Most of them were recruited by Malay rulers and local chieftains as well as some Chinese entrepreneurs who were working with local rulers and chieftains to open up mines. These Chinese entrepreneurs based mainly on Penang, making it an important centre for Chinese businessmen to congregate. The influx of the Hakka tin miners also took place in the southern part of the Peninsula especially to Melaka and Negeri Sembilan (also known by the localities of Jelebu and Rembau). The major funders or stakeholders were Chinese businessmen from the southern region, principally from Melaka and Singapore. Like Penang in the north, Singapore and Melaka, which came under British rule in 1819 and 1824, became the preferred bases for the Chinese businessmen. The establishment of the Straits Settlements administration in 1826, put these territories, which are effectively British colonies, safe haven for the Chinese businessmen.

The early main Chinese stakeholders were either Hokkiens or Teochius, traditionally known as capable businessmen. This trend persisted until the mid—

19th century when a new group of Hakka businessmen began to emerge on the scene. These new Hakka businessmen, having acquired capital and influence, also began to open up mines, working almost like their Hokkien and Teochiu in securing funding and also to work in syndicates to fund and operate the mines. However, unlike the Hokkien and Teochiu businessmen, who were mainly playing the sole roles of funders and entrepreneurs, the new Hakka businessmen were no mere entrepreneurs, for they also took on the role of being leaders of their people on the ground. These Hakka leaders. Whose existence were thus far quite unheard of, became stakeholders in the tin mining business who were directly involved in the pursuing of mining interests on the ground. These were later being translated into contestations over control of mining areas in the Kinta Valley in Perak, and the mining centres in Jelubu, Lukut in Negeri Sembilan and then Klang in Selangor. These contestations often erupted into wars among different groups of Chinese miners, or between contesting local rulers, supported by people of different background representing different interests including the Hakka Chinese. Many of these Hakka leaders are now known to us as Chung Kin Que in Larut and Kinta; Sheng Mingli in Melaka, Rasah and Lukut; Chong Chong also in Lukut, and Liew Nyin Kong, and of course, Yap Ah Loy, who had originally landed himself in Melaka.

All these migration and settlement patterns fits well into the Hakka characteristics and traits identified by scholars. Wang Gungwu is of the opinion that the Hakkas were constantly on the move, migrating and remigrating elsewhere. This is clear that after settling in southern China, many also decided to emigrate abroad – for various reasons. And after arriving in Malaya, they moved from one place to another. The career of Yap Ah Loy would be a classical example. He came to Malaya in 1852, and after settling down in Melaka for several years, he moved on to work in the mines in Lukut. From Lukut, he came down to Rasah, gaining the trust of his leaders and kinsmen, he then emerged as a leader. When his syndicate was defeated, he moved to Kuala Lumpur, to join his kinsmen there. It was in Kuala Lumpur that Yap prospered, having been appointed Capitan China there and became famous as the man who rebuilt a war-thorned Kuala Lumpur, winning for himself, the title of the founder of the post-war modern Kuala Lumpur.

Two groups of Hakka dominated the tin-mining scene. The Fuichiu (Huizhou) and the Kayingchiu (Jiaying). They represented Hakka who came from two different prefectures in Guangdong. The Fuichiu were from the prefecture of Huizhou, which is the area north of Hong Kong, and south of the region of Kayingchiu (Jiaying). In the case of the Kayingchiu, they came from the Jiaying Prefecture, situated in the northeastern side of Guangdong. Both groups were, as the Hakka in China who were traditionally known to be closely tied to mining activities. On the outset, the contestations over tin mines in Malaya looked as though they were between the Hakkas from the two prefectures opposing one another. While they may be true in some instances, they were much more complex. There were syndicates established to champion the interests of different groups of people, whose line of loyalty were not confined to ethnicity nor sub-ethnic loyalty like being a Kayingchiu Hakka or Fuichiu Hakka. Rather, it was based on mutual interests of different groups which could include Malays of different origins including Bugis, Archinese, Kedah, Perak, Selangor and Negeri Sembilan, Chinese Hokkiens, Chinese Teochiu and others. Some of the known syndicates including Ghee Hin and Hai San, which were embroiled in contestation that led to open war. It was partly due to this war that the

British Government decided to intervene and the Treaty of Pangkor of 1874 was signed. In fact, for around three decades, between late 1850s and early 1880s, the west coast of the Malay Peninsula was embroiled in a series of war, including the Larut wars, the Kelang Wars and the Selangor Civil Wars. And the Hakkas were in the thick of it.

There were Hakka migration and settlements in other parts of the Peninsula. On the island of Penang, a group of Fuichiu Hakka settled down on the southern part of the Penang Hill range. The settlement, known as Balik Pulau, is quite different from other Hakka settlements which were related to the tin mining activities. Instead, the Hakka on Balik Pulau were farmers. They were planters of fruits and more recently, grew and produced some of the most sought-after durians in the country. Being farmer or fruit frees growers distinguished these Balik Pulau Hakka from other Hakkas who were mainly linked to the mines. However, it still fits into the general traits of the Hakka for being the most land-related or land-tied Chinese community – a fact that was already present back in China. The Balik Pulau Hakka were also different from other Hakkas in their religion. Unlike most Hakka who were believers of Chinese religion example, for Fuichiu Hakka, many worshipped the deity of Tham Kung (Tan Gong) or on the Central or southern region of the Peninsula, after 1865, could be worshippers of the Sin Sze Ya deity (Shi Ye), many Hakka of Balik Pulau were members of the Roman Catholic church. The Roman Catholic Church of Holy Name of Jesus that was started in 1852, saw the priests in-charge, requesting materials in 'Khek' from his superiors at Paris. The church continued to sustain a mass in Hakka until recently. The cemetery of the church also contained tombs of the Hakkas whose county of origins were Fuichiu. This exception in terms of their economic activities and their belief system made this group of Hakka somewhat exception. Some explanations were offered including suggesting that these Hakkas were remnants of the Taiping Rebellion who were leaving China after the fall of the Taiping Heavenly Kingdom (1850-1864). But in this sense, the dates do not tally.

In Kaki Bukit, present day Perlis, the Hakka also congregated at that place in search of tin. Unlike most tin mines which were open-cast, the tin deposits in Kaki Bukit were found in caves. At the height of its production, there were no less than 5000 Hakka tin miners lived in Kaki Bukit. In the deep inland region of Pulai and Gua Musang, another group of Hakka settled to mine for gold. Their lives, which is the subject of study by Sharon Castens, together with those who were in Kaki Bukit, fitted well into the traits suggested by Professor Wang of being able to live in the rural settings and also engaged in some form of mining activities.

The association of the Hakka and mining activities are also found among the Hakka who came over to Sarawak from Dutch Borneo in the 1820s. This group of Hakkas, who were part of the renown Lan Fang Bo Chinese Kongsi in Dutch Borneo, were already engaged in gold mining activities in that area since the 1750s. However, by the 1820s, they came into conflict with the Dutch authority, and were forced to leave Dutch Borneo and crossed into Sarawak, where they settled in two areas of Bau and Engkili. All these predated the advent of the Brooke rule. These former gold miners from Kalimantan prospered as the gold deposit from Bau and its adjacent areas were rich, and the diligent working by the miners saw them doing extremely well. Shortly after the establishment of the Brooke rule, the new administration decided to tax the Chinese miners. After few years of agreeing to the arrangement, the miners found that the Brooke administration were acting unfair to the miners. As a results, the miners decided to act and attacked Kuching in 1857. The attack was successful in taking over the town but they could not locate James Brooke. When the miners withdrew to Bau, they were pursued by the Brooke and their allies including Malays and Ibans. A massacre followed and the settlement was literarily wiped out. It took another thirty years before the Hakkas were recruited again. This time by the second Rajah Brooke, Charles, who began to bring in new Chinese migrants including a group of Hakka many of whom were also of Hepo origin as the original group of miners who came over from Dutch Borneo. Like their predecessors, they too, were involved in gold mining, picking up from where the early Hakka miners had left off. The characteristics of the Bau Hakka gold miners whose origins were in Dutch Borneo, having moved out from China earlier, demonstrated their remigration tendency, as well as their mining skills, and their martial tendency to take things into their own hands.

Another set of Hakka migrants were recruited in 1898. Unlike the earlier group who were miners, this group were basically agriculturalists. They were brought in via migration schemes agreed upon between the Brooke administration and Christian missionary societies. The Hakka who came down via this arrangement were linked to the Swiss-based Basel Missionary Society that had worked among the Hakka of Guangdong since 1851. In that sense, this group of Hakka were Christians and quite similar to those who had settled at Balik Pulau, Penang. Only difference is that they belonged to different Christian denominations – one Roman Catholic while another a protestant Christian mission. Instead of being miners, this group were planters of pepper, rice and fruit trees. They were settled mainly around rural Kuching, near to Mile 5 out of Kuching town.

In British North Borneo, present day Sabah, another group of Hakka were brought into the state in 1882. They were also linked to the Basel Missionary Society. In 1882, the mission's representatives in Hong Kong, Rudolph Lechler, was contacted by agents of the North Borneo Company, the entity that owned the territory, to consider sending Hakka Christians under the mission's charge to North Borneo. Instead of individual who would normally come as indenture workers, who would come for work under several years of contract, the North Borneo Company was hoping to recruit settlers. The idea was for families to come down to take up land, given free under very attractive scheme, and to settle, instead of returning to China after the lapse of a contract. In this case, the contract was for them to stay. Lands were also provided to the mission to establish church, school and cemetery. This was a God-sent opportunity for many who were not only finding life in rural China becoming more and more challenging, but also due to the persecution of the Manchu authority against Christians especially at the aftermath of the Taiping Rebellion in 1864. Further complicated the problem was the general anti-foreigners and anti-Christianity attitude of the Chinese society – exasperated by China's humiliation in the hands of the west in the Opium Wars and the opening of extra-territorial areas in various parts of China where Chinese had no place an Chinese laws had no jurisdiction. This migration scheme provided the Hakka Christians, this time from Meixian, Longchuan, Wuhua, areas to move to places like Kudat and Sandakan. Later, migrations, also under further migration schemes arranged between the Basel Mission and the North Borneo Company administration brought in new Hakka Christians to the state, including those who came in 1913, who were responsible in opening up large tract of lands along the Tuaran Road and later, Jesselton, on the

West Coast.

Like their Kuching brethren, the North Borneo Hakka Christians were agriculturalists. They worked on the land provided to them and were soon evolved into a large collection of smallholders. During the rubber boom of the 1910s and early 1920s, they contributed at least 1/7 of the total rubber production of the state. This made them important contributors to the economic development of the state. This was repeated during the Korean War when there was a surge in the price of rubber.

The migration process of the Hakka to Malaysia revealed some very important features in the characteristics of this people. Even as they settled in the various parts of the country, and through different times, it is obvious that they were quite prepare to move from one part of the world to the other, or more accurately during the early days of their migration, from China to Malaysia, and then internal migration from one part of the country to another. As their background in engaging in mining of copper and silver in China, the same skills were transferred and utilised in Malaya, in particular for tin mining. One may need to be reminded that it was this skill in mining and the labour in extracting the ores from the ground which at one point, contributed to half of the tin production in the world. The same mining skills were also found among the gold miners of Bau in Sarawak, as they had done so in Sinkawang in Dutch Borneo. For those Hakka who were not engaged in mining activities, they were linked to farming activities. Again, the pattern of migration to Malaysia saw this traits emerging among the Hakka Christians at Balik Pulau and Kuching. In Sabah where there was no major mining activities, the Hakkas, were engaged mainly in agricultural activities. Their affinity to the lands had ensured that at it took at least three generations before they were able to leave behind land-based activities.

The Hakka in Colonial Malaysia

The term Hakka, took on new meaning when these people landed in the region that is presently known as Malaysia. The region that made up of Malaysia was in the 19th century, consisted of the many states on the Malay Peninsula, the Bornean states of Sarawak and North Borneo. Each of them came under British rules at different times, with Penang (1786), Singapore (1819), and Melaka (1824), being the earliest. It is interesting to note that the earliest official documents which contains references to the Chinese came from the annual report of Penang, in which, the Hakka were reported to be known as Khek. In the annual report of the 1860s, the Chinese population were being divided into three, namely, the Hokkien, the Cantonese and the Hakka. But in this case, the Hakka were known as Khek, after the Hokkien way of pronouncing. In the same way, in the Hokkien and Teochiu would pronounce it. The same happened in the Singapore census and annual reports, a community known as the Khek was found. But who were the Khek that was known to the colonial administration? Where did they pick up the term?

There could be several reasons and sources of origins for the use of the term Khek or Hakka amongst this particular group of Chinese that eventually formed the Hakka community in the official census of the various colonial administrations in the region. That as discussed in the previous section, the Hakka were already being known as a people in the late 18th century and early 19th century. Thus at the time of their arrivals in British Malaya (British Malaysia), they were already known as a people. It was a two way appellation. The Colonial administrations in various parts of Southeast Asia recognised the Hakka as one of the sub-groups of Chinese. In French Indochina, the French colonial administration listed the Hakka as one of the five Bangs (groups) of Chinese found in the three states of Vietnam (three parts of Tonkin, Annam and Cochinchin), Laos and Cambodia. The same happened in Indonesia where the Hakka was considered a dialect group.

The Hakka method of dialect-based identification was further reinforced by the British administration's way of identifying the different groups within the Chinese community, through dialect. Thus, in the Strauts Settlements Annual Reports, under the Chinese population is listed, the Khek, and then later Hakka. In the first detailed census in 1891, the Chinese in Sarawak, and North Borneo, the Chinese were all classified based on dialect groups. Hence in the population census, the Chinese were sub-divided into Cantonese (Guangfu), Hokkien (Fujian), Hakka (Kejia), Teochiu (Chaozhou), Hainanese (Hainan), Kwangsi (Guangxi), and Henghua (Xinhua). Henghua is part of Fujian province, so their existence as a category in the national census as a sub-Chinese group is an anomaly, but is a historical legacy that the British had earlier recognised them as a separate group. The same happened in the Federated and Unfederated Malay States when detailed census were taken. Such identification still continues in post-colonial era Malaysia.

The British administration's method of intra-ethnic identification was, however, not confined to the population census. It extended to the administration's method of inviting Chinese representation to the various local committees or councils. From the lowest level of representation in the sanitary boards in the various townships to the state legislative councils, or appointment to the Federal Council, the basic principle was to obtain representation from the various dialect groups. Again, this applied to the entire country, including North Borneo (present-day Sabah) and Sarawak, which were not part of Malaysia until September 1963; at that time, they were British protectorates.

In this way, the importance of dialect identification was reinforced. With China out of sight and mind, the lack of a national (nation-state) identity, and the land of their residence still under British colonial rule, Chinese and dialect identity was then confined to being Chinese, or being a Hakka, or a Cantonese, depending on one's dialect group. This reinforcement ensured that dialect identity remained strong.

Hakka Organisations and Leaders

Early Hakka organisations in Malaysia began not as Hakka associations. Instead, it was pretty much organised in the manner of linking to a particular region or location in China. For example, the earliest Hakka organisation in Penang was the Kayingchiu association. It was organised for those came from the prefecture of Jiaying (Kayingchiu). In the same way, the Hakka Association in Singapore was organised as Chayang Association, or more specifically for those who are known as Dabu Or Taipu Hakka. In Kuala Lumpur, as discussed earlier, the Hakka organised themselves int Fuichiu and Kayingchiu, each having their own association venues and organisations. This same line of division was sustained well until the end of the 19th century. In 1886, when the Hakka first organised themselves in Sandakan, British North Borneo, they called themselves not as Hakka Association but instead as Er Cheng Association, after the name of the city of Huizhou prefecture. In other words, it was meant for those who came from Huizhou (Fuichiu). In the same manner, an umbrella organisation at the San Shen Gong temple, that was dedicated to those who came from Yue Dong, or Eastern side of Yue (Guangdong) to distinguish them from Yue Xi (Western Yue, or Guangxi), or from the Fujian. In this sense, most of the Hakkas would be able to identify themselves with Guangdong with a smaller number Guangxi. Yet, those Hakkas who were originated from Guangxi may not called themselves Hakka? But rather, identified themselves as Guangxi people – and in the national census, there is one category of people known as 'Kwangsai' or Guangxi, some of whom could well be Hakka, but were not known as Hakka, or identified themselves as Hakka in the census.

Even in the early conflicts, the battle lines were also organised in some ways, based on this territorial In Taiping, when Chung Keng Quee was organising his people, they were known as the Cheng Lung Association – for those who came from Chen Cheng (Zeng Cheng) in Guangdong. In Rasah and Lukut where war broke out in the 1850s and early 1860s, it was a contestation demarcated by loyalty to their fellow kinsmen from their own prefecture.

Like other Chinese communities, the Hakka also started various organisations that are reflective of their identity. These including schools and welfare organisations. Many Hakka associations started schools. Schools also helped in the reinforcement of Hakka identity in Malaysia, at least in the late 19th and early 20th centuries when the Chinese in Malaysia established schools to cater for the future of their offspring. The Hakka also took the initiative to establish their own schools. These included, in Kuala Lumpur, Shun Ren school; in Ipoh, Pei Feng; Chung Hwa in Kuching; in Kota Kinabalu, Tshung Tsin; in Penang, Penang Chinese Girls School and Sin Min. The Hakka Basel Church which has (and still has) a school system known as the

Lok Yuk schools. Initially these schools used their dialect, the Hakka dialect, as the medium of instruction. However, with the introduction of the national school system following the establishment of the new Chinese republic in 1912 and later, following the May Fourth Movement of 1919, the curriculum and medium of instruction were changed to Mandarin. Nonetheless, the Hakka associations held on to their schools, and organised boards of directors which remained the link between the organisations and the schools that they had established. One of the last schools to be started by a Hakka association was the Tshing Tsin Secondary School in Kota Kinabalu. Started in 1965 as a Chinese independent school (Du Zhong), it is one of the largest schools in the state. But apart from the annual board of directors' meetings and the speech day or annual dinners when the Hakka Association board of directors would attend, there is very little Hakka identity remaining in these schools.

Compared to the other dialect groups in particularly the Hokkien, stated Hakka-sponsored schools and welfare organisations are by far, much fewer. There may be explanation to this. As they were already split by their own regional loyalty, the Hakkas were split into smaller groups and therefore could not muster enough resources to start more schools. The Hakka's strength was scattered not merely because of their regional loyalty as in their division into contestations between Kayinchiu and Fuichiu, but also to smaller county-based affiliations such as Zeng Cheng (Cheng Cheng), Hepo or Chaoyang, etc. Then there was the affiliation to larger organisations such as the Guangdong or Guangxi organisation such as the Yuedong (Guangdong) association, of which they were also part of. Then there was the affiliation to supra Chinese organisations such as the Chinese Chamber of Commerce and later, Chinese Assembly Hall, which served as the umbrella bodies for both business or social organisations respectively. The absent of an organisation with the name of 'Hakka' for a long time (since early time), also means that the Hakka strength would continue to stay divided.

Culturally, the Hakka's identity also further complicated by their funerary practice of falling back on the names of their county of origins instead of naming their identity as Hakka. In the establishment of cemetery, there is no Hakka cemeteries in Malaysia. Instead, the Hakka were generally buried according to the counties of their origins, this was even long after they had emigrated to Malaysia, after the lapse of several generations. Due to this arrangement, most Hakkas, except for those who were originally from Fujian or Guangxi, were buried in the Guangdong cemeteries. Most Hakka burial grounds were subsumed under the Guangdong Yishan, though in many of the yishan they were also based on counties. Apart from being organised in this manner, the Hakka would be reminded of their county of origin through tombstones or headstones; on these, apart from the names of the deceased and their immediate descendants, the name of the province and county of origin would also be inscribed. Many of these Guangdong cemeteries, further sub-divided their burial plots according to the counties. This reinforcement of their identity with the counties of origins.

This situation sustained for years until the 1930s when there was a serious effort in promoting the identity of being known as 'Hakka' instead of being subdivided according to their counties or prefecture of origins. The pioneer in this effort was Aw Boon Haw (Hu Wenhu), who was a Hakka from Yongding in Fujian. Aw made his fortune from family business of selling a medicinal ointment known as Tiger Balm, first in Rangoon, Burma. It is difficult to pin down Aw's motivation for pushing for a

Hakka identity. But being someone of Yongding a minority within the larger Hakka community could have contributed to Aw's longing for a Hakka identity.

Aw made his move after the family moved their operation to Singapore, and through his wealth, he acquired the influential Chinese daily of Sin Chew Jit Poh, and launched his campaign in promoting a Hakka identity to include all who identified themselves as Hakka.

Aw Boon Haw, he did something more than merely call for Hakka solidarity. With the establishment of the Federation of Nanyang Hakka Associations, he provided a certain way of thinking and concepts on Hakka-ness and Hakka studies. He encouraged and promoted Luo Xianglin's concept of Hakka-ness and Hakka identity. Luo Xianglin, who taught in Hong Kong University, published a seminal work on the question of Hakka-ness where he defined Hakka identity, and gave it a conceptual framework, hinged on the idea that the Hakka originated from the Zhong Yuan, or heartland of China, in the Yellow River Basin, but had been displaced and emigrated to the south. This idea was an important departure from all previous attempts to unify the Hakka people.

Through Luo Xianglin's work, Hakka existence was given a new breath of life. Hakka-ness was now gaining recognition and those associated with the community were now proud to learn that their dialect group, which had thus far been associated with a rural existence, was given a different interpretation, in which a dialect group was deemed to be sophisticated. These efforts to promote the virtues of Hakka-ness helped to provide a certain sense of pride and unity among those who professed to be Hakka. This would lay the basis for the establishment of Hakka organisations at a global level. That would come only later. But in 1933 and 1939, Aw Boon Haw's promotion of the idea of Hakka-ness and Hakka identity went as far as the physical establishment of more Hakka associations. However, it was still not embraced by all Hakkas.

Another group of Hakka leaders who shared Aw Boon Haw's concerns for Hakka unity and the future of the Hakka identity were the leaders of the Tshung Tsin Association in Hong Kong. The organisation went on to organise academic discussions on the origins and migration of the Hakka people, and their works were very academic in nature. The focus was of course on the Hakka community in China, their origins and their southward migration. But ultimately the challenge was to transfer the idea of Hakka identity and Hakka-ness to the ordinary Hakka so that he or she would be able to identify with this collective identity. For the ordinary Hakka, this Hakka identity came not from the in-depth studies of scholars, but rather from the more down-to-earth dissemination of ideas and concepts in newspapers. For this, Aw Boon Haw had the answers in the numerous newspapers that he owned or could influence; these included Yangon Ribao, Myanmar Morning News Sin Chew Daily, Sin Bin Ribao, Sinsiam Ribao, etc. Chief of these was the Sin Chew Daily, the flagship newspaper under Aw's newsgroup. It was through these newspapers that the idea of being a Hakka was being expounded by the various scholars. Even Aw Boon Haw contributed articles on the Hakka to the paper. In 1938, he published an article on Spirit of Hakka. He also distributed Luo Xianglin's seminal work on the Hakka in mass numbers. Some of the ideas in the book were also serialised in the newspapers.

The various efforts to promote Hakka identity, including those by Aw Boon Haw and others, were admirable, but came at a time when the Chinese, the Hakka included, were confronted by bigger issues of national survival. Thus, it is not surprising that, despite all the efforts, the notion of Hakka identity could only have an effect on those involved in Hakka organisations or those who were genuinely interested in the plight of the Hakka. Aw Boon Haw further asked for Hakka associations to be established in order to unite the Hakka in the region. Through this initiative, new Hakka associations were established, either as new organisations, or evolved from others which were previously known by their regional identification or name. Others retained their regional identity but affiliated their organisations as part of the Nanyang Hakka Federation. The use of the term Hakka was not an immediate move. Instead, it was still known as Hakka affiliated organisations, or Ke Shu Gong Hui (客屬會館 or 客屬公會), denoting their willingness to adopt the term 'Hakka' as their overall name.

The establishment of this new Hakka identity, marked the beginning of the rise of Hakka identity in the region. The Er Cheng Hui Guan or Yan Foh Hui Guon in Sandakan, evolved into Hakka Association just before the outbreak of World War Two. In Jesselton, in 1940, the Hakka set up their new Hakka Association. Thus far, there was no Hakka Association on the West Coast of North Borneo. This was likely to have been caused by the great influence the Basel Church and other Hakka affiliated Christian churches on these people. But once the call for the establishment of Hakka associations were made, even those who were influenced by the church, established their respective Hakka associations even with the clergyman to serve as the president. Since the introduction of this new name of Hakka, the tone was set for further transformation of the Hakka people and their identity. While many of the regional-based Hakka associations sustained their identity and even kept their original names, they all claimed to be part of the Hakka affinity.

The Hakkas being the first to organise a regional organisation and also putting emphasis in reorganising themselves to create a new Hakka identity, also fits well into the characteristic of being most conscious of their dialect identity. This was later, being translated into supra-dialect organisation such as the World Hakka Federation meetings. But it is clear that the Hakka who were without a specific base location, being spread and found over so many provinces and counties in China, saw the need to organise themselves beyond the old county or prefecture-based organisations. Though these old ways of organisation were maintained, they subsumed under the larger, more encompassing organisations that is known as Hakka Associations. Thanks to Aw Boon Haw, the Hakka now found a united voice of being a Hakka, and this new Hakka identity became crucial in the manner the Hakka would and could identify themselves vis-à-vis others, as well as in relations with their fellow Hakkas, though some old county and prefecture affiliations still exists. Today, thanks to the efforts of Aw Boon Haw, most Hakka organisations would have the term, Hakka, as part of their nomenclature.

Everyday Identity? Hakka Food and Way of Life

From the discussion thus far, it is obvious that the formation of the Hakka identity in Malaysia were the result of a combination of factors. The original Hakka identity formation in China, the migration process, their settlements and economic activities, the role of the state, and the way they organised themselves. By the 1940s, a form of Hakka identity was already in place, and they were further reinforced by the emergence of more Hakka-based organisations and activities. While overall, the question of a Hakka has certainly taken a longer time to develop, it is interesting to imagine how an ordinary Hakka in Malaysia may think of he or she as a Hakka. Whether or not the consideration of the scholars or Hakka leaders of their identity matters to the ordinary Hakka?

When Chin Woon Ping published her book entitled, Hakka Soul, in 2008, she highlighted her Hakka upbringing and introduced throughout the book, various food and breverages of the Hakka people were introduced. Chin, who came from Melaka, written the history of her family by setting it against the food that she claimed to be of Hakka cuisines. Indeed, this is an important component of being a Hakka in Malaysia – food such as Yong Tau Fu and Kiu Nyuk are signature dishes that would be immediately being identified as being Hakka. In Sabah where 60% of the Chinese were Hakka, Hakka dishes, like the two mentioned above and Ngyuk Nyen (meat ball made of beef and port), Chun kyen (egg springrolls), Hakka porridge, are considered essential. The rice wine, almost exclusively homemade, were important items to have in the everyday family life. There may be variants in manner of cooking, example, in Sabah, almost all stuffing of Nyong Tiu Fu (Yong Thau Fu) were made of pork and cook in broth while in Kuala Lumpur, the Yong Thau Fu stuffing were made of fish paste, and cooked either fried or served with certain Chi Cheong Fun or soup, but they were all recognised as Hakka dishes. Hence today, it is possible to see Hakka restaurant opened in major towns serving a variety of Hakka dishes including braised pork knuckles or black vinegar braised pork knuckles, all definitive Hakka dishes.

In religious matters, Hakka deities continued to be venerated in Malaysia. The main deity of the Fuichiu (Huizhou) Hakka, Tham Kung (Tan Gong), continue to be the focus of veneration in many Tham Gong temples in the country. In Central and

Southern Peninsular Malaysia, the veneration of Si Ye deity, originally to venerate Sheng Mingli who was killed in Rasah, spread to have more than 30 temples, is considered a major Chinese deity in Malaysia. More importantly, it is a local deity that is not originated from China. The veneration of Tai Pak Kung (Da Bogong) throughout Malaysia is yet another Hakka-claimed deity (though in some cases disputed by the Hokkiens). The recent development of other forms of worship, including more systematic organisation of temples venerating other deities such as the Guanyin Boddhisatva, have certainly attracted many Hakka to turn to these non-Hakka deities. The emergence of organised Buddhist Sanga (schools) including the Fo Guangzhan and Tzu-Chi, both of Taiwan, have also attracted many including Hakkas to join them. Adherence to the teachings of these schools have alienated many Hakkas from their own traditional Hakka deities. The consolation part is that their own traditional deities are also attracted non-Hakka to worship or venerate these Hakka deities.

Even in Hakka-speaking churches such as the Catholic Church in Balik Pulau and the Basel Church in Sabah, the rise of Chinese schools, that emphasized on speaking Mandarin, further eroded the ability of younger generations to use the dialect. Many of the Hakka-speaking churches also started Mandarin and English worship, further jeopardising the use of Hakka as the medium of worship or activities. In many ways, the Hakka churches have become victims of their own success. In reaching out to non-Hakka Chinese, the church attracted many non-Hakka speakers, who may even enter into marriages with the Hakka members – but their offspring may no longer able to speak Hakka.

In funerary practices, there were differences between the Hakka funerary practices with that practised by non-Hakka. But such knowledge is slowly being eroded as funerary services have turned commercialised and traditional practices are no longer observed or even sustained.

So, what then would distinguish a person as Hakka from the rest in Malaysia? It is obvious that being a patriarchal society, many Hakka will continue to be identified as Hakka. But the details of this identification may be slowly eroding if not fading away. More younger people will no longer able to clearly declare that they are of Hakka origin. Then comes the next, their county or prefecture of origins are also lost to them. Many families whose parents are not Chinese-educated, could make no sense of the Chinese characters written on the tombstones of the forebears and therefore slowly losing those crucial links to ones' past and legacies of the ancestors. The ability to speak a Chinese dialect is increasingly rare among younger Chinese. This would inevitably bring about a situation where dialects such as Hakka will be less frequently spoken except among older generation. If this situation persisted with no attempt to arrest its further decline, then Hakka will not be heard in Malaysia as a common language except perhaps in certain Hakka-themed museums or galleries where they were played on video as elderly people speaking a strange illegible language.

While the formation of Hakka identity in Malaysia had owed much to the manner the government has sustained the census taking processes which divided the Chinese into dialect groups including having a Hakka dialect. This too would be eroded as the census-taking process is undergoing changes which would eventually do away with dialect identification in the future. By then it would be difficult to ascertain the actual number of Hakka in the country. The last time dialect identification was used in the national census, the Hakka people were numbered as second largest after the Hokkien, and a marginally higher than the Cantonese.

Concluding Remarks

Thus presently, being a Hakka may no longer a part of the constant consciousness of a Chinese in Malaysia. Other considerations are more important. The Chinese identity prevailing over dialect identity has been suggested in the past. But at no time it is more important than now for the Chinese in Malaysia to be identified first as Chinese Malaysians than otherwise. This is especially so in the face of stronger affirmative action policies which the Chinese found themselves marginalised if not discriminated against. The Malaysian Chinese felt that they need to assert this larger Chinese identity over dialect identity in order to negotiate against this government policy that had been introduced since 1971 and is still in place.

The Hakka Chinese's sense of identity will need to be reinforced and promoted by the Hakka Associations and its likes. Without their active efforts, the notion of being a Hakka in Malaysia will not be able to be sustained. Even with the efforts, what it could achieved is perhaps to delay the total erosion of this Hakka identity or Hakka-ness, but for how long, is anyone's guess.

References

林正慧，2021，〈由客人到客家： 嘉應州士子以客自我的過程與影響〉。《全球客家研究》16：79-120。

康吉父，1984，《胡文虎傳》。香港：龍門文化。

王力堅，2010，《南洋客總與抗戰前期的中國：以《新加坡南洋客屬總會廿週年紀念特刊》為研究中心》。臺北：行政院客家委員會。

羅香林，1992，《客家研究導論》。臺北：南天書局。

Castens, Sharon A., 2012, *Studies in Malaysian Chinese Worlds: Histories, Cultures, Identities*. Singapore: National Singapore University Press.

Chang Jung-Chia, 2014, "The Shaoing of the Hakka Community: Aw Boon Haw and his Hakka Group." Presented at the 3rd Taiwan International Hakka Studies Conference, Hsinchu, Taiwan: National Chiao Tung University, November 8-9.

Chin Woon Ping, 2008, *Hakka Soul: Memories, Migrations, and Meals*. Singapore: National University of Singapore Press.

Hsiao Hsin-Huang ed., 2011, *Changing Faces of Hakka in Southeast: Singapore and Malaysia*. Taipei: Center for Asia-Pacific Area Studies, RCHSS, Academia Sinica.

Hsiao, Michael and Lim Khai Tiong, 2007, "The Formation and Limitation of Hakka Identity in Southeast Asia." Pp. 415-435 in *Hakka Ethnic and Local Society: The Experiences of Taiwan and Global*, edited by Chiu Chang Tye and Michael Hsiao. Taoyuan: National Central University Press.

Kee Howe Yong, 2013, *The Hakka of Sarawak: Sacrificial Gifts in Cold War Era Malaysia*. Toronto: University of Toronto Press.

Khoo Kay Kim, 1978, *The Western Malay States*. Kuala Lumpur: Oxford University Press.

Liew Kam Ba, 1999, "Hakka and Chinese Education." *Nanyang Daily*, October 17; see also Oriental Press, February 24, 2009.

Low, Y. K., 1985, *Sejarah Perkembangan Dewan Perniagaan Cina Selangor* (*History of the Selangor Chinese Chamber of Commerce*). Bangi: Universiti Kebangsaan Malaysia.

Sabah State Museum, 1990, *The World Hakka Conference 1990*. Kota Kinabalu: Sabah State Museum.

Tan Chee Beng, 2000, "Socio-Cultural Diversities and Identities." Pp. 37-70 in *The Chinese in Malaysia*, edited by Lee Kam Hing and Tan Chee Beng. Shah Alam: Oxford University Press.

Wang Gungwu, 2000, *The Chinese Overseas: From Earthbound China to the Quest for Autonomy*. Cambridge, Massachusetts: Harvard University Press.

______, 2001, "The Hakka in Migration History." Pp. 217-238 in *Don't Leave Home: Migration and the Chinese*. Singapore: Times Academic Press.

Wong, Tze Ken, Danny, 1998, *The Transformation of an Immigrant Society: A History of the Chinese of Sabah*. London: ASEAN Academic Press.

______, 1999, "Chinese Migration to Sabah Before the Second World War." *Archipel* 58(III): 131-158.

______, 2013, "The Hakka in Sabah before World War Two: Their Adaptation to New Environment, Challenges and the Forging of New Identity." 頁 235-260，收錄於張維安編，《東南亞客家及其周邊》。桃園：國立中央大學出版中心。

孔復禮與王賡武的華僑論述及其對於客家新族群性的啟示

黃信洋 *

一、從落葉歸根、落地生根到追尋自我

關於海外華人的身分認同狀態，濱下武志（2021：1）曾運用華僑三代論的身分認同變化來予以說明：華僑指的是具有中國國籍身分的人；華人或華族指的是在移入國出生的第二代移民，具有所在國的國家認同；華裔則是指在移入國出生的第二代，會有進一步規劃二度移民的情況出現，而現代意義下的「華人」，不僅是指國外出生的二代華人移民，還指涉的是具有全球移動性格的華人。

依據此種華僑三代論的論述邏輯，第二代華僑顯然會與第一代具有中國國籍的華僑不同，除了在地化的程度加深之外，身分認同也會以居住國的國家認同為標的，會特別強調自身對於所處國家發展的參與或貢獻（濱下武志，2021：25）。而第三代的華僑（亦即華裔）則不會與第二代華僑一樣積極參與所在國的國家建設，反而會尋求更廣闊的發展範圍，規劃由所在國再次移出，成為二次移民者。因而，華裔一代的華人自我認同基本上會更具有個人化的認

* 黃信洋（shinnyang2009@gmail.com），國立臺灣科技大學通識教育中心專案助理教授。

同特質出現（濱下武志，2021：26）。個人化的認同特質，拓展了華人認同的多元可能性，也讓華人認同擺脫原先母國既定模式的華人意象，開拓出具有海外社會在地性格的華人特性，對於此種不確定性與多樣性，我們可以暫且用「華人性」（Chineseness）這個寬泛詞彙來予以描述。

綜觀海外華人的形象，就曾經有「苦力」（契約勞工）到「華民」與「華僑坤商」的形象變化：「苦力」的形象讓人憐憫，「華民」的形象則讓海外華人有自主人格的感受（顏清湟，2010：31）。「華僑坤商」的形象已然是一種令人倍感尊敬的名稱，也意味著海外華人僑民已經具有正面意涵。就東南亞的華人移民來說，華人的身分可能是「商人、包稅商、城市建設者、工匠以及農民」（孔復禮，2019：145），可以看出華人身分的多元性，分屬不同階層與範疇。無論是西班牙、荷蘭、英國或暹羅等國的統治者，都需要華商來統領與控制華人群體，讓其本身與中國原鄉之間的通道能夠維持下去，進而維繫自身的利益（孔復禮，2019：146）。

從「苦力」、「華民」到「華僑」的形象變化，華人的形象有了正面的轉換，而「華僑」、「華裔」到「華人」的華人意涵的再次轉變，體現的是從落葉歸根、落地生根到追尋自我的華人身分認同變化歷程。此處，本文論及的孔復禮的華人論述觀點，就認為「華僑」的內涵對於華人來說起著關鍵性的作用，而王賡武則認為華人的意涵有著世代性的差異，對老華人世代來說，「華僑」曾起著重要的作用，如今則是新世代勇於追尋自我的華人浮現的舞臺。

孔復禮與王賡武兩人皆關注「華僑」的概念，本文將對兩者的「華僑」概念的基本意涵與差異進行討論。若從客家族群相對應的概念來說，蕭新煌（2020）等學者建構出來的「老華客」概念，可說是與「華僑」概念較為接近的客家族群說法，本文亦會加以討論。最後，本文也會討論蕭新煌（2005：4）於 1982 年提及的「新族群性」（new ethnicity）概念，由於客家新族群性概念與「老華客」概念具有極大的差異性，新族群性概念對於「文化公民權」的看重與多元詮釋就是其最重要的差異之所在。

二、孔復禮與王賡武的華人論述

（一）孔復禮的華人論述

孔復禮（2019：23）認為海外華人家庭與其家鄉之間的關係，本質上不是一種「分離」關係，反而更像是一種「聯繫」關係。華人前往海外另謀出路是為了維繫自身家庭的持續存在，因此，家族成員四散並不意味家庭的解體，反而是家庭的關係會附隨在四散他方的家族成員身上，家庭觀念會一直存在於遠離他方的家族成員心中（孔復禮，2019：39）。此種家庭觀念維繫出來的親情紐帶，其背後預設的概念乃是海外華人都只是暫時僑居國外，期待有朝一日能夠衣錦還鄉（孔復禮，2019：73）。華人移民與故鄉之間存在一個「通道」，讓僑居海外的華人能夠與自己家鄉維持有意義的聯繫，在他們心中，似乎不會認為自己在情感上與故鄉親人或文化會出現完全的割離，也就是說，不論身在何處，家庭觀念的影響力始終都會存在（孔復禮，2019：80）。

孔復禮（2019：83）認為，華人的「移民共同體」是由通道的聯繫關係予以定義，而其發展的興旺程度則訴諸於通道另一端的旺盛程度，才能保證人力、金錢、資訊與文化的彼此互通有無。華人移民網絡主要是由語言、血緣與地緣等關係組構而成，隨著西方於中國各通商口岸建立殖民據點，並以港澳為華工招募轉運站，海外華人網絡的起點也就隨之開啟（孔復禮，2019：151-152）。而身為廣東三大族群之一的客家族群，也是在此種因緣際遇之下開始往世界各處移動，可能是隨著英國殖民地的地區前去，也可能是隨著法屬殖民地的地區前去。

海外華人親緣群體打造出來的宗親社團，基本上是一種人為的親緣組織，成員之間並沒有真正存在的共同祖先，通常是數百年或更早之前某位同姓名人被建構成該親緣團體的「共祖」（孔復禮，2019：220）。親緣團體除了呼應傳統上華人群體持續呼籲的華人團結議題之外，其實華人心中更關注的是自身及其家庭的安全與成就，因為這是傳統華人家族制度所看重的事（孔復禮，2019：464）。循此論點，孔復禮其實是把「華僑」視為海外華人的原型概念，只是暫時僑居海外，必要的時刻都能夠予以動員。

（二）王賡武的華人論述

依照王賡武（2005：8）的說法，在二次大戰之前，90% 以上的海外華人都集中在東南亞，去東南亞的華人並非出於求學目的，而是出於工作的考量。華人移民其實沒有固定的形式，上層或中層商人，以及下層難民或流民，移民狀況皆有所差異（王賡武，2005：21）。華工與華商的身分或許是海外華人移民的主要身分，華人移民的形式卻有不同變化，不容易充分說明。不過，華人移民仍舊有其特殊性，相對於其他移民來說，華人移民比較不容易被移居國的文化所同化，不過卻會因為不同程度的在地化歷程，讓海外華人的文化形態出現不同的變化（王賡武，2020：27）。

直到 19 世紀末，天朝中國的政府都不承認任何海外移民的存在事實，因而官方文獻的記載就出現了空缺（王賡武，2020：29），海外華人對中國當局來說，似乎是一種不存在的事實。等到中國不再以天朝自居，承認自身乃是國際社會的一分子之後，中國當局才開始關注海外社會處境不佳的苦力（王賡武，2020：31）。職是，海外華人的觀念其實是在中國成為國際社會的一分子，認清國際關係的局勢變化後而浮現出來的概念。

（三）孔復禮的華人理論觀點：「華僑」的本質觀

濱下武志（2021：13）認為華僑的社會關係網絡乃是一種家庭式的關係網絡，其中涉及社會資源移動、交換、談判的過程，也就是說，華僑的社會關係網絡其實是一種擴大的家庭關係網絡。例如說，家族、同族或同鄉的聯合營運管理方式就是東南亞華僑資本展現出來的特徵（濱下武志，2021：16）。此種運用家庭關係來說明華僑互動方式的做法，也是孔復禮用來說明海外華人的重要觀念，基本上孔復禮是用「華僑」（暫時僑居他鄉的華人）的概念來詮釋海外華人的諸種行為。

孔復禮（2019：80）認為「通道」是華人移民舊環境的延伸，是一種讓華人能夠與原鄉保有持續連繫的通道。華人文化模板的四大特色是鄉緣、親緣、神緣和兄弟會（孔復禮，2019：255），而「通道」就是透過此種實質性的人員、資金、資訊流通與虛擬性的情感、文化、信仰交流來保持「通道」的暢通（孔復禮，2019：544）。舉凡是華人移民在異邦建立的會館或行會，都是推動此種文化流通與維繫的重要制度。

對孔復禮（2019：81）來說，完整的「移民共同體」應當包括群體本身、家鄉的親人與鄰里朋友。在「通道」的兩端，存在著原鄉與移入地的雙向「生態棲位」：移入地的一端乃是保有華人文化特色的社群生態圈，可能是行業圈、宗廟祠堂、學校或唐人街，也是華人可以進行潛在動員的一種人力資源社會網絡（孔復禮，2019：544）。在海外華人心中，「中國」是一個彈性的概念，核心的地帶是自己的原鄉所在，然後再一層層地向外發展（孔復禮，2019：332）。恰是因為這種彈性的「中國」原鄉概念，即便說孔氏會認為「華僑」概念乃是海外華人的基本意涵，卻也必須知道，意涵為「暫時僑居海外」的「華僑」概念也是海外華人進行政治經濟策略性操作時的一種概念工具。

（四）王賡武的華人理論觀點：「華僑」的形成觀

對於海外華人的相關討論，王賡武主要集中在不同類型的「遷徙」型態上面。王賡武（2005：5-6）認為，「遷徙」是「移民活動狀況或本質」的一種反映，而歷史上對於「遷徙」的初始描述偏向負面，指的是廉價且欠缺技能者的移動模式。「遷徙」會因為主觀居留心態或生活情況的不確定性而出現各種變化，遷徙者的變動狀況會出現變化，即便說遷徙者在某一段時間內可能是安穩的（王賡武，2005：6）。遷徙的原因若非是因為政府的移民指示，不然就是諸如天災或外族入侵等非自願性移民，此種情況下的遷徙並不稱作移民，應該被稱為難民或流民（王賡武，2005：20）。就「流寓」這個相關詞彙來說，其意涵是指不會有中國人會願意永遠離開中國（王賡武，2005：158），因此緣故，「僑居」比較像是華人移民者的實質處境。雖然說中國政府直到 19 世紀末都還否認海外移民的存在，但是遠走他鄉的男性移民人潮卻讓中國政府必須解釋此種現象，而用來形容這些男性移民的詞彙主要是「流浪漢、逃犯、強盜」，不然就是暫居異鄉的「移居者、客居人、訪客」，在官方的文獻上找不到相關的記載（王賡武，2020：29）。相對於這些描述體現出來的負面意涵，「華僑」這個詞彙乃是一個正視海外華人存在事實的正面描述。

1880 年代，在清朝外交使節黃遵憲的文字創作中出現了「華僑」，可能是「華僑」二字最早浮現的紀錄（王賡武，2005：160）。而條約中最早使用「僑」的文字紀錄出現在 1858 年的《中法天津條約》內，其中「僑居」字眼共出現了 3 次（王賡武，2005：161）。中國的南北朝時期用「僑」這個字來描述對於北方南來的仕紳地位的官方認可（王賡武，2020：32）。由於「僑」這個字具有官方正式認可的正面意涵，「華僑」字樣的浮現自然意味著清朝政府對於海外華人的認可。

在民族主義概念尚未傳入中國的時候，由於國家的概念尚未浮現，中國現代大都會上海的中國人形象，乃是最有代表性的中國性指稱（王賡武，2005：188），畢竟，上海乃是以中國最成功通商口岸的意象浮現，讓企圖尋找新中國的華人產生極大的想像（王賡武，2005：208）。隨著清朝的結束與民國的崛起，民族主義的興起讓海外華人有了更高的期待與認同標的。

三、孔復禮與王賡武的客家論述

（一）孔復禮的方言群體論述

就華人的歷史來說，無論是在中國或海外，華人的經濟營生方式大多是依靠親緣關係來發展：內部透過家族紐帶來運作，外部則透過方言或地緣關係來開展商業網絡（孔復禮，2019：244）。此處，地緣與方言群體其實是交疊在一起的，因為方言的分布線就是地緣的邊線。

華人契約勞工便是沿著方言的地緣界線在秘密會黨的協助之下被運往海外，前往海外的種植園（孔復禮，2019：79）。就海內外的華人社會來說，方言宗親群體自始至終都是華人移民群體之中最有力量的人群組織（孔復禮，2019：226）。方言作為身分群體的標誌，總是與親緣及地緣交織在一起，讓方言成為維繫華人情感的重要媒介，其發展歷史遠比國族情感的歷史更為悠遠（孔復禮，2019：55）。

（二）孔復禮的客家論述

孔復禮基本上是以華人次群體的角度來看待方言群體，在海外華人的相關討論中，孔氏有不少地方討論到客家群體的特殊性，此處筆者將會討論他在處理客家族群時的相關論述。

依照孔復禮（2019：53）的觀察，客家族群是一個特殊的移民方言群體，總是會週期性地與在地土著族群發生衝突。由於客家族群必須經常性地面對周邊關係不睦的廣府鄰人，就必須培養自我防禦能力來確保自身安全（孔復禮，2019：67）。環視海外的華人社會，華人主要集居在兩個區域，其一是歐洲殖民政權占有的港口城市，其二是未被殖民勢力掌控的土生王國（孔復禮，2019：86）。在這兩個區域中，客家族群分別以客商及客工的身分出現。為了說明客家族群的特殊性，孔復禮使用了兩個土生王國的重要客家案例來進行論述，亦即羅芳伯與葉亞來的案例。18 世紀從廣東梅州前往西婆羅洲的客家群體，在羅芳伯的領導之下，在西婆羅洲的亞熱帶叢林開礦與定居，並成立一個有自治精神的擬共和體制（孔復禮，2019：120）。客家族群長期以來生活在丘陵山地的邊區之中，素以開礦能力而聞名，也有不少人活躍於商業領域（孔復禮，2019：227）。也因為客家人原本在中國原鄉就擅於拓荒採礦，才能在抵達西婆羅洲之後開展出一番天地（孔復禮，2019：120）。

前往西婆羅洲的客家人多是懷抱致富夢想而前往拓展生機，於其中，作為有受過教育知識分子代表的羅芳伯，於 1772 年與同鄉夥伴前往東萬律之後，日後就成為一個擬獨立聯邦制開礦合作組織的領袖（孔復禮，2019：121）。由於客家族群的原鄉生活早已形塑出地方性格的自我管理方式，因此婆羅洲的羅芳伯領導體制能夠據此發展出類似「民主制」或「共和制」的體制，而此類擬共和體制得以維繫下去的因素包括傳統習俗、軍事強權、公共財產、個人權威的建構與維繫，羅芳伯也得以用知識分子的身分成為此擬共和體制的群體領導者（孔復禮，2019：121-122）。這個由數十家採礦「公司」相互結盟而成的共同防衛組織，能在領轄區域進行徵兵與行政管轄工作（孔復禮，2019：122）。直到 18 世紀末，這個由羅芳伯領導的聯盟據說已經達到 2 萬人的規模（孔復禮，2019：123），而此種能夠有效體現自我管理精神的制度，孔復禮（2019：123）認為是客家方言群的一種特質顯現。

接著，孔復禮（2019：124-125）用指稱祕密會社的「公司」來描述令人懼怕的民間武力，亦即由葉亞來領軍的礦工武裝民兵團體，藉由客家語言與民間信仰的共同文化的操作，這個武裝軍事組織得以在吉隆坡建構出自身的龐大勢力。此外，孔復禮（2019：154）也提及客家人藉由擬基督教義創建出來、信眾多達兩百多萬的太平天國，能夠大舉動員處於生活邊緣的貧苦大眾。而在馬來亞叢林進行武裝抗日的「馬來亞人民抗日軍」，也是以客家人為主力構成，直到大戰結束之後，也成為戰後馬來亞武裝起義的主力（孔復禮，2019：364-365）。綜觀孔復禮對於客家群體的描述，客家族群應該是一個看重協力合作、武裝抗衡力量十足的華人群體。

（三）王賡武的族群論述

王賡武（2006：13）認為族群（ethnic）和種族（race）關係，以及民族／國家建構（nation-building）等詞彙，乃是最難理解的幾個詞彙，而族群的觀念與人類的發展歷史相當，民族的歷史則是一個晚近才發展出來的概念。「民族」與「國家」概念的相互結合，乃是因為 20 世紀後聯合國等組織的出現而興起（王賡武，2006：14）。循此，王賡武（2006：14-15）便認為，族群的概念乃是人類經歷過一種長期存在與歷史性的概念，畢竟每個族群都有自身的文化歷史與文化認同，而民族概念則是一種現代的概念。需補充說明的是，此處王賡武對於「族群」概念的使用方式，與當代社會科學研究者的使用方式頗有差異。

「民族主義」的概念對傳統華人提出更高的要求，因為它不僅要求華人要對傳統文化的承繼負起責任，也要對國家這個現代概念有所承諾，更要求華人效忠一個有完整邊界與公民權概念的現代中國，於是華人就要開始重新適應「中華民國」這個國家及其相關概念（王賡武，2006：19-20）。於此情況下，「華僑」這個概念一旦與民族國家的概念相結合，就會要求移居者必須展現政治認同，才能獲取官方的保護，倘若這個概念遭遇其他族群的民族主義，也會成為一種族群衝突的原因（王賡武，2020：48）。王賡武強調，民族國家的概念是一種現代概念，而民族主義的存在，對海外華人反而造成更高的困擾，因為它要求海外華人必須對於當代中國展現出政治性的忠誠。

（四）王賡武的客家論述

不同於孔復禮對於海外華人的討論會涉及方言群體的討論，王賡武基本上只討論華人的相關議題，其關於客家族群的相關論述，是因為受到香港崇正總會的邀請而論及客家，另外則是以香港大學校長身分獲邀參與國際客家學研討會的專題演講而有客家研究的專論出現。

王賡武（2005：22）認為客家族群乃是很特殊的移民群，由中國的北方往南方遷徙，客家社會是以語言、文化、風俗等原則為基礎而建立，與廣府、閩南、福州及潮州人之間有所互動卻也存在著緊張關係；客家人由於生活地區資源不足而有了向外移民的需求，必須持續在他處建立自己的新家鄉，而維持遷徙的移居動能，同時在客家原鄉長時間維持客語的使用，乃是王賡武認為客家族群所保有的特點。

王賡武認為，在華人移民群體之中，客家人很有意願進入鄉野地區定居生活，主要是因為他們本身早已習於開礦與墾荒，更習於在蠻荒地區工作（WANG, 1994: xxvii）。此外，連鎖性與系統性村落氏族的遷徙方式，也是客家族群十分明顯的遷徙方式（WANG, 1994: xxix）。客家族群移去他方並非為了定居，一旦環境有所變動，他們就會往下一個目標地遷徙，而隨時準備遷徙的態度，也是客家族群遷徙模式的特性（WANG, 1994: xxix）。在客家族群不斷地跨越崇山峻嶺找尋耕地的過程中，時而會與其他鄰近族群有土地爭執出現（WANG, 1994: xxxiii）。

雖然海外客家人有濃厚的認同感，王賡武認為客家人的優先認同更傾向於華人認同而非客家認同（WANG, 1994: xxix），而他也認為，客家族群還有一個特點，就是從前現代的華人朝代開始，客家族群就很有意識地藉由客語來團結整個客家移民群體（WANG, 1994: xxxi）。客家人的語言認同乃是尋求方言認同的海外華人的先導（WANG, 1994: xxxvii），客家人也認為母語與華文官方書寫文字的關聯性頗強，藉此能夠維繫自身的華人認同（WANG, 1994: xxxviii）。於此，王賡武認為客家人的母語認同強烈，且此種母語認同有助於華人認同的強化。

客家的「客」與「客居」或「僑居」的意涵相同，「華僑」的整個理念幾乎就與海外客家的整體理念完全一致（WANG, 1994: xxxvii）。總體來說，王賡武認為客家族群可說就是華僑僑居精神的範例，藉由語言來維繫團結意識進而強化華人認同。

四、華僑與「老華客」

王賡武（2020：37）認為海外華人社群存在三階段的移居步驟：在第一階段，由於海禁原則的限制，整個社區的成員都是男性華人；第二階段是在地娶妻生子的華人男性一起建立了華人社區；第三階段則是移入新的華人男性也與在地女性結成家庭，並且帶來新的中國文化觀念，藉此提醒海外華人社群應該具有的華人文化規範。「僑居」概念的出現，翻轉了過去具有賤民性質的華人移居者意涵，新的華人移居方式也就浮現了出來（王賡武，2020：42）。而1911 年清朝的滅亡與中華民國的建立，「華僑」的地位有了官方的認可，移居成為一種民族責任，民國政府有責任要確保華人移民的相關權益（王賡武，2020：45）。「華僑」概念的出現，除了翻轉過去諸如難民或流民等稱謂的負面意涵，也開啟了新型態的海外華人移民概念。

全球客家人口數涉及客家族群的全球分布與直接影響力：關於全球客家人口數的說法，從 6 千萬、8 千萬、1 億到 1 億 2 千萬都有人提到，但最終的確切人數究竟為何，卻沒有學術上的精確討論，不過，實質上仍在使用客語的人口數一般卻都認為還有 3 千多萬人（也是缺乏學術論證的統計數目）。

遷徙作為客家族群的代表性標記，意味著客家族群是一種慣於「流動」的族群，而每當客家族群落腳於某處生活並打造出客籍人士的會館之時，會館的存在意味著某種客家勢力於此處扎根。不過，一旦客家族群開始成立社團來作為自我發展的工具之時，「聯結」的社團作用就會體現出來，而「流動」與「聯結」的雙重作用更讓客家族群網絡能夠持續發展下去。

誠如華僑三代論的說法，華僑發展歷程從落葉歸根、落地生根到追尋自我的身分認同變化，呈現出了不同型態的華人形式。在 19 世紀工業革命來臨與西方奴隸制度結束之後，歐洲資本家急需要大量的替代性勞力，而此時中國因為戰敗而開放通商口岸的同時，勞工移民的大門也就開啟了，第一波的苦力最遠湧至美洲各地，中國政府卻沒有能力保護他們（王賡武，2020：39-40）。於此時，為數不少的客家移工也從原鄉移往中南美洲，而這個從 19 世紀中葉開啟的客家族群移民浪潮，可以用「老華客」的概念來稱呼之。

「老華客」建立的會館，指的是早期客家族群往海外移住時，設置用來接待原鄉前來發展的同鄉族群的社會福利機構。這些客家會館大多出現在客家族群作為少數族群的地帶，因此會館的出現就代表有一群客家人在此處「插旗」，劃出一塊生活領地。客家會館藉以團結客家族裔的神話是羅香林建構出來的「客家中原論」，以漢族名義來吸引海外的客家族群。

客家族群網絡相關社會組織的設置，都因為客家族群必須與其他族群進行社會互動與社會接觸而出現（張維安，2020：51）。基本上，客家意識的浮現，並非出現在客家族群人口數最多之處，而是出現在客家族群必須與其他族群進行互動的「客家邊區」，因此，客家意識與客家組織都是客家族群面臨生存議題時才會出現（張維安，2020：54）。職是，客家會館某種程度上就是客家族群謀求存活的一種實體象徵。

會館的基本認識是對鰥寡老幼的同族人士提供社會照顧，諸如喪葬服務、婚禮慶典、糾紛調停、學校設立以及傳統節日與宗教慶典的慶祝活動辦理（柯裴，2019：45）。華人海外移民的主要原因多是與經濟因素有關，而移民初期的基本生活需求與謀職經過，普遍來說都需要會館的協助，因此會館往往就會以祖籍地的地緣關係而組織起來（蕭新煌、張翰璧、張維安，2020：17）。會館的功能除了同鄉互助之外，也具有宗教、聯誼與慈善事業等功能，就文化的保存與發揚或族群動員的向度來說，會館至今在華人心中的地位仍然十分重要（蕭新煌，2020：19）。

東南亞華人會館是一種源自中國本地的體制性觀念（顏清湟，2010：34），會館主要是由離開家鄉的商人所制定，地域性格強烈，透過祭祀特定神祉來塑造團結性，會藉由自訂商品價格的方式來保障會員的利潤（顏清湟，2010：35）。這些商業組織出身的地緣或血緣行會組織，除了專利的保有與避免同行相爭之外，重要的功能還在於把其他人排除在此行業之外（顏清湟，2010：38）。此種行會能讓不同語言群體壟斷與控制特定行業，藉此讓特定族群及其會館能夠取得永續發展之可能性（顏清湟，2010：39）。藉由拓展與原鄉的關聯性，會館可說就是中國強化與海外客家族群的地緣血緣情感連結的重要媒介。

誠如華人會館體現出來的情感聯結關係，王賡武（2013：250）認為華人的「僑居」（sojourning）現象是一種華人宗族忠孝之道展現的做法，是一種強韌的價值體系，此種說法與孔復禮（2019：50）對於華人「僑居」現象的說法一致，意味著華人移民背後的親情紐帶能夠保證華人移民不會長久離開自己的家庭，只是暫時在外地工作，也就是說，「在家裡」這個強烈的情感聯結修辭，會讓相遠千里的華人彼此始終會有家族情感連帶關係（孔復禮，2019：

50），因而在華人移民的心中，華人可能從不認為自己與故鄉的文化會完全的割離（孔復禮，2019：80）。而此種幾個世代甚至終生定居海外的宗族村落，可說是一種家族高度忠誠性格之展現（王賡武，2013：251），也是「僑居」現象始終存在的重要原因。

王賡武曾用「華商」、「華工」、「華僑」和「華裔」等四種型態來描述海外華人的類型：華商出現的時間最早，華工興起於 19 世紀 50 年代到 20 世紀 20 年代止，華僑主要是活躍在 20 世紀上半世紀，華裔則是一種新的華人型態（王賡武，2013：267-268）。關於這四種華人型態，王賡武也補上了一段說明：華工型態已經是過去式，不會再出現；華僑型態已趨近於沒有作用力；華裔是仍在發展中的新型態；而華商則是從古至今的華人移民基礎（王賡武，2013：275）。

不論是孔復禮或王賡武，兩人其實都是以「華僑」概念作為研究討論之焦點：孔復禮（2019：314）認為「華僑」指出了海外僑民與原生國的聯繫關係，王賡武（2013：266）則認為「華僑」型態展現了意識形態之特質，透過民族主義的運用而與革命產生了重要關聯。華僑概念把民族主義延展出來的愛國主義展現了出來，讓重視個人品德與政治責任的「士農工商」傳統概念重新浮現（王賡武，2013：268），並於 1911 年達到了高峰，透過施行自己的中文教育來與地方殖民當局進行文化鬥爭（王賡武，2013：266）。因此緣故，移居國在地政府最不能接受的華人型態就是「華僑」型態，因為這個概念隱含了民族主義的革命反抗能量（王賡武，2013：273）。

在 20 世紀初期的海外華人脈絡之中，華人民族主義的自豪感就是他們展現「富與強」意涵之標記（孔復禮，2019：300），民族主義也帶有三種層次之意涵：其一是作為所有華人皆自豪的文化傳統，其二是中國正往現代國家邁進，其三是中華民族若不力行救亡圖存就會走向滅亡（孔復禮，2019：

320）。對於海外華人來說，民族主義乃是一種情感與政治共同結合的概念，既把中國視為共有的祖籍地，卻也在所在國家落地生根（孔復禮，2019：321）。

從類型上來說，「老華客」這個客家族群概念可以與王賡武論及的「華商」與「華僑」等概念有關，畢竟海外客家社群是一個以商人社團為主的社群集結，然而，「老華客」這個概念或許與「華僑」的概念更為接近，因為這個概念在文化上與政治上更著重與中國祖籍地的關聯性。相較於「老華客」概念受制於傳統中國文化與情感聯結的制約，把「祖國」或「祖地」視為優先地位，新族群性概念則是把「在地」視為優先，並以自身所在國的文化公民權開展作為首要理念。

五、結語：邁向客家性與新族群性

若我們檢視一下客家社團描述的相關詞彙發展歷程，「客籍」、「客屬」、「客家」、「新客家」就會是一種可以想見的發展經過。此種發展歷程不僅是客家意識與客家認同的深化，最後一個出現在臺灣客家社團的客家詞彙更是一種文化公民權的展現。

依據濱下武志（2021：37）「華僑三代論」的說法，第一代華僑保有原生國家的民族認同，第二代華僑是以移入國的在地國家認同作為自我認同，第三代華僑則會開始追尋自身的自我認同。不同於第一與第二代華僑看重「生存」與「適應」的自我定位方式，第三代華僑的自我認同主要會表現在如何追求與開拓新面向的層面（濱下武志，2021：38）。第三代華僑既缺乏第一代華僑對於原生地的民族認同，也欠缺第二代華僑呈現出來的在地國家認同（濱下武志，2021：29），反而很積極於追求並探索自身的起源，並且會藉由追溯自身的起源來作為自身的存在依據（濱下武志，2021：30）。透過個人性的自身源起追溯來展現自我認同，乃是第三代華僑（亦即華裔）的鮮明特質，也與「新族群性」的觀點不謀而合。

Novak（1996: 345）認為，「新族群性」是一種個人性、源自於個人經驗，且個人會努力達成確切的個人認知的一種概念。毫無例外，每個人都是在特定的文化史之中長成（Novak, 1977: 123），每個世代的族群意識都不會相同，原生語言會漸漸消失，早期的家庭與聚落生活模式會改變，經濟與教育發展也會創造新的可能，因此新族群性的概念並不企求回歸過去的生活，因為過去已經一去不回了（Novak, 1977: 129）。新族群性涉及的是海外移民的第三與第四代移民（Novak, 1996: 346），在許多不同的面向上，雖然說這些群體的價值判斷還會受到過去文化經驗的影響，只不過這些影響大多隱藏在無意識的層面（Novak, 1977: 129）。新族群性不必然涉及原生語言的使用與族群聚落的是否存在，更不涉及族群組織與族群訴求，也不牽涉對於自身民族與文化的讚揚與否（Novak, 1996: 346-347）。新族群性涉及的是對於被強加的「普同式融合」認同的日益不滿，以及對於自身族群源流與族群文化的日益重視（Novak, 1996: 347）。時常的狀況是，新族群世代只要開始談論自身的族群文化，就會開始進行回憶、提問與探索，試著重新取得自身的文化與歷史（Novak, 1977: 130）。此種想要進一步了解自身文化根源的新族群性個人行動，本身是一種對於普同式優勢族群文化的反抗，背後其實預設了文化公民權的重要性，也肯認了多元文化的重要性，認為族群差異無礙於國家統整性的發展。新族群性世代對於文化根源的追尋並非為了回歸過去，而是把過去視為啟發當下的一種做法，因此緣故，新族群性指向的不是過去而是未來（Novak, 1977: 130）。須注意的是，此種對於自身文化根源的重構行為，不是為了與自身所來由的原生國家進行政治或文化上的聯結，而是為了在自身所在的國家彰顯文化公民權的重要性。

新族群性概念鼓勵不同族群要勇於講述自身的族群文化，因此新族群政治是一種基進政治，關注的是該族裔的日常生活面向（Novak, 1977: 140-141），認為文化多樣性能夠豐富既定文化的內涵，最終可以引領國家走向多元文化世界公民主義的向度（Novak, 1996: 359）。展現新族群性的族群後裔，雖然可能已經完全喪失原鄉的語言能力，族群認同卻可能十分強烈，只不過，這些認同基本上是一種個人性的族群認同，會隨個人際遇而出現不同的呈現方式。

類似於新族群性的概念，Jessieca Leo 也提出了類似的觀點，認為 21 世紀不適合再去討論「成為客家人」的論點，應該改用「客家性」（Hakkaness）來討論當代客家現象比較合適。由於當代社會是一個跨國流動的全球社會，客家文化的原鄉性質很難持續完整的保留下去，因此著重生活風格與個人選擇的的「客家性」概念比較適於描述當代社會的客家文化特質。放眼今日海外不同膚色的客家後裔，在文學或文化工作者身上特別容易看見此種個人式文化復返現象，例如《尋找羅定朝》一書的加勒比海客裔作者羅笑娜（Paula Madison）即是一例。

王賡武（2013：266-267）認為「華裔」是指在海外出生、具有在地公民身分與華人血統的後代華人。這些華人也是比較具有世界公民理念的海外移民，由於他們的教育程度普遍較高，從事的行業身分也包括醫生、工程師、科學家、經濟學家、律師、會計師、教育家、管理人員和經營人員（王賡武，2013：267）。這一群華人新移民的特性是其組織的跨文化能力提升，不再與在地主流社會有所區隔，反而會強化與主流社會的關聯性（孔復禮，2019：457-458）。新移民會把自身所屬的社團擴大至國家的層級，甚至會擴增至跨國網絡的建立（孔復禮，2019：458）。

這一群華人新移民，由於受過更高的教育，且來自於不同的文化背景，讓華人社群有能力對於「華人」的內涵重新定義（王賡武，2020：63）。新移民的華人身分認同建立在不斷增進的信心上面，也意指海外華人已經準備於所在國的政治活動與公民社會檢視自身的族群身分，文化多元主義遂成為新移民的認同表現出口（王賡武，2020：64）。新移民的華人身分認同不是由中文的讀寫能力來予以界定，他們可以用多元的文化形式來呈現「華人性」（王賡武，2020：64）。於此脈絡之下出現客家新族群性，已經不能用「老華客」的內涵來進行描述，因為「老華客」概念無法落實文化公民權的實質理念。綜觀客家新族群性對於文化公民權的落實方式，海外客家社會多以類似《尋找羅定朝》作者一般的做法，以個人方式來體現具有個人風格的文化公民權，而此種客家新族群性的多元呈現方式，也是今日海外客家社會頗為令人耳目一新的嶄新現象。新族群性延續了族群性對於自身根源的探究，卻更強調在外部族群認同的重要文化指標都已經無法予以明顯指出的情況下，族群認同的能量為何還能持續展現出來，就現今的海外社會來說，族群認同的追索還是集中在「華人」層面的探討，而如何讓客家新族群性能夠成為一種新的趨勢，對於客家族群特別看重的臺灣社會，自然具有十分獨特的重要性。

附記：本文寫作過程受到中央研究院蕭新煌教授的指導與啟發，在此一併致謝，而文責則歸諸本人。

參考文獻

孔復禮著，李明歡譯，2019，《華人在他鄉：中華近現代海外移民史》。臺北：臺灣商務。

王賡武，2005，《移民與興起的中國》。新加坡：八方文化創作室。

______，2006，〈東南亞新興國家中的華人族群特性〉。頁 13-32，收錄於李元瑾編，《新馬印華人：族群關係與國家建構》。新加坡：新加坡亞洲研究學會。

______，2013，《華人與中國：王賡武自選集》。上海：上海人民。

王賡武著，趙世玲譯，2020，《海外華人：從落葉歸根到追尋自我》。北京：北京師範大學出版社。

柯裴，2019，《隱形的社群：祕魯的客家人》。廣州：廣東人民。

張維安，2020，〈百年來客家族群網絡組織的發展與變遷〉。頁 51-74，收錄於蕭新煌、張翰璧、張維安等編，《東南亞客家社團組織的網絡》。桃園：國立中央大學出版中心。

蕭新煌，2005，〈多元文化社會的族群傳播：剖析一個新典範〉。《中華傳播學刊》7：3-8。

______，2020，〈東南亞客家社團研究的新趨勢〉。頁 17-36，收錄於蕭新煌、張翰璧、張維安等編，《東南亞客家社團組織的網絡》。桃園：國立中央大學出版中心。

蕭新煌等，2020，〈東南亞客家社團區域化的新方向〉。頁 249-268，收錄於蕭新煌、張翰璧、張維安等編，《東南亞客家社團組織的網絡》。桃園：國立中央大學出版中心。

濱下武志著，王珍珍譯，2021，《資本的旅行：華僑僑匯與中華網》。北京：社會科學文獻。

顏清湟，2010，《海外華人的傳統文化與現代化》。新加坡：八方文化企業。

Novak, Michael, 1977, “10: New Ethnic Politics Vs. Old Ethnic Politics,” *Center for Migration Studies special issues* 3(1): 121-141.

______, 1996, *Unmeltable ethnics: politics & culture in American life*. New Brunswick, U.S.S.: Transaction.

WANG, Gung Wu, 1994, “The Hakka In Migration History”，頁 xxv-xl，收錄於張雙慶、謝劍、鄭赤琰、劉義章、鄒桂昌、勞格文等編，《國際客家學研討會論文集》。香港：香港中文大學香港亞太研究所海外華人研究社。

東南亞客家研究觀點的回顧與展望

劉堉珊 *

一、前言：客家研究與東南亞

研究者開始將客家人群視為主體進行議題探討，大致可追溯自羅香林的《客家研究導論》（1933）與《客家源流考》（1950）。羅氏在著作中指出，客家具有純正的漢人血統，為漢人民系之一，源起自中原，經5次南遷而形成。羅香林於1941年出版《羅芳伯所建婆羅洲坤甸蘭芳大總制考》，該著作因促使一些研究者對印尼西婆羅洲（今日的西加里曼丹）早期客家移民的人群組織與公司制度產生興趣，被認為是東南亞客家人群開始被關注的起點（見 Yen, 2016: 295-299）。然而，學院內開始比較有意識且有系統地進行東南亞客家人群相關的研究，主要還是在21世紀初——隨著臺灣客家研究學院及系所相繼設立，並展開「海外客家人群」的系統化調查研究，以及2007年新加坡國立大學成立「東南亞華人研究群」，聚焦客家與潮州人群之研究，與東南亞客家人群相關的研究議題——才開始透過許多跨國學術網絡的交流及調查計畫，快速展開。

* 劉堉珊（ysmiul@gmail.com），國立暨南國際大學東南亞學系副教授。

本文將從三個部分梳理東南亞客家研究發展的脈絡及其理論視角與探討議題的變化：第一部分探討東南亞客家研究的「原鄉」視角，包括以香港研究者為首開啟的，關注客家人群遷徙東南亞之歷史過程與人群組織之討論，以及近幾年來中國學者對東南亞客家人群之研究。第二部分梳理自 21 世紀初開始，臺灣研究者在客家脈絡下，從族群研究視角所展開的，對當代東南亞各地客家人群社會、經濟與文化生活之探討。以此為基礎，本文將呈現族群研究的視角如何推動東南亞客家研究從過去的原鄉觀點，逐漸轉向以在地社會脈絡、族群互動與族群關係為核心的探討，議題的發展也更趨多元。第三部分則將探討東南亞客家研究的本土化發展，聚焦近年來投入客家研究的在地學者及其關注議題，以及跨國客家研究學術資源與交流合作活動帶來的影響（如，跨域比較研究、新的議題及理論視角的發展）。最後，筆者將就不同時期東南亞客家研究發展過程中的理論及議題變化，提出當代東南亞客家研究的特色與意義，以及未來可著眼或突破之方向。

二、東南亞客家研究的發展：理論視角、研究方法與議題之變化

東南亞客家研究常被視為是廣泛華人研究（或「海外華人／華僑」研究）的一個分支，許多研究者也從這樣的觀點來探討其發展的起點與特色（如 Yen, 2016: 296）。然而，東南亞客家研究的源起，除了與整體「海外華人」或「華人華僑」研究的脈絡有關，更重要的，還是「客家研究」在 1980 至 1990 年代的發展脈絡，尤其是由香港、臺灣與東南亞等地逐步建立的跨國學術往來與交流合作網絡。

1992 年，第 1 屆「國際客家學研討會」（The International Symposium on Hakkaology）在香港舉辦，該會議在 1990 年代間陸續由新加坡、臺灣與馬來

西亞接手主辦（Yen, 2016: 301-302；劉堉珊，2016：161-162）。這個聯合了多地客家研究者的學術活動，讓許多對客家議題有興趣者開始有了更多接觸與交流的機會。顏清煌認為，1996 年由新加坡主辦的「國際客家學研討會」（與第 13 屆世界客家懇親大會一同舉辦），是東南亞客家研究發展的重要時刻，該屆的論文發表者達 112 篇，其中就有超過半數與東南亞各地客家人群的議題相關。這樣的效應並延續至 1999 年由馬來西亞主辦的第 5 屆「國際客家學研討會」（Yen, 2016: 303-305），帶動更多研究者從各面向投入東南亞客家人群的討論。這些跨國舉辦、以「客家」為主軸的研討會，為 21 世紀客家研究的發展建立了非常重要的網絡基礎。

本文認為，1992 年開始舉辦的「國際客家學研討會」，對客家研究在臺灣、東南亞（以新加坡與馬來西亞為主）以及中國學院體制內的發展（包括臺灣設立的客家學院與相關系所，以及新加坡國立大學成立的「東南亞華人研究群」），具有重要意義。然而，客家研究在這三個地區的發展，雖然相互重疊，卻展現出不完全相同的理論視角與研究取徑。三地學者不同的關心議題與客家經驗，也形塑了三種理解與看待東南亞客家人群的方式，筆者將其區分為以中國學者為主的「原鄉」視角、臺灣研究者為首的族群研究視角，以及以東南亞各地研究者為核心的本土化視角。

（一）「原鄉」視角：海外華人／華人華僑研究中的客家方言群

「原鄉」視角強調中國作為原鄉、東南亞客家人群為「海外華人」或「華人華僑」中之方言群。該視角認為東南亞客家社會與中國原鄉具有延續性的連結關係，也因此，多聚焦探討客家遷徙的過程及客居生活中的原鄉連結，強調客家人群的移民性與華人性。臺灣早期看待東南亞各地客家人群的方式，也具有某種近似的「原鄉」觀點，即，傾向將臺灣及東南亞等地的客家／華人社會視為中國漢人社會的延伸，也因此，較關注客家人群自原鄉遷徙海外，在東南亞異鄉生活的歷史過程。然而，隨著臺灣自身客家研究典範的轉向（從「客家在臺灣」到「臺灣的客家」；從僅聚焦客家到強調族群互動；從與「原鄉」的比較轉向建構臺灣與全球各地客家的比較研究）（蕭新煌，2018），臺灣的東南亞客家研究，逐漸發展出結合族群理論的研究範式，以及強調跨學科合作與跨域比較觀點的特色（見本節第二部分之討論）。

中國自 1990 年代起，也相當積極投入其他國家客家人群的研究。然而，相較於臺灣研究者所呈現出的「從客家看客家」（即，在客家研究的脈絡下展開東南亞客家研究），中國研究者多半是在「華僑華人」的類別與概念下探討東南亞各地的客家社群，展現出「從原鄉看海外」、「從華人看客家」的研究視角（羅英祥，1994；曹雲華，2001；張長虹等，2010：186-293）。這樣的視角有時明確陳述客家為漢人方言群之一，有時則甚至不強調或凸顯研究人群為客家，而僅將其以「華人」稱之（如鄭一省等人所探討的 1960 年代自印尼班達亞齊迫遷至棉蘭美達村的客家人）（鄭一省、邱少華、李晨媛，2019），或趨向強調「華僑華人／華僑客家人」與中國原鄉的連結及互動（房學嘉等，2012）。

近幾年來中國雖然有較多民族學研究或人類學背景的研究者，試圖突破過去「從原鄉看海外」的觀點，提出應更重視東南亞當地的文化社會脈絡，關注「華人」作為一個移民族群朝向根植化發展的生活議題（如曾少聰，2004），我們仍可發現，當代中國海外（含東南亞）華人與客家研究的主要研究者，多數關注的還是歷史過程中的政治、經濟、人群組織與聚落發展等議題，如人群遷徙史與重要歷史事件的探討（鄭一省、邱少華、李晨媛，2019），或是針對客家重要人物的生命史建構（包括他們在中國「原鄉」及遷徙東南亞的生活故事，如胡文虎，見吳爾芬、張侃，2005）。而隨著中國研究者人數與著述數量之增加，其「原鄉」視角及所關注的研究議題，也透過跨國的研究交流、合作與著作出版，成為影響當代東南亞客家研究本土化發展不可忽視的力量。

在羅香林提出客家人群的重要性，以及 1980 至 1990 年代香港與臺灣的客家研究開始發展時，客家的議題多半還是被以華人方言群之研究來看待。然而，隨著臺灣客家政策的法制化發展，臺灣的客家研究開始轉向將客家視為族群體（而非漢人研究中之方言群），甚至更近一步闡釋「客家學」發展之可能性（徐正光、張維安，2007；張維安，2015）。這樣的發展讓客家研究在臺灣逐漸成為一個可以被獨立討論的研究領域，不再僅屬於傳統漢人研究（或華人研究）的一部分，而是被視為當代族群研究的主要族群體之一。臺灣的東南亞研究即是在這樣的脈絡下開展的，其所建構的研究範式與客家議題，與中國研究者的「原鄉」視角非常不同，也成為形塑當代東南亞客家研究非常重要的一部分。

（二）族群研究的視角與議題

本文認為，當代東南亞客家研究開始重視族群研究的觀點與議題，與臺灣客家研究的發展及影響力有相當密切的關係（亦可見黃子堅對馬來西亞客家研究發展的討論，黃子堅，2021）。臺灣的客家研究在 1980 年代的還我母語運動後，隨著國家族群政策的發展，如 2001 年設立掌管客家族群事務的最高主管機關「行政院客家委員會」，並推動客家專門研究機構與系統性知識教育等，[1] 開始走向了不同於過往僅將客家視為「方言群」、將客家研究歸於「漢

1 2003、2004 與 2006 年，三個客家學院分別在三所大學成立（國立中央大學客家學院、國立交通大學客家文化學院、國立聯合大學客家研究學院），許多學校雖沒有設立客家學院，也陸續成立了客家研究相關的系所與客家研究中心（張維安，2015：16-17）。在此之後，客家相關的研究，除了透過國家族群政策有意識地倡導及資源協助，更重要的，是結合制度化的教學與研究單位，以建構系統化知識體系為目標，透過工作坊或國際研討會的舉辦、研究計畫的合作，加之以課程教學與各級學位學程的授與，逐步走向以跨學科合作為特色，且結合國家族群文化政策及發展視野的新面貌。

人研究」之下的新方向。客家不但開始被視為是國家政策下的「族群」議題之一，也因有愈來愈多社會學及人類學背景的研究者投入，帶入當代族群研究的新觀點，使臺灣的客家研究逐漸脫離過去強調移民過程、文化變遷與「原鄉」連結的視角，朝向關注客家的文化權與政治權利、族群性展現、族群意識、族群關係等，逐漸建立以臺灣在地客家人群為核心的研究典範與議題特色（蕭新煌，2018）：包括政治面向的族群政治、族群運動、族群政策等；經濟面向的聚落產業、經濟分工等；以及文化面向的「族群性」內涵（如宗教信仰、飲食文化、性別關係、社會組織、語言發展等）與跨族群通婚等。這些議題關懷，隨著臺灣學者將視角延伸至東南亞等地的客家社群，除了作為跨域比較研究的基礎，也透過跨國學術研究的合作交流，成為推展當代東南亞客家研究的重要力量（黃子堅，2021）。

東南亞客家研究在臺灣學術脈絡中的發展，大致可區分為兩個不同取徑，一個是延續過去「海外華人」及「華僑」研究的視角，在此脈絡下展開對東南亞各地華人（包含不同方言群）之討論（陳鴻瑜，1996），客家的議題在其中相對隱性，通常只是作為華人幫群之一被談及。另一個則是在逐漸轉向族群視角的客家研究脈絡下發展的「海外客家」研究。後者如前所述，主要是自21世紀初起，隨著客委會成立，以及各大專院校客家學院、客家研究系所及客家研究中心等之設立，繼而展開的較有系統之「海外客家人群」調查及相關研究計畫（劉堉珊，2015，2016；黃信洋，2020）。這些計畫多具有跨學科合作的特色（涵蓋了人文社會科學的各領域，包括歷史學、文學、語言學、社會學、人類學、政治學等），試圖透過多學科的整合視角，建立可進一步展開客家跨域比較研究的人群圖像與基礎知識。[2] 這些跨國研究計畫，一方面促成了東南

2 如2003年與2004年由中研院亞太區域研究專題中心蕭新煌主持的「海外客家基本資料調查

亞客家研究近 20 年來跨國、跨域學術網絡的發展，另一方面，臺灣學者所關注的客家議題，也透過與東南亞在地華人／客家研究者與研究機構合作往來的過程，成為東南亞客家研究本土化發展非常重要的推手。以下簡述臺灣研究者近 20 年來所發展的東南亞客家研究成果及其理論取徑之變化，這些研究成果，也是理解當代東南亞客家研究發展的重要面向。[3]

由臺灣所發行出版的東南亞客家研究著述（包含期刊文章、專書論文、專書等），不論是數量、研究區域及議題的廣泛性，甚至參與者多元的學科背景，至今仍然是其他地區客家研究發展所不及的。這些研究包括了以東南亞客家社會為整體之論述分析（蕭新煌、張維安等，2005；Hsiao and Lim, 2007；蕭新煌，2011；張翰璧，2013c；蕭新煌、張翰璧、張維安，2021），以及聚焦各區域的馬來西亞客家（張維安、張容嘉，2011；張翰璧、張維安，2011；張維安，2013；簡美玲、邱星崴，2013；劉瑞超，2013，2022；羅烈師，2014，2015；張容嘉、張翰璧，2015；徐雨村，2012，2015；林本炫，2022；張容嘉，2022）、新加坡客家（張翰璧，2007，2011，2013a；柯朝欽，2017）、印尼客家（張維安、張容嘉，2009；張維安，2012；蔡芬芳，2013，2015，2016；

（一）——新加坡、馬來西亞」及「海外客家基本資料調查（二）——汶萊、越南與泰國」；2004 年由國立暨南國際大學東南亞研究所龔宜君主持的「戰後砂拉越客家族群的社團組織與政治參與」；2011 年由國立暨南國際大學東南亞研究所林開忠主持的「東南亞客家第二期研究計畫：泰國、越南與印尼客家人」；2012 至 2014 年由國立交通大學客家學院張維安主持的「日本客家研究調查計畫」；以及 2017-2018 年由國立高雄師範大學客家文化研究所利亮時主持的「星馬地區客家文化資產數位典藏計畫：馬來西亞地區」等。其他於 2003 至 2015 年間由臺灣研究者與學術機構展開執行的多項東南亞地區客家人群相關的研究計畫，可見劉堉珊 2016 年文章附錄表二之整理（劉堉珊，2016：189-190）。

3 劉堉珊於 2016 年出版的文章〈臺灣客家研究中的東南亞視野〉，已就東南亞客家研究在臺灣的發展及 2015 年前舉辦的相關研討會、推展的相關研究計畫，以及出版的東南亞客家研究著述等進行梳理。本文此部分之討論即是在該文的基礎上，更進一步納入 2016 年起至今臺灣東南亞客家研究的發展及相關成果。

羅素玫，2013；劉堉珊，2021；張翰璧、蔡芬芳、張維安，2022）、泰國客家（張翰璧，2013b；王俐容，2017）等之調查研究。若以研究議題區分，則可大致分為客家會館與社團、經濟與產業、聚落與家庭、宗教與信仰，以及性別、客家人物之分析考據等。

綜觀這些研究的理論視角與研究取徑，我們可發現，族群意識與族群性雖仍是今日臺灣東南亞客家研究關心的議題，但近幾年來，開始有研究者意識到整體社會環境及族群關係脈絡的重要性，並試圖透過提出不同取徑的客家研究觀點，重新理解東南亞客家人群所面對的歷史脈絡、族群環境、地方社會與跨國／域關係，甚至希望更進一步建立客家研究跨域比較分析的新範式。這些新的發展可見於幾本近 5 年內出版的專書。如，2020 年由蕭新煌、張翰璧、張維安主編的《東南亞客家社團組織的網絡》，即是以社會網絡分析法為取徑，除了分別梳理東南亞各國客家會館組織的發展，建構更全面東南亞客家社團結構類型與互動網絡的圖像，也透過老華客會館與新臺客社團的比較對照，深入理解東南亞客家會館功能轉變及當代網絡運作的意義。2021 年由張維安與簡美玲主編的《全球客家研究的實踐與發展》，則是邀集各國幾個主要的客家研究者（包含新加坡、馬來西亞、印尼、日本、美國與臺灣），重新梳理客家研究在各國與各機構的發展與現況，再一次深化客家研究跨國、跨域的網絡連結。而最晚近的專書，則是 2022 年由蕭新煌與張翰璧主編的《臺馬客家帶的族群關係：和諧、區隔、緊張與衝突》。該書提出「客家帶」的概念，透過比較研究的視角，探討臺灣與馬來西亞不同「客家帶」所展現的族群關係及其在政治、經濟、社會與文化面向的變化。

上述這些新進的研究，展顯出 20 多年來臺灣學者在客家研究脈絡下所展開的東南亞客家研究，已逐漸從僅聚焦「客家」社群的探討，逐漸走向更關注「客家」與周邊社群／族群之互動，以及客家意識與客家性如何在不同政治、社會與文化情境中顯現。

（三）東南亞客家研究的本土化發展

當代東南亞客家研究的另一個重要發展，是其「本土化」之過程。隨著愈來愈多在地研究者的投入，以東南亞客家人群為核心之討論，也逐漸發展出不同於他國研究者的議題特色與理論觀點。這樣的發展，可見於兩個相互影響的研究脈絡。一個是延續早期的華人研究，以史學方法考據客家人群遷移東南亞的過程與人群組織的發展，較強調客家之移民性、方言群特性與華人性（文平強，2007；顏清湟，2017）。另一個脈絡，則是在近幾年來逐漸變得顯著、更聚焦「客家人群」且納入多學科及跨域比較觀點之研究。筆者發現，在後者的脈絡中，許多研究者（包括了幾個仍以「華人研究」為主體的中生代學者，如黃賢強、黃子堅、張曉威等，以及不少新生代學者，如蔡靜芬、陳愛梅等）與臺灣的客家研究機構與客家學者，皆有長期的學術往來與交流合作（如共同執行研究計畫、出版東南亞客家研究的相關著述等），是否是在這樣的過程中，展開對「客家」議題更多的關注，值得進一步探究。[4]

綜觀近 2、30 年由在地研究者所展開的、對東南亞各地客家人群之討論，可發現即使是延續過去的議題，如關注客家遷移歷史、客籍人物之生命與家族史，或針對會館組織之調查研究，也逐漸加入了許多新的理解視角與論述觀點。如，劉宏及張慧梅（2007）的〈原生性認同、祖籍地聯繫與跨國網絡的建構：二戰後新馬客家人與潮州人社群之比較研究〉，試圖帶入新的比較視野，

4 筆者認為，東南亞研究者近幾年來更聚焦客家人群及客家議題之發展，應與臺灣學者的東南亞客家研究有相當密切的關係。尤其，自 21 世紀初以來，臺灣客家研究者透過許多學術活動及機構、課程等之合作機會，與東南亞各地具客家身分之研究者建立起互動密切的交流網絡（張容嘉，2021：102），應該也直接、間接地，讓臺灣客家研究所關注的族群議題及學科觀點，成為影響近年東南亞在地研究者發展客家研究的重要力量。

認為華人研究應更重視華人不同社群所展現的異質性。該文從客家人與潮州人之移動經歷、在地化發展，及與原鄉等地的跨國網絡關係，探討兩社群不同的生存策略與身分意識，如，潮州人更強調祖籍與地緣認同，客家人則更具有方言群意識。黃賢強（2019）的〈東南亞－臺灣－閩粵：兩大家族的跨地域婚姻與政商網絡〉，則是從棉蘭客籍家族張福音與板橋閩籍家族林景仁跨族群與跨地域的聯姻過程，探討華人家族的政商網絡及婚姻策略，以及在大時代的環境變遷中，個人、家庭、家族、族群及「國家」交織的生活際遇與生命過程。至於過去作為東南亞華人研究核心的「社團組織與會館」，仍是當代東南亞客家研究的重要議題；然而，許多學者也開始關注客家組織與客家會館在當代的變化（黃賢強，2011；利亮時，2011；林開忠，2013；杜忠全，2015；林開忠等，2020），或新的功能發展（如轉型或延伸設立文物館、博物館等，見王力堅，2011，2012），甚至從客家組織與「國家」的關係，探討客家認同所連結的方言群概念、華人文化意涵與國家意識（莊仁傑，2017）。除此，具有顯著社群分工的「客家產業」（如錫礦、中藥業等），也是許多研究者關注的焦點（如李偉權，2011；李偉權、利亮時、林開忠，2011；李偉權，2013）。

在上述的議題之外，針對當代客家聚落發展與日常生活之討論，則是近幾年來最顯著成長的研究主題。探討的議題包括產業變遷（如文平強，2007；張曉威、吳佩珊，2011；李偉權、利亮時、林開忠，2011）、聚落認同（安煥然，2011；Chew, 2013a, 2013b），以及日常生活中所展現的「客家性」（林開忠，2011）。除此，我們也可在許多近年的著述中，看到針對客家語言及性別、族群政策與客家認同等新議題之討論，如陳湘琳、辜秋瑩（2015）對馬六甲兩個客家新村的語言使用分析及客家認同之討論；蔡靜芬從砂拉越客家女性的「婚姻」過程，探討客家聚落的發展與變遷（Chai, 2007；蔡靜芬，2013），以及跨族群通婚下子女的「客家」認同（Chai, 2016）；陳愛梅（2015）的〈被遺忘的工作女性：經濟大蕭條時期的馬來亞客家琉瑯女（1929-1933）〉，則是點出了華人移民史研究中常被忽略的女性角色，透過客家移民女性投入錫礦工作的過程，探討她們如何支撐起家庭經濟與跨國的親屬網絡。在宗教與信仰的部分，除了有不少學者關注客家人群神祇信仰的實踐與聚落／社群之廟宇（Chai, 2013；黃文斌，2013；黃賢強、賴郁如，2013a），亦有針對沙巴客家社群與巴色教會關係發展之討論（Zhang, 2002; Wong, 1998, 1999, 2007, 2011；黃子堅，2013，2019）。[5] 最後，關於族群政策與客家認同的議題，可以看到張慧梅、劉宏與黃子堅等人，分別針對新加坡與馬來西亞族群政策下客家認同的展現與變化，提出探討（見張慧梅、劉宏，2016；Wong, 2016）

整體而言，我們可發現，上述這些研究者所呈現的研究取徑及關注議題，同時受到前述之「原鄉」觀點、海外華人／華人華僑研究與族群研究觀點之影響。部分的著述雖然關注的是客家人群，但在議題脈絡的陳述上，仍是以「華人」為觀看角度，透過客家社群之經驗與經歷，論述「華人信仰」或「華人社群／華人族群」（Chinese community or Chinese ethnic group）之議題（如 Hui, 2011；黃文斌、張曉威，2013）。[6] 然而，亦有許多研究者試圖凸顯「客家」觀點，重新從客家人群的視角理解過去文獻所建構的華人社會與華人生活（黃

---

5 黃子堅關於沙巴客家人群與巴色教會的研究，在近幾年透過與張維安、張翰璧兩位臺灣學者的合作，展開了許多新議題的發展。該合作計畫聚焦曾居住在砂拉越的巴色教會客家基督社群，透過跨國／洲歷史檔案的考據、分析，除了試圖建立該社群移住過程更大的歷史脈絡（包括巴色會在亞洲地區的宣教過程，及其與客家社群的連結），也從社會學角度探討教會組織與客家意識的關係、女性的角色，以及集體記憶「斷裂」的過程（黃子堅、張維安、張翰璧，2015；張翰璧、張維安、黃子堅，2015）。

6 拉曼大學近期所出版的「馬來西亞華人地方誌系列」，主要是透過基礎資料的調查與口述歷史的訪談，希望建立較為完整的華人地方聚落圖像。在這一系列的調查中，就有不少客家新村與聚落（如古來再也縣中的多數新村）（黃文斌、張曉威，2013），呈現出具有客家特色的華人地方生活。

文斌，2008；黃賢強，2000；張曉威，2017）。除此，我們也看到了許多新議題與論述觀點的出現，如客家與在地原住民及其他華人群體之關係互動（Chew, 2013a, 2013b; Srimulyani et al., 2018；陳愛梅，2017）。[7] 筆者認為，東南亞各社會的在地研究者，近 20 年來透過學院內、外持續的研究發展與跨國合作，已逐漸發展出不同於國外研究者的客家人群研究議題與觀點，這些議題或許不是僅聚焦客家人群或客家意識與客家認同，但呈現出當代東南亞客家人群所面對的諸多生活議題，包括聚落發展、族群關係、文化資產的保存運動等，以及作為華人族群在當代國家與社會發展中之角色與位置。在這樣的過程中，在地研究者的生活經歷、族群經驗、能更深入地方調查研究的語言能力，以及比以往更多元學科之背景，都成為東南亞客家研究本土化發展的重要能量。如同臺灣逐漸發展出自我的客家研究特色，本文認為，以東南亞在地研究者為核心的客家研究，也正展現出具有自我議題特色及關懷取向之發展。

值得注意的是，東南亞客家研究的本土化發展，並不是一個均值、同一以及整體之過程。從本文之討論即可發現，在這個客家研究本土化發展的過程中，目前研究者人數較多且較被關注的區域，還是集中在新加坡與馬來西亞。即使在近年來，我們已經看到了其他地區（如印尼、泰國、越南）有少數研究

7　Daniel Chew 在近 10 年來，比過去更聚焦探討砂拉越客家人群之議題，尤其是客家與其他華人社群及在地原住民社群 *Iban* 族之關係（Chew, 2013a, 2013b）。他認為，該地客家人群的客家認同，透過多語言混雜的生活情境以及跨族群婚姻、經濟、宗教活動等關係之連結與互動，展現出高度的變動性與雜揉性（Chew, 2013a, 2013b; 蕭宇佳，2021）。Eka Srimulyani 等人（2018）對班達亞齊華人社會之研究，同樣是關注華人（以客家為主體）與其他族群互動的過程。該文除了探討華人社群間（包括人數最多的客家社群，以及福建、海南等社群）如何透過居住空間與產業分工等展現彼此之界線，更重要的，是從在地整體的族群脈絡與環境變遷，來理解以客家為主體之華人社會與穆斯林社群之關係發展，尤其是展現在居住空間及日常生活各面向的往來互動。

者投入，但其發展還是非常初步。[8]新加坡國立大學中文系在2007年成立了「東南亞華人研究群」（黃賢強、賴郁如，2013b），主要聚焦客家與潮州研究。馬來西亞拉曼大學於2008年成立「中華研究中心」、2010年成立「中華研究院」（黃文斌、張曉威，2013），馬來亞大學於2013年成立「華人研究中心」，兩中心皆在近年來展開許多客家研究計畫（張容嘉，2021：102）。上述這幾個學院內的研究群，都是近年來新加坡與馬來西亞客家研究發展的重心，也是推展東南亞客家研究本土化發展的重要力量。比較新加坡與馬來西亞兩地客家研究的發展（亦可參考黃賢強與黃子堅於2021年之討論）（黃賢強，2021；Wong, 2021），可發現新加坡客家研究已經走向了非常系統化且具有高度「新加坡客家」意識之發展，不但已出版相當多以「新加坡客家」為主題的著述（如2007年的《新加坡客家》、2008年的《新加坡客家文化與社群》與2012年的《新加坡客家會館與文化研究》等），也逐步發展出跨域比較研究的取徑與議題（見2015年黃賢強編之《跨域研究客家文化》）。馬來西亞的客家研究則是呈現出各議題百花齊放、多學科的視角持續開展之現象。

三、結語：東南亞客家研究的現況與未來

東南亞客家研究發展至今，展現出不同時期研究視角的理論變化及議題特色，如，從作為華僑／華人研究的一部分，到更強調以客家為主體之研討討論；從以「原鄉」看「海外」的觀點，到更重視各社會華人／客家人群的在地化過

8 印尼客家研究的發展，可參考李秀珍（2021）與劉堉珊（2021）之梳理與討論。泰國客家的部分，目前可見的在地者著述有黃麗萍（Siripen Ungsitipoonporn）（任職於泰國馬希敦大學）於2018年發表的〈從客語使用者和語言學家看泰國客家方言的現狀〉一文。越南客家的部分，目前僅見的少數著述，除了在地學者阮玉詩（見張書銘對其客家研究的討論，張書銘，2021），主要還是以臺灣的研究者為主（如徐富美，2021）。

程；從偏向歷史學研究的視角，到納入更多元學科、趨向當代人群生活議題與族群互動關係之發展。筆者認為，當今的東南亞客家研究，具有幾個重要特色：第一，以跨國學術網絡為基礎的資源連結；第二，在地研究者的崛起與新生代視角；第三，區域化客家研究的發展（如新加坡客家、馬來西亞客家等）與跨域比較的觀點。

自 1990 年代起至今，跨國客家網絡的連結與學術合作，一直是促進各地客家研究發展非常重要的力量。在這樣的合作交流基礎上，東南亞客家研究才得以逐步形成多種的觀點取徑與研究範式。2019 年 12 月「全球客家研究聯盟」（The Consortium of Global Hakka Studies, GHAS）[9] 於臺灣成立，其聯盟成員包括了臺灣、新加坡、馬來西亞、印尼、泰國、日本、美國等國家的 11 個學術機構。該聯盟最重要的目的，即是在推動新生代客家研究者更多交流對話與學術合作的機會。筆者相信，以此平臺為基礎所建立的網絡，不但會是既有星、馬客家研究持續發展的重要力量，也可能推動客家研究在更多區域的發展，如泰國、印尼等地。

筆者認為，東南亞客家研究接下來另一個重要的發展，應是以在地研究者為首持續展開的客家本土化研究。在前述的探討中可發現，近幾年來東南亞各地都有愈來愈多的新生代投入客家研究，他們除了具有在地成長的背景，許多人也擁有相當多跨國生活、求學與工作的經驗。這些新一代的研究者，除了把更多元的學科觀點帶入客家研究，許多人也透過自身的族群經驗與生活過程，發展出理解當代客家人群的新面向，包括在地社會非常細微的人群關係、族群政治，以及文化內涵的變化等。這些議題都將成為未來理解東南亞各地客家人群與華人社會的重要基礎，也將持續形塑東南亞客家研究的本土化特色。

9 參見全球客家研究聯盟網站（http://ghas.ncu.edu.tw，取用日期：2023 年 2 月 16 日）。

最後，筆者認為，區域化的客家研究，以及持續深化的各地客家社會的跨域比較，也將是未來東南亞客家研究發展的重要面向。2017 年後，臺灣的客家研究發展出臺灣與「他鄉」客家社會比較研究的新取徑（蕭新煌、張維安、張翰璧，2021：16），[10] 也逐漸建立客家研究全球比較的新典範（蕭新煌，2018）。如前所述，這個新的研究取徑強調跨學科的合作與跨域族群經驗的比較分析，努力推動客家研究的「網絡化」發展（張維安，2021：27-30）。東南亞地區的客家社會，不但是這個研究範式非常重要的參照，其所呈現的客家議題，如客家認同的發展歷程、客家組織的網絡運作及意義，以及以客家為核心的族群關係、族群互動視角等，也都是進一步發展客家研究理論範式與方法取徑的重要基礎。雖然當前的東南亞客家研究，不論是本土化的研究者，還是臺灣、中國等地之學者，還是多聚焦在新加坡及馬來西亞，筆者認為，這些年來該兩地客家研究所累積的研究議題與正在發展中的跨域比較觀點，都將會成為未來其他地區（如印尼、泰國等）客家研究發展重要的推手。

10 筆者認為，2017 年之所以作為一個有意義的參照點，應與 2017 年臺灣政府擴大且深化「新南向政策」的執行面向有關。透過該政策所推展的資源網絡，許多研究者開始思索臺灣與東南亞的客家研究如何在積累的豐富成果上，開創出新的、更有意義的理論觀點與研究範式。

參考文獻

文平強，2007，〈華人移民與環境適應：探討馬來西亞客家人的經濟適應與變遷〉。《馬來西亞華人研究學刊》10：19-34。

王力堅，2011，〈新加坡茶陽（大埔）會館研究：以文化發展為聚焦〉。頁 105-139，收錄於蕭新煌編，《東南亞客家的變貌：新加坡與馬來西亞》。臺北：中央研究院人社中心亞太區域研究專題中心。

______，2012，《新加坡客家會館與文化研究》。新加坡：新加坡國立大學中文系。

王俐容，2017，〈泰國客家社會的形成與多樣性〉。《客家研究》10（2）：49-92。

安煥然，2011，〈馬來西亞柔佛古來客家聚落〉。頁 185-219，收錄於蕭新煌編，《東南亞客家的變貌：新加坡與馬來西亞》。臺北：中央研究院人社中心亞太區域研究專題中心。

利亮時，2011，〈錫、礦家與會館：以雪蘭莪嘉應會館和檳城嘉應會館為例〉。頁 65-85，收錄於蕭新煌編，《東南亞客家的變貌：新加坡與馬來西亞》。臺北：中央研究院人社中心亞太區域研究專題中心。

吳爾芬、張侃，2005，《商業巨子胡文虎》。北京：當代中國。

李秀珍，2021，〈尚待開採的礦藏：印尼客家研究概況〉。頁 93-103，收錄於張維安、簡美玲編，《全球客家研究的實踐與發展》。新竹：國立陽明交通大學出版社。

李偉權，2011，〈家族企業接班規劃：霹靂州客家錫礦家族之興衰〉。頁 261-287，收錄於蕭新煌編，《東南亞客家的變貌：新加坡與馬來西亞》。臺北：中央研究院人社中心亞太區域研究專題中心。

______，2013，〈國內外政策干預下之族群產業：越南胡志明市客家產業經營困境之初探〉。頁 178-87，收錄於林開忠編，《客居他鄉：東南亞客家族群的生活與文化》。苗栗：客家委員會客家文化發展中心。

李偉權、利亮時、林開忠，2011，〈聚焦印尼邊陲：邦加客家人的經濟與文化活動初探〉。《亞太研究論壇》51：126-136。

杜忠全，2015，〈從祭神到俱樂：檳城嘉應會館立社功能之恒與變〉。頁 49-58，收錄於張維安編，《客家文化、認同與信仰：東南亞與臺港澳》。桃園：國立中央大學出版中心。

房學嘉等編，2012，《客家商人與企業家的社會責任研究》。廣州：華南理工大學出版社。

林本炫，2022，〈柔佛客家帶河婆客家人宗教信仰與族群關係〉。頁 463-491，收錄於蕭新煌、張翰璧編，《臺馬客家帶的族群關係：和諧、區隔、緊張與衝突》。桃園：國立中央大學出版中心。

林開忠，2011，〈日常生活中的客家家庭：砂拉越石山與沙巴丹南客家家庭與日常生活〉。頁 403-43，收錄於蕭新煌編，《東南亞客家的變貌：新加坡與馬來西亞》。臺北：中央研究院人社中心亞太區域研究專題中心。

______，2013，〈從「客幫」到「客屬」：以越南胡志明市崇正會館為例〉。頁 114-30，收錄於林開忠編，《客居他鄉：東南亞客家族群的生活與文化》。苗栗：客家委員會客家文化發展中心。

林開忠等，2020，〈東南亞客家社團組織網絡分析〉。頁 105-248，收錄於蕭新煌、張翰璧、張維安編，《東南亞客家社團組織的網絡》。臺北：遠流。

柯朝欽，2017，〈新加坡客家發展的文化政治：跨國連結、彈性關係與文化詮釋〉。《全球客家研究》9：77-126。

徐正光、張維安，2007，〈臺灣客家知識體系的建構〉。頁 1-15，收錄於徐正光編，《臺灣客家研究概論》。臺北：南天書局。

徐雨村，2012，〈地方發展與跨國連結：沙巴的伯公信仰初探〉。頁 171-194，收錄於《族群遷移與宗教轉化：福德正神與大伯公的跨國研究》。新竹：國立清華大學人文社會學院。

______，2015，〈沙巴丹南客家人的經濟變遷與族群分工〉。頁 99-123，收錄於張維安編，《客家文化、認同與信仰：東南亞與臺港澳》。桃園：國立中央大學出版中心。

徐富美，2021，〈越南「艾族」與「華族中的艾人」〉。《全球客家研究》16：163-194。

張長虹等編，2010，《東南亞研究中文書目》。廈門：廈門大學出版社。

張容嘉，2021，〈海外華人研究與東南亞客家研究的對話與反思：以顏清湟著作為例〉。頁 81-112，收錄於蕭新煌、張維安、張翰璧編，《海外客家研究的回顧與比較》。桃園：國立中央大學出版中心。

______，2022，〈人、神與幫群：從客家信仰看新馬社會裡的人群關係〉。《客觀》2：19-26。

張容嘉、張翰璧，2015，〈馬來西亞新村客家婦女初探：以沙登新村為例〉。《全球客家研究》5：193-215。

張書銘，2021，〈找尋越南客家：兼評阮玉詩的客家研究〉。頁 327-354，收錄於蕭新煌、張維安、張翰璧編，《海外客家研究的回顧與比較》。桃園：國立中央大學出版中心。

張維安，2012，〈從石扇堡到東萬律：羅芳伯金山夢尋蹤〉。頁 147-70，收錄於徐雨村編，《族群遷移與宗教轉化：福德正神與大伯公的跨國研究》。新竹：國立清華大學人文社會學院。

______，2013，〈馬來西亞檳城海珠嶼大伯公的族群性格：客家與福建人之間〉。頁 23-43，收錄於張維安編，《東南亞客家及其周邊》。桃園：國立中央大學出版中心。

______，2015，《思索臺灣客家研究》。桃園：國立中央大學出版中心。

______，2021，〈反思與轉變：臺灣客家研究的特色與前瞻〉。頁 17-32，收錄於張維安、簡美玲編，《全球客家研究的實踐與發展》。新竹：國立陽明交通大學出版社。

張維安、張容嘉，2009，〈客家人的大伯公：蘭芳共和國的羅芳伯及其事業〉。《客家研究》3（1）：57-89。

______，2011，〈馬來西亞客家族群信仰〉。頁 339-66，收錄於蕭新煌編，《東南亞客家的變貌：新加坡與馬來西亞》。臺北：中央研究院人社中心亞太區域研究專題中心。

張慧梅、劉宏，2016，〈新加坡族群政策下的客家族群〉。頁 351-368，收錄於張維安、陶振超編，《跨界思維：臺灣與全球客家的政策對話》。新竹：國立交通大學出版社。

張曉威，2017，〈甲必丹葉觀盛時代的吉隆坡客家幫權政治發展（1889-1902）〉。《全球客家研究》9：159-182。

張曉威、吳佩珊，2011，〈馬來西亞客家聚落的產業經濟發展：以沙登新村為例〉。頁 143-184，收錄於蕭新煌編，《東南亞客家的變貌：新加坡與馬來西亞》。臺北：中央研究院人社中心亞太區域研究專題中心。

張翰璧，2007，〈新加坡當鋪與客家族群〉。頁 89-111，收錄於黃賢強編，《新加坡客家》。桂林：廣西師範大學出版社。

______，2011，〈族群政策與客家產業：以新馬地區的典當業與中醫藥產業為例〉。頁 289-314，收錄於蕭新煌編，《東南亞客家的變貌：新加坡與馬來西亞》。臺北：中央研究院人社中心亞太區域研究專題中心。

______，2013a，〈新加坡中藥業的族群分工與族群意象〉。頁 45-66，收錄於張維安編，《東南亞客家及其周邊》。桃園：國立中央大學出版中心。

______，2013b，〈族群內部的祖籍分工：以泰國皮革業為例〉。頁 158-76，收錄於林開忠編，《客居他鄉：東南亞客家族群的生活與文化》。苗栗：客家委員會客家文化發展中心。

______，2013c，《東南亞客家及其族群產業》。桃園：國立中央大學出版中心。

張翰璧、張維安，2011，〈馬來西亞浮羅山背（Balik Pulau）的客家族群分析〉。頁 195-216，收錄於黃賢強編，《族群、歷史與文化：跨域研究東南亞和東亞》。新加坡：新加坡國立大學中文系。

張翰璧、張維安、黃子堅，2015，〈巴色教會與客家女子教育的發展〉。頁 143-59，收錄於張維安編，《客家文化、認同與信仰：東南亞與臺港澳》。桃園：國立中央大學出版中心。

張翰璧、蔡芬芳、張維安，2022，〈印尼西加里曼丹客家帶田野紀要〉。頁 493-527，收錄於蕭新煌、張翰璧編，《臺馬客家帶的族群關係：和諧、區隔、緊張與衝突》。桃園：國立中央大學出版中心。

曹雲華，2001，《變異與保持：東南亞華人的文化適應》。北京：中國華僑。

莊仁傑，2017，〈國家與客家：新加坡與南洋客屬總會為例〉。《客家研究》10（2）：93-128。

陳湘琳、辜秋瑩，2015，〈馬六甲新村客家群體的口語使用、語言態度與方言群認同〉。頁 59-97，收錄於張維安編，《客家文化、認同與信仰：東南亞與臺港澳》。桃園：國立中央大學出版中心。

陳愛梅，2015，〈被遺忘的工作女性：經濟大蕭條時期的馬來亞客家琉瑯女（1929-1933）〉。《華僑華人歷史研究》2：56-66。

______，2017，〈馬來西亞福佬人和客家人的關係探析：以檳城美湖水長華人義山墓碑為考察中心〉。《全球客家研究》9：183-206。

陳鴻瑜，1996，〈臺灣的東南亞研究：回顧與展望〉。《東南亞季刊》1（2）：66-74。

曾少聰，2004，《飄泊與根植：當代東南亞華人族群關係研究》。北京：中國社會科學。

黃子堅（Danny Wong Tze Ken），2019，〈另一種客家人：馬來西亞的客家基督徒〉。頁 41-54，收錄於馬來西亞客家公會聯合會編，《世界客屬第 30 屆懇親大會・客家論壇論文集》。吉隆坡：馬來西亞客家公會聯合會。

黃子堅、張維安、張翰璧，2015，〈一個消失的社群：砂拉越的巴色會客家基督徒〉。頁 125-142，收錄於張維安編，《客家文化、認同與信仰：東南亞與臺港澳》。桃園：國立中央大學出版中心。

黃文斌，2008，〈論析吉隆坡華人社區的形成與客家人的參與（1859- 1920）〉。《亞洲文化》32：103-126。

______，2013，〈馬來西亞柔佛州古來縣新村客家社群的民間信仰考察〉。頁 105-143，收錄於張維安編，《東南亞客家及其周邊》。桃園：國立中央大學出版中心。

黃文斌、張曉威，2013，《柔佛州華人地方誌：古來再也縣新村 – 第一冊》。馬來西亞：拉曼大學中華研究中心。

黃信洋，2020，〈評論：評蕭新煌、張翰璧、張維安編，2020，《東南亞客家社群組織的網絡〉。《全球客家研究》15：175-200。

黃賢強，2000，〈客籍領事梁碧如與檳城華人社會的幫權政治〉。頁 401-426，收錄於徐正光編，《歷史與社會經濟》。臺北：中央研究院民族學研究所。

______，2011，〈新加坡永定會館：從會議紀錄和會刊看會館的演變〉。頁 33-64，收錄於蕭新煌編，《東南亞客家的變貌：新加坡與馬來西亞》。臺北：中研院人社中心亞太區域研究專題中心。

______，2019，〈東南亞－臺灣－閩粵：兩大家族的跨地域婚姻與政商網絡〉。《華人研究國際學報》11（2）：59-80。

______，2021，〈新加坡客家：近年研究與出版綜述（2007-2019）〉。頁 33-64，收錄於張維安、簡美玲編，《全球客家研究的實踐與發展》。新竹：國立陽明交通大學出版社。

黃賢強、賴郁如，2013a，〈廟宇策略與新加坡閩客族群的發展：以天福宮和望海大伯公廟為例〉。頁 1-22，收錄於張維安編，《東南亞客家及其周邊》。桃園：國立中央大學出版中心。

______，2013b，〈新加坡客家：研究機構和近年研究綜述〉。《全球客家研究》1：185-214。

黃賢強編，2007，《新加坡客家》。桂林：廣西師範大學出版社。

______，2008，《新加坡客家文化與社群》。新加坡：新加坡國立大學中文系。

______，2015，《跨域研究客家文化》。新加坡：新加坡國立大學中文系。

劉宏、張慧梅，2007，〈原生性認同、祖籍地聯繫與跨國網絡的建構：二戰後新馬客家人與潮州人社群之比較研究〉。《臺灣東南亞學刊》4（1）：65-89。

劉堉珊，2015，〈當代臺灣客家族群經驗對東南亞客家論述發展的可能影響〉。頁 255-287，收錄於張維安編，《客家文化、認同與信仰：東南亞與臺港澳》。桃園：國立中央大學出版中心。

______，2016，〈臺灣客家研究中的東南亞視野〉。《民俗曲藝》194：155-207。

______，2021，〈客家社群在印尼亞齊的發展：社群關係、社團組織與當代跨國網絡的形成〉。《亞太研究論壇》69：125-168。

劉瑞超，2013，〈沙巴「客家」華人的形成：以教會與公會作為一種理解的可能〉。頁 256-70，收於林開忠編，《客居他鄉：東南亞客家族群的生活與文化》。苗栗：客家委員會客家文化發展中心。

______，2022，《沙巴客家的形成與發展》。高雄：巨流。

蔡芬芳，2013，〈性別、族群與宗教之交織：印尼亞齊客家女性改信伊斯蘭教的經驗與過程之初探〉。頁 67-103，收錄於張維安編，《東南亞客家及其周邊》。桃園：國立中央大學出版中心。

______，2015，〈「命」：印尼山口洋客家華人宇宙觀初探〉。頁 161-185，收錄於張維安編，《客家文化、認同與信仰：東南亞與臺港澳》。桃園：國立中央大學出版中心。

______，2016，《走向伊斯蘭：印尼客家華人成為穆斯林之經驗與過程》。桃園：國立中央大學出版中心。

蔡靜芬，2013，《「舊」娘？「新」娘？：馬來西亞砂拉越州客家社群的婚姻儀式與女性》。桃園：國立中央大學出版中心。

鄭一省、邱少華、李晨媛，2019，《印尼美達村華人》。北京：中國社會科學。

蕭宇佳，2021，〈婆羅洲移民第三代筆下的砂拉越客家：以周丹尼著作為例〉。頁 197-219，收錄於蕭新煌、張維安、張翰璧編，《海外客家研究的回顧與比較》。桃園：國立中央大學出版中心。

蕭新煌，2011，〈東南亞客家的變貌：族群認同與在地化的辯證〉。頁 3-30，收錄於蕭新煌編，《東南亞客家的變貌：新加坡與馬來西亞》。臺北：中央研究院人社中心亞太區域研究專題中心。

______，2018，〈客家研究的典範移轉〉。《全球客家研究》10：1-26。

蕭新煌、張維安、張翰璧，2021，〈總論：海外客家研究的啓發與貢獻〉。頁 15-45，收錄於蕭新煌、張維安、張翰璧編，《海外客家研究的回顧與比較》。桃園：國立中央大學出版中心。

蕭新煌、張維安等，2005，〈東南亞的客家會館：歷史與功能的探討〉。《亞太研究論壇》28：185-219。

蕭新煌、張翰璧編，2022，《臺馬客家帶的族群關係：和諧、區隔、緊張與衝突》。桃園：國立中央大學出版中心。

簡美玲、邱星崴，2013，〈日常、儀式與經濟：布賴女性的移動敘事與在地認同（1960-2011）〉。頁 190-209，收錄於林開忠編，《客居他鄉：東南亞客家族群的生活與文化》。苗栗：客家委員會客家文化發展中心。

顏清湟，2017，《海外華人世界：族群、人物與政治》。新加坡：八方文化工作室。

羅英祥，1994，《飄洋過海的客家人》。河南：河南大學出版社。

羅烈師，2014，〈新堯灣：多元族群裡的馬來西亞砂拉越客庄〉。《全球客家研究》3：355-72。

______，2015，〈以悲劇英雄之名：砂拉越新堯灣的落童儀式〉。頁 411-37，收錄於張維安、連瑞枝編，《族群、社會與歷史：莊英章教授榮退學術會議論文集（下）》。新竹：國立交通大學出版社。

羅素玫，2013，〈印尼峇里島華人族群現象：以客家社團組織為核心的探討〉。頁 132-155，收錄於林開忠編，《東南亞客家族群的生活與文化》。苗栗：客家委員會客家文化發展中心。

Chai, Chin Fern Elena Gregoria, 2007, "Better off not working: a case study of Hakka women in Tapah village, Sarawak." *Journal of Malaysian Chinese Studies* 10: 71-82.

______, 2013, "One Deity, Many Ways: A Comparison of Communal. Rituals in Two Chinese Settlements, Sarawak." 頁 145-175，收錄於張維安編，《東南亞客家及其周邊》。桃園：國立中央大學出版中心。

______, 2016, "Being "Half Hakka": Identity among the Children of Intercultural Marriages in Sarawak, Malaysia." Pp. 221-251 in *Thinking Across Boundaries: Policy Dialogues between Taiwan and Global Hakka*, edited by Chang Wei-An and Tao Chang Chau. Hsinchu, Taiwan: National Chiao Tung University Press.

Chew, Daniel（周丹尼）, 2013a, "Hakka Identity in Engkilili and Siniawan, Sarawak." 頁 210-224，收錄於林開忠編，《客居他鄉：東南亞客家族群的生活與文化》。苗栗：客家委員會客家文化發展中心。

______, 2013b, "Hakka in Engkilili, Sarawak: Community and Identity." 頁 117-234，收錄於張維安編，《東南亞客家及其周邊》。桃園：國立中央大學出版中心。

Hsiao, Hsin-Huang Michael, and Lim Khay Thiong, 2007, "The Formation and Limitation of Hakka Identity in Southeast Asia（東南亞客家認同的形成與局限）." *Taiwan Journal of Southeast Asian Studies* 4(1): 3-28.

Hui, Yew-Foong（許耀峰）, 2011, *Strangers at Home: History and Subjectivity among the Chinese Communities of West Kalimantan, Indonesia*. Leiden: Brill.

Srimulyani, Eka, Marzi Afriko, M. Arskal Salim and Moch. Nur Ichwan, 2018, "Diasporic Chinese Community in Post-conflict Aceh: Socio-cultural Identities and Social Relations with the Acehnese Muslim Majority." *Al-Jami'ah: Journal of Islamic Studies* 56(2): 395-420.

Wong, Tze Ken, Danny, 1998, *The Transformation of an Immigrant Society: A Study of the Chinese of North Borneo*. London: Asean Academic Press.

______, 1999, "Chinese Migration to North Borneo before the Second World War." *Archipel* 58(III): 131-158.

______, 2007, "Kinabalu Guerrillas: The Inanam-Menggatal-Telipok Basel Church Connections." Pp. 166-188 in *The Hakka Experiment in Sabah*, edited by Zhang Delai (Chong Tet Loi). Kota Kinabalu: Sabah Theological Seminary.

______, 2011, "The Basel Christian Church of Malaysia and the Hakka Identity in Sabah." 頁367-402，收錄於蕭新煌編，《東南亞客家的變貌：新加坡與馬來西亞》。臺北：中研院人社中心亞太區域研究專題中心。

______, 2013，"The Hakka in Sabah before World War Two: Their Adaptation to New Environment, Challenges and the Forging of New Identity." 頁 235-260，收錄於張維安編，《東南亞客家及其周邊》。桃園：國立中央大學出版中心。

______, 2021，"Hakka Studies in Malaysia: Recent Development." 頁 65-92，收錄於張維安、簡美玲編，《全球客家研究的實踐與發展》。新竹：國立陽明交通大學出版社。

______, 2016, "Hakka Dialect Identity Versus Chinese Identity in the Face of Government Policy in Malaysia." Pp. 369-404 in *Thinking Across Boundaries: Policy Dialogues between Taiwan and Global Hakka*, edited by Chang Wei-An and Tao Chang Chau. Hsinchu, Taiwan: National Chiao Tung University Press.

Yen, Ching-hwang, 2016, "Southeast Asian Hakka Studies: A Southeast Asian Perspective." Pp. 295-311 in *Ethnicities, Personalities and Politics in the Ethnic Chinese Worlds*. Singapore: World Scientific Publishing.

Zhang, Delai, 2002, *The Hakka of Sabah: A Survey of Their Impact on the Modernization of the Borneo Malaysian State*. Kota Kinabalu: Sabah Theological Seminary.

客家的生產與再生產：
資源論典範視域下的客家研究及公共客家研究之可能

邢光大 *

一、前言

客家研究從羅香林開始至今，已經歷過數次典範轉換，從初期的將客家人塑造為正統漢民族後裔這一表象的「民系論」；繼而延續民系的概念，探究客家人移民史及起源的「族源論」；以「族群」概念來界定客家，強調客家人的主觀認同，探究客家概念是在何種具體的語境及歷史脈絡下生成的「族群論」。上述過程，可以簡述為客家研究的研究典範從本質主義過渡到建構主義。而現代語境下的客家研究，則呈現出一種多典範共存的特徵：首先，現代客家研究者的研究地域，跨越了以往作為客家研究中心的汎華南及東南亞地區。將全球範圍內或集中、或散在的更為多元的客家社群也納入研究範疇之中。其次，客家研究者們基於不同的學術視點，派生出複數的研究方向。既存在從建構論的角度於現代語境下探究客家的生產：如日本客家研究者探究現代客家景觀建設過程的再創生典範（瀨川昌久、飯島典子，2012），同時也存在本質主義復歸

* 邢光大（keisuis1017@gmail.com），日本慶應義塾大學社會學研究科博士候選人。

的傾向：如由某些醫科大學團隊進行的客家人基因檢測、[1]或者是以族群論為名先驗假定客家認同的本質主義研究，[2]以及部分套用民系論的內容對多樣的客家文化進行解讀，從而加固客家刻板印象的研究。此外，將海外客家人放入華人學的分野下進行研究，以及對客家話進行語言學的分析等研究也不勝枚舉。雖然在學界內部，學者們普遍承認客家研究內部存在典範的更迭，然而當下的客家研究，基於不同的研究典範，將客家納入不同類型的學科範圍內進行學術生產依然是常態。

在大陸客家學界，成立以客家為對象的學問——「客家學」這一議題，在近2年被再次提及，正是這樣的客家研究熱所帶來的結果之一。然而，什麼是「客家學」？筆者所接觸過的客家研究者，對這一概念莫衷一是。有的學者認為，其實不過是客家研究換了一種稱呼，本質上沒有不同。也有學者告訴筆者：「客家學」這一稱呼實際上是一種在文字上表現的力學，用於突出客家研究的專門性和先端性，進而完成某些課題上的任務。至少在筆者接觸的客家研究範疇中，大多數學者對客家學這一概念態度模糊，往往並未深入思考便使用了這一詞彙。甚至於有的學者雖然在文章中會使用這一詞彙，但私下表示自己不真

1 試圖以「客觀」的生物學標準來定義客家的研究進路早已有之，但最近又有抬頭之勢。如在某次學術會議上，筆者曾與與會的遺傳學學者有所交流，他們致力於找到屬於客家人的特殊遺傳構造，並試圖通過大量的客家人樣本將其篩選出來。我們可以發現其中存在的問題：想要得到屬於客家人的生物樣本，首先需要的是一群被先驗地認作是客家的人們，然而這些「客家人」又是以何種標準被認定的？進而以這些人為樣本所找到的遺傳學上的特徵，又被以科學之名劃定為客家的遺傳學指標。那麼這一所謂科學客觀的客家人遺傳學特徵，是否意味著限定了「客家」的概念？筆者認為，這一類研究進路的前提，首先建立在對客家人主觀的曖昧定義上，其次，其最終可能導致的結果是以客觀及科學之名重塑客家民系論。

2 邢光大（2021）指出，族群論雖然往往被歸類為建構主義的典範，但我們必須要警惕「主觀性的自我（客家）認同」在不同的主體、語境中所具有的內涵、時效性和可變性。如果先驗地將某地的人們擁有固定且不變的「自我（客家）認同」作為研究前提的話，這一研究很可能會成為被學者假定的本質性「主觀認同」為特色的新民系論。

的認可作為獨立學科「客家學」的存在。如，某一位對「客家學」一詞十分排斥的學者向筆者說道，這一詞多是一些「外行」出於功利目的才會使用，包括自己在內的「真正務實的研究者」不會刻意使用這一用語。

然而，仔細推敲有關於「客家學」的專門論述，筆者發現，「客家學」在一部分學者中有著清晰明確的定義，在這些學者的敘述中，「客家學」往往區別於「客家研究」的概念而存在。因為兩者具有不一樣目的性，即如何從多分野多典範的「客家研究」走向一個有著明確研究定位的「客家學科」。

本文目的在於，在區別「客家研究」與「客家學」的前提之下，探究客家運動與客家研究之間的共生關系，並嘗試指出：被定義為一門獨立學科的「客家學」概念的提出，源自於客家運動和客家研究雙方的需求。此處的客家運動是指，以客家為中心的族群運動（最典型的莫過於「還我母語運動」）以及各種意圖塑造客家表徵的政治經濟活動[3]等。客家研究指，在大學及研究院等學術體制內部進行的學術生產活動（包括學術著作、學術會議等）。對此，筆者嘗試借鑒人類學「資源論」的方法論來打開「客家學」背後的語境中蘊含的「學術－運動雜糅體」，作為今後客家研究典範的一種可能性。即：在不去定義「客家」概念的內容，也不刻意區分「學者／客家大眾」的前提下，提倡將「客家」作為一種「資源」來進行定位，將學者們試圖建立客家學的過程作為「資源化」＝「客家化」的過程進行捕捉，進而在保持客家詮釋的開放性同時，將客家學術場域與客家運動場域結合在一起考量。這一資源論的進路，盡可能地回避可能當事者自身也難以意識到的「新本質主義」式論述，同時也有助對一般客家大眾打開客家研究的大門，進而展開一種「公共客家學」的可能。

3 如「世界客都」梅州市建設土樓型建築強調自身的客家身分，同時在改革開放之後打出客家牌對外招商引資等（例如河合洋尚，2016：123-139）。

二、三個用語：「在客家地區進行研究」、「客家研究」與「客家學研究」

在開始論述之前，為避免用語的混淆，首先需要區別「在客家地區進行研究」（Studies in Hakka）、「客家研究」（Studies of Hakka）及「客家學研究」（Hakkaology Study）這三個用語。日本人類學者橫田浩一與河合洋尚曾在分析日本的客家研究歷史時指出，70 年代日本的民俗學者與人類學者雖然在客家地區進行研究（Studies in Hakka），但他們並不關心客家文化的本質（Studies of Hakka）（橫田浩一、河合洋尚，2013：64）。然而這並不意味著學者們沒有意識到「客家」的存在，如早年在臺灣六堆客家地區進行調研的日本人類學者渡邊欣雄已經從各種相關文獻及當地人的口中聽說了關於客家的種種，但是他逐漸發現，這些被六堆客家人訴說的，以及他所翻閱的關於客家特色的描述，實際上並非客家獨有，而是在東亞及東南亞普遍存在的現象這一問題時，他開始重新斟酌起客家為何，並以更為寬泛的「漢民族」及「華文化」來詮釋及代替「客家」這一概念（渡邊欣雄，2020）。而以渡邊欣雄為代表，當時在客家地區進行調研的學者，往往在客家地區收集素材，但並不將之還原為「客家」這一概念本身，而是將之理解為中國，或是漢民族特色的一部分。這一類做法即是在「客家地區進行研究」。

而「客家研究」是圍繞「客家」這一概念本身所進行的各種研究，又可以理解為不斷地給「客家」這一概念賦予更多內涵的研究。最典型的莫過於可以稱之為客家研究奠基之作的羅香林《客家研究導論》。由於其關注的是客家人，其收集的族譜、方言、文化特徵等素材，最終重新回饋於「客家」這一概念本身，給客家一詞賦予了具體的解釋——正統漢民族言說。又或如房學嘉（1994）的《客家源流探奧》所代表的探究客家人的構成及源流，給「客家」的內涵提供了新的解釋——「南源說」。近幾年來，人類學的視野下對客家概念進行解構和重構的研究也為數不少，最為典型的便是日本學者所進行的「狀況論」與「再創生論」的研究典範（河合洋尚，2012：143-145）。日本人類學者瀨川昌久（1993）質疑客家人自我認同的一貫性，提出了客家認同會依據現實狀況而變化。而另一方面，在如今中國市場經濟背景下，各地的「客家文化」作為文化資源被各類主體不斷地挖掘開發，導致「客家」被重構且再語境化這一現象，也成就了客家研究的新視點（即「再創生論」）。另外還有最近不斷被更多學者所意識到的，研究世界範圍內不同客家族群並進行比較研究的必要性（萬建中，2018：65-71）。

以上的研究具有一個共性，即是圍繞「客家」這一概念本身展開，對客家的定義進行延展、更新及再解釋。因此，許多學者會將這種以「客家」為對象進行的研究等同於「客家學」。而在此需要強調的是，筆者認為我們有必要區分「客家學」和「客家研究」，兩者最大的區別不在於研究對象，而是研究目的不同。在本文中筆者將進行如下定義：客家研究是以客家這一概念為中心所進行的多學科參與型研究，其分野不僅限於人文學科，自然科學等等也參與在內。而「客家學」的目的則是在於重新建立起以「客家」為對象的獨立學科系統，以建立清晰且獨立的理論群與典範為其核心。最早對客家學進行系統論述的是吳澤（2010），其〈建立客家學芻議〉一文便透露出這一觀點：吳澤認為到 80 年代末為止，客家相關的論著單從數量上看有著相當的累積，但有關客家學的學科範疇、理論體系、研究方法等始終未能得到進一步的發展。因此他認為，客家學尚不具備成為一門獨立學問的條件（吳澤，2010：25）。建立作為獨立學科的「客家學」這一定義，在如後所述的客家研究界中，呼應者也為數不少。如果我們簡單地將客家研究與客家學等同的話，實際上我們反而不用去憂心「客家學」到底是否存在以及「客家學」該如何建立學科體系等一系列問題，因為其早已經有了從其他學科處舶來的成熟且豐富的各式理論架構。相反，正因為需要在客家研究的基礎之上嘗試進一步提煉出客家學及其框架，近年來以「客家學」為題所開展的學術會議才會遍地開花，[4] 以致於發展出一門成熟的「客家學」一度成為客家學界的熱門話題。

鑑於此，對於致力於創建「客家學」學科體系的學者們所做的工作，我們不妨以「客家學研究」（Hakkaology Study）來歸納這一類研究典範，以區別於客家研究。然而如後所述，建立獨立的客家學學科體系這一議題雖興盛一時，但並未能進一步長期展開。「客家學」要成為一門獨立學科，其必須擁有明確的研究對象與方法論，那麼「客家學研究」需要回答「客家是什麼」以及「客家學的研究典範是什麼」這兩個問題。

正如對客家概念的捕捉從民系到族群的過渡一般，第一個問題是在客家研究中不斷發展和變化的概念。然而通過至今為止的客家學學術累積來看，想要將客家的概念以某種定義固定化是一件非常困難的事情。每個地方的客家人及每個地方的客家學者，都以自己的方式（或是基於文化特徵、或是自我認同、亦或是基於客家話等）動態地塑造著「客家」的內涵。同時在如今的全球化語境下，越來越多的客家出現在我們的視野裡，我們更加直觀地意識到「客家」是一個多義概念的總和體。也正因為客家概念的開放性，有時候又會導致「客」與「非客」之間的界限模糊。而導致這一原因則與研究客家的諸位學者們的個人學術立場、所選取的案例，以及對「客家」的捕捉方式不同直接相關。對於致力於構建「客家學」的學者們而言，客家概念的模糊化意味著他們或許需要

4 臺灣與中國的客家學界同樣具有這樣的趨勢，如中國華東師範大學於 1988 年成立「客家學研究室」、1992 年於香港舉辦的「首屆國際客家學研討會」、臺灣中央大學客家學院舉辦的「客家學及整合計畫規劃工作坊」、2012 年廣東嘉應學院客家研究院主辦的「客家文化多樣性與客家學理論體系建構國際學術研討會」、2019 年廣東嘉應學院客家研究院與中國中山大學歷史系開展的「首屆客家學論壇」等等。在同年裝修後重新開張的廣東省梅州市的中國客家博物館中，也設立了「客學研究」（Hakkaology）的專欄，其影響力可見一斑。

重新對「客家」這一研究對象進行定義。然而事實上，有關於客家學更多的討論，似乎比起定義「客家」本身，更傾向於探討其方法論上的自主性與獨立性。

三、客家學的進化主義

作為獨立學科的「客家學」一詞，最早是由歷史學者吳澤（2010：24-33）進行論述，但其論更多是一種呼籲和號召，同時也提出了客家學的發展應為意識形態服務。而臺灣的客家學界則在其後更全面地對其進行研究與反思。[5] 如蕭新煌（2018：10）所觀察的一般：「在 2000 年代，客家研究在臺灣被視為一個應該被打造的知識體系和學術工程時，當時論者都偏好以『客家學』來稱它。這凸顯在當年的客家界是比較樂觀，也較有野心。」[6] 2004 年，「臺灣客家研究學會」成立，並在成立當日舉行了「邁向客家學之路：客家學研究的回顧與展望」座談會，開拓一個跨學科的客家知識體系成為了當時主要的目的。[7] 關於如何建立起客家學的研究典範這一議題，有兩篇重要的論文非常具

---

5 需要指出，大陸的客家學界自 1990 年代後至今，也斷續有學者嘗試構建作為獨立學科的客家學。如王東（1996：10-19）、周建新（2016：81-85）、曾令存（2017：5-14）等。筆者認為，這些論述相比於議論客家學的典範，更大程度上是對客家學是否應具有某種「實用主義」進行議論。此處暫不贅述。

6 臺灣客家學界早期對客家學一詞進行論述的是莊英章（2002）。莊英章提出建立客家學的意義在於：（1）由於客家與土著有著密切的關係，所以建立客家學有助於脫離漢民族中心主義；（2）客家學的建設有助於移民史的研究；（3）建立以客家為對象的學問，可以帶來多範式的交融（2002：41-42）。在此基礎上，他提出客家學的內容應該是基於族群理論，討論「歷時性的族群互動關係」以及「共時性的族群形態比較」（2002：42-43）。莊英章在這篇短文中雖然有意識地使用客家學一詞，但並沒有進一步去敘述客家學應該如何成就一門獨立系統，其本身更像是一種我們應該如何做客家研究的呼籲，但從他的呼籲中我們可以看出當時學者對於客家學的基本構想，即從學術層面而言，客家學應關心與客家相關的種種現象，方法論上又應以「族群形成」的方法論為重。

7 參見學會設立沿革（https://www.hakkastudies.tw/about/origin/，取用日期：2022 年 12 月 29 日）：

有借鑒意義。分別是張維安（2019b：31-39）所作〈客家意象、客家研究與客家學〉與楊國鑫（2019：61-85）的〈現階段客家學的定位：從方法論的角度探討〉。

張維安對於作為獨立學科的「客家學」是否存在，以及其應該怎樣被建構等一系列問題進行了初步的考量。張維安（2019b：33）不諱言：「客家學這個名詞，被創造出來雖然已經有一段時間，但是，作為像社會科學或人類學這樣的『客家學』，我認為還沒有自己的基礎，目前仍屬於在吸收各學科養分的階段，來自各學科的觀點對『客家學』的建構都很重要。」張維安認為，如今被稱之為客家學的諸類觀點及研究典範實際上都來源於客家研究階段，也即是說我們尚無法樂觀地認為客家學已經成立，因為客家學作為一門獨立學科欠缺屬於自己的典範。雖然客家學與客家研究之間存在著譜系關系及連續性，但是一門成熟的客家學學科體系需要在吸收客家研究的基礎上進一步提煉，因此這一步驟可以說仍然是一個朝向理想的漸進過程，時至今日也仍只是不斷實驗且試錯的階段。在這裡「客家學」被描繪為一種極具「進化主義」色彩的學問，其起源於客家研究的同時，正企圖以「學科」的方式進行重構。那麼客家學到底應該怎樣建立自己的研究典範？

楊國鑫的〈現階段客家學的定位：從方法論的角度探討〉一文則討論了這一問題。楊國鑫（2019：82）認為，現階段的客家學，還不存在一個屬於自己的獨立且清晰的進路（approach）與理論（theory），在此意義上客家學可以理解為以客家為對象的研究叢集。其後，他綜合了客家研究的展開與客家運動息息相關這一特色，將現階段典範曖昧的客家學定位為客家運動與客家研究

「臺灣客家研究學會成立的目的在於形成客家研究的社群、面對客家問題意識、發展客家研究議題、建構客家學的體系，並使之發展得更加完整。」

活動下的綜合產物，但他也提及，這樣的客家學是不成熟的，想要發展具有獨立清晰方法論的客家學，仍然需要更多的時間和努力（楊國鑫，2019：80-83）。從楊國鑫的論述中，我們可以發現他與張維安一樣，認為客家學是一門處於「進化途中」的學科，雖然可以看出客家研究者們有著朝向「客家學」邁進的野心，但現階段誰也沒有辦法斷言其之後會如何發展。

從上述論述中我們不難得出這樣的結論：在客家學的發展階段去限定「客家」概念是不明智的，因為我們還需要從多樣的客家典範中吸取養分，限定客家概念等於將一部分典範排除在外。如今我們不能急於求成，是需要耐心等待不同概念與典範之間的相互競合。不過楊國鑫認為若是想要發展客家學，必須要考慮客家研究與客家運動的關系。誠如他所述，我們不能回避客家學術發展與其背後意識形態之間所存在的關系，客家研究與客家運動兩者往往是一體兩面，互相促進且互相滋養的。但楊國鑫在提及學術發展與客家運動具有關聯性之後，並沒有進一步考量適合未來客家學發展的具體方法，而是將之留給未來學術發展的「自然選擇」。在此，筆者打算進一步發展以上觀念，嘗試從客家運動中汲取養分，關心客家研究與客家運動之間的關系，以及客家學在其中所起到的作用。如後所述，客家研究從來不是脫離民眾的象牙塔，作為獨立學科客家學的提出，正是客家研究與客家運動共生關系下的結果。

四、客家運動與客家研究：客家的增殖與衝突

為了將客家運動這一問題拉入客家學研究視野，我們暫時將目光拉回羅香林時期。初期的客家研究具有明顯的世俗考量，《客家研究導論》出版的重要目的之一是為了反對當時社會上以「客家非漢族」為代表，眾說紛紜的客家言說，即學術成為了客家反汙名化的道具，這也是兩岸客家運動及客家研究共通的起點。而在其後伴隨著歷史進程的發展，我們可以發現，基於社會歷史文脈

的不同，客家運動在臺灣及大陸的發展方向有所不同，但客家研究與客家運動始終是並行且互相影響的。臺灣客家族群經歷了「還我母語運動」、「新个客家人」的主張，通過《客家基本法》等等，一定程度上實現了從「自在的客家」到「自為的客家」的轉換，客家族群的意識逐漸高漲（張維安，2019a：6）。臺灣客家研究的發展與上述客家運動緊密關聯，同時客家運動本身也已成為臺灣客家研究的重要研究對象。特別是 2001 年客家委員會成立之後，更有意識地想要建立起客家知識體系，更是將學術與運動進一步整合在了一起。

現在將視點回歸中國大陸的客家運動與客家研究，我們可以發現兩者之間非常相似：客家意識不斷增強的背後，仍離不開客家研究與客家運動的共同推動，客家研究與客家運動也互為表裡。黃志繁（2013：163-184）將大陸的客家研究的分類為「前羅香林時代」、「羅香林時代」、「族群理論時代」三個階段，由此客家的概念從本質主義的「民系」過渡到了建構主義的「族群」。他指出，正是由於大陸改革開放，在招商引資和海外客家團體的推動及政府、商界、學界的共通參與下，1980 年代客家研究才得以再次抬頭，許多專門以客家為對象的研究機關接連興起，並以羅香林的成果為學科基礎進行延展（黃志繁，2013：166）。此外，日本人類學者瀨川昌久（2012：2）也曾指出「（筆者按：作為羅香林時期客家研究產物的）正統漢民族的繼承者這一客家表象之所以得以在民間一般化，有賴於中國在改革開放政策施行後的一系列社會運動，如對於傳統文化的再評價、愛國主義教育、觀光開發等等。在廣東省中部及東北部、福建省西部及南西部、江西省南部、臺灣及四川等諸多地域，這一始於學者創立的客家表象，成為地方機關及知識人在倡議觀光開發及地方象徵時用以主張其合理性的強力的後盾」。客家研究的學術產物已然成為在客家運動時被調動的，用以證明自己行為正當性的，具有權威性的「資源」，而另一方面，這些客家運動本身又成為客家研究的新課題——如日本的客家研究長期進行的再創生研究典範，便是關注現代的客家景觀開發、客家的象徵符號，以及其背後行動主體們的互動關系等等。不過瀨川昌久（2012：5）也進一步說明，這種被利用的客家學術資源往往取自於「本質主義」階段的客家研究成果，在後羅香林時期以建構主義為核心的客家研究因為關注客家的多源性、多樣性、曖昧性，從而缺少可以被社會挪用的客家認同及「客家商標」。即「建構主義」客家研究帶來了客家概念的增殖與混亂，並在學術場域內導致客家與非客家之間界限的模糊（邢光大，2021：44）。另一方面，如今在大陸不同地區（包括一些非客家聚居地）正在進行的客家運動，類比性地出現了客家文化表徵的大量增殖。以民系論為代表的學者們塑造出正統漢文化的客家文化表徵後，許多地區都試圖開發，甚至是創造自己的客家文化，進而實現政治及經濟方面的價值。其後果是不可避免地出現了客家景觀的同質化。如下圖 1 及圖 2 所示，同為客家聚居地的廣東省梅州和江西省贛州，同樣以中華（漢人）正統（國學及八卦）為母題打出客家文化景觀牌。而這些現象的背後，自然和宣揚漢人中心的國族主義，以及塑造某種「中國特色」文化表象等意識形態緊密相關。

另一方面，在客家景觀發展的同質化傾向之下，仍有一定的地域差異。比如梅州強調文教，和梅州本身塑造「文化之鄉」這一都市表徵有關，而贛州強調道教特色，筆者推測和當地濃厚的道教氛圍相關。因此，這種潛在的差異性又會引出另一個問題：客家景觀之間的競爭。其代表案例便是河合洋尚關於圍繞「真正的客家遺產」是什麼所展開的，梅州的圍龍屋與福建的圓形土樓之爭：在福建省的圓形土樓申請世界遺產，並成為世界公認的客家遺產的象徵物之後，梅州當地人才意識到自己日常生活中經常接觸的圍龍屋所具有的文化價值，並宣稱梅州的圍龍屋才是真正的客家遺產而非土樓，其後在相關媒體人及學者等的推動下，開始了圍龍屋的世界遺產申報（河合洋尚，2016：123-

圖 1　梅州的「東山書院」：國學及儒家文化已然成為客家人崇文重教的代名詞，書院內還設置有孔子像及收費的投壺游樂項目。（筆者攝影，2019）

圖 2　位於贛州客家風情園內的「客家情廣場」：在官方的說明中，強調此設計體現了客家人愛護自然，天人合一的理念。在該客家景觀園區中，多見以道教文化為主題的客家景觀。（筆者攝影，2019）

139）。[8] 由此我們可以發現，在大陸以觀光開發為主流的「客家熱」的持續升溫之下，實際上隱藏著客家權力話語之間的競爭與博弈，各種各樣的「客家」在現代借由媒體、學術成果、景觀等諸類客家象徵符號被重構出來的同時，不同語境下的「客家」之間牽扯出一張客家話語權的張力網。

縱觀客家研究發展史，我們可以發現客家研究與客家運動互為表裡，雖然客家研究借由人類學典範的導入，在學科內部不斷發展，但無論是現代的客家研究，還是現代大陸正在進行的客家運動，都出現「客家」正在不斷增殖的現象：在客家研究中體現為客家概念的多樣化及曖昧化，在客家運動中則體現為多樣客家景觀及客家言說的複製、競爭與再活化。[9] 而筆者認為，在不同時期被倡議的「客家學」，實質上正是同時對於客家研究與客家運動雙方的回應。

對於客家研究場域而言，面對如今客家研究中的多樣典範及客家概念的複雜化時，部分客家學者有意識地想要跨越自己處於諸學科之下的尷尬地位，以及重新反省日漸曖昧化的「客家為何」這一問題，進而選擇了一種重回某種「回歸原典」般的方式，意圖建立獨立學科。然而從今日的視點來看，這一工作似乎並不順利。在上述蕭新煌（2018：10）的文章中，他進一步指出：「到最近，使用『客家學』此一名稱就比較收斂，反而多轉向以『客家研究』來命名和標籤此一學術領域」。筆者認為，其核心原因在於，意圖創建獨立客家學的學者

---

8 此外，筆者在松源地區進行田野工作時發現，相比圍龍屋，這一帶方形的二層建築樣式更為多見，長期對松源地區進行調研的某位非遺工作人員告訴筆者這一建築稱為「走馬樓」。甚至在某些附近村落，還發現了已經荒廢的騎樓建築群。「客家建築」的多樣性可見一斑。

9 需要注意的是，這些景觀往往會進一步創造、催生客家的族群認識。如，河合洋尚在近著《＜客家空間＞の生產：梅県における「原鄉」創出の民族誌》（2020）中，以廣東省梅縣為例，指出在改革開放之後，梅州市政府為了招商引資等政治經濟目的，打出客家招牌，塑造了大量的客家表象和客家言說將梅縣打造為「客家空間」，這一過程也直接導致了許多梅縣當地人「方才」認識到自己是客家人。

們，幾乎都默認其現階段的多典範的階段，導致了客家這一概念始終無法以某種方式收斂。在建構主義的典範轉移後，任何對於客家進行類本質性，乃至於霸權式定義的言說，都會被學者們所警惕。在學術場域內，對多典範的認可，並承認其所帶來的客家概念的多元化，似乎註定了作為獨立學科的客家學的成立存在著難以調和的內在矛盾。

另一方面，對於客家運動場域而言，客家學的創立也是在「客家熱」的刺激下應運而生的產物。要論述這一點我們需要從客家學的典範問題轉移到客家學創建的動機上。如前所述，客家研究的發展與客家運動總是相輔相成的，然而在建構主義導入客家研究之後，既往的客家運動難以繼續從族群論的客家研究成果中汲取養分，對於形形色色的客家運動推行者而言，他們需要重新找到一類可以推動客家運動的學術典範，來為自身所認為的客家的正統性背書。即，客家運動的推手們需要一種實用主義的客家學問。事實上，如果我們追溯客家學最早的提倡者吳澤的客家學論述，我們可以發現吳澤在論述客家學理論不清晰的同時，更多著墨於客家學的建立對國家及中華民族等如何做出貢獻——這一實用主義的問題上。21 世紀之後，許多客家學論述與客家族群的賦權連結在了一起。許多客家學的提倡者也提及，客家學建立的目標之一，在於其具有實用主義的特色，並嘗試透過學術進一步地推進客家族群運動（例如林修澈，2004；徐正光、張維安，2007：13-14），[10] 並在這一過程中強化客家

10 林修澈（2004）在歸納各大學者對於客家學的構想之後，提出「將科際整合的諸學科集中在民族發展的部分……目前客家學的核心概念在於民族與文化。民族側重在民族史，文化側重在民族誌，可是民族理論（就是客家人的定位）卻是民族史與民族誌的賴以存在的根本依據，應該安置在最核心的位置」。林修澈的客家學構圖可以簡述為客家學應該一方面以各學科之特長為「族群運動」服務，另一方面以民族理論為客家這一概念穩固根基。強調客家學的發展對於客家族群運動具有實用主義這一點和許多客家學論者的觀點如出一轍。但對於如何以民族理論來穩固客家概念，他將其陳述為客觀的客家（民系、族源、民族邊界）與主觀的客家（族群建構）的相互關係中去把握。然而，雖然同樣是圍繞客家這一概念進行論述，但是

的特殊性。其背後不可避免地隱含著對於客家景觀建構的影響。民系論帶動的以正統漢人為母體的客家景觀建設便是極好的例子。[11]

無論典範如何，「客家學研究」都意味著創造對客家賦予一套特殊的話語體系，可以讓客家運動的踐行者們更方便地為自己的行為找到學理上的正統性及邏輯。在現實中我們不難發現，在客家研究界中，除了學院派的學者之外，還包含有形形色色的地方知識人、商人及政客。許多客家研討會雖然以大學為單位舉辦，但其背後多由地方政府和特定的企業提供資金援助。無論是哪一類研究者，都有不少兼任某些客家運動的直接參與者或推手。客家研究與客家運動的「學術－政治雜糅體」正是從早期到今日為止，客家學術發展的重要特徵。至少對本文所提及的部分觀點及筆者自身的觀察而言，客家學研究並不意味著從「學術－政治雜糅體」中除去作為政治的客家運動，而是將「學術－政治雜糅體」整體作為「客家學」的內容。今天的某些學術會議上，仍然能聽到「XX 是客家文化，XX 不是客家文化」之類的發言，試圖進一步清晰地區隔出客家與非客家的分界線，成就新的本質主義的客家論，雖然對某些學者而言

他所敘述之客觀與主觀的客家依存的分別是民系論和族群論兩種不同的典範。這些典範的相互對話是否又能如願以償穩固「客家」的根基，都是需要我們進一步去觀察及思考的問題。需要指出的是，林修澈的觀點和大陸的客家研究者周建新的觀點非常類似。周建新（2016：81-85）分別以地域性及族群性兩個概念來定義客家。前者指不同地域多樣的客家文化，後者指客家的族群認同。林氏和周氏，都嘗試用一種「包含」的技法讓不同的典範和概念更大程度地包容在一起。

11 在這裡筆者必須強調的是，具有建構主義色彩的族群論並非完全無法被客家運動所利用，同時客家運動也並非完全拘泥於客家研究。相反，客家景觀在經歷過均質大量複製的現在，一種新的傾向，即從地域文化中挖掘當地客家特色開始逐漸抬頭。而客家運動的行動主體，會有意識地選取任何對自己有利的學術產物對其進行裁剪與重構。比如後述的筆者在梅州調查的案例就是其典型。在這一意義上，以族群認同為核心的建構主義所帶來的客家文化的多樣性，給海內外更多地方套上了「客家」的外衣的同時，也給客家運動的主導者提供了更多可利用的「客家文化」素材。

客家學的目的不一定在於此，但具有實用主義特色的客家學很有可能被利用來為這些本質主義的言說賦權，這恰是客家運動場域中所歡迎的現象。在這樣的背景下，如今客家學再次被提倡便不難理解。

了解客家學成立的背景之後，我們不妨重新思考：建立客家學這一行為，究竟意味著什麼？前述的客家研究者多認為客家學現階段只能停步於多學科借鑒的階段，雖然對成熟且獨立的客家學體系抱有期待，但卻認為暫時還無法到達。而筆者認為，無論成功與否，我們不能輕視部分學者意圖創造作為獨立學科的「客家學」這一工作本身具有的學術上的、族群運動上的雙重意義。即客家學的提倡，並非單純源自於學科內部的典範更迭，也非單純源自於社會上客家運動的需要，而是客家研究自身與客家運動長期相互交織這一特徵下，以部分客家研究者為中介所達成的共謀。

實際上，「原典」的代表、被奉為客家研究之祖的羅香林最早對於客家學採取保留的態度，他對於客家學一詞這樣評論道：「但我總以為我們對於凡百學問，都須有一個適當的態度，研究時盡宜絕對的狂熱，說話時盡宜絕對的冷靜；有意要為某一問題或某一學問，東拉西扯，張大其詞，到底不是學者應有的態度，我們應得避它」（羅香林，1992：1）。羅香林十分精確地指出了「客家學」這一詞本身具有的客家運動中所帶有的「客家中心主義」色彩，但他實際上將學者理想化為純粹冷靜的觀察者，並放置於客家運動之外。然而，筆者認為，我們恰恰是要將這種「客家主義」同樣作為研究對象，甚至要去分析學者本身如何並不如想像般置身事外同樣參與「客家主義」建設，才能夠進一步推動客家研究的發展。

五、資源論視野下的客家典範

通過上述分析，無論是客家研究還是客家學，對其進行把握的關鍵都在於如何處理學術和運動之間的關系。在意識到這一點之後，我們無需進一步將學術和運動切割，將問題進一步複雜化。筆者認為，我們需要的是一種將學術和運動結合在一體（作為「學術－政治雜糅體」）進行分析的，方法論上的工具。給予筆者靈感的，則是近年來在日本人類學界展開的「資源論」典範。

近年來，文化資源論作為一種新的方法論，被應用於如觀光開發、傳統的重構、景觀創造等諸多正在進行時的「文化客體化」現象的分析之中。其基本典範為將特定的研究對象作為一種對社會有現實功能的資源來看待（窪田幸子，2007：203），並探究該研究對象如何得以成為一種資源的過程，或是如何持續進行自我更新以適應社會的變化，並持續發揮功能的過程，也即是「資源化」的動態過程（例如清水展，2007：127；菅豊，2004：205-210）。這一研究典範創新之處在於，將研究對象作為一種可持續且有用的資源進行捕捉，以避免對其賦予來自於任何對象的主觀判斷。以及，該典範關注的是資源化過程中各種主體如何對研究對象進行操作及經由實踐所帶來的結果，盡可能清晰地呈現在具體的資源化過程中複數主體間暗含的權力關系。筆者認為，如果將「資源論」的研究典範導入客家研究之中，實際上可以解決兩大難題。

其一，將「客家」視為有關客家的一種資源，包括各類客家運動時被實體化的文化資源（如作為客家象徵的土樓或擂茶等），為證明自己血緣或文化的正統性而被利用的客家研究學術資源（如客家人作為純粹的漢民族，漢文化的表徵）等，這一高度包括性的概念，而非將其限定為單一學術產物下的民系或族群，亦或是客家運動中被創造或重構的客家文化符號。同時，研究者可以摘下無意識中戴上的有色眼鏡，迴避多種客家概念競爭時常會遇到的「真／假客家」或「正統／非正統客家文化」這般由特定行動主體所持有的價值判斷。

其二，資源論本身相比定義靜態性的「資源」性質，更關心的是「資源化」這一動態的過程，以及在這一過程中不同行動主體對資源的認知及操作。在客家作為資源的語境下，我們可以將這一過程稱為「客家化」。借由資源論的典範，我們可以將有關於資源化，即客家化的複數主體及其結果同時納入分析之中，將學術場域內客家知識的生產和社會運動場域內的客家特徵生產關系結合在一起進行考量。具體可參考表 1。

表 1 資源論的典範

典範	對客家的詮釋	研究對象	研究方法	造成的結果
資源論的典範	不去定義客家的具體內涵，而將其作為具有價值（其價值因行動主體的不同而有所區別）的資源來捕捉。	由學者、客家運動推行者、一般客家大眾等共同構成的資源生產與再生產的網絡（學術－政治雜糅體）。	探究「資源化＝客家化」的過程，即客家概念在不同主體（包括學者在內）以各自的方式詮釋的過程中，相互之間如何發生競合關系，並最終產生了怎樣的效果。	1. 將學者在學術場域內的行為同樣作為研究對象。 2. 消解研究者與研究對象的對立關系，將之統一作為客家資源的生產者來捕捉。 3. 將學術和運動場域統合為（客家）資源生產及再生產場域。

針對上表，我們不妨舉一例以說明。以筆者自 2016 年始在梅州長期進行的田野工作為例，筆者長期關心的是，梅州地區名為「香花」的佛教團體的喪葬科儀，是如何在 20 世紀之後逐漸被收編為具有地方性客家佛教特色的非物

質文化遺產的。香花作為汎華南地域的宗教儀式，從原本不具有「客家」標籤，最終變身為「梅州客家的地方藝術」。

表面上看，這一過程是由地方非遺組織主導的文化開發的結果。然而如果仔細探討其「客家化」的過程，會發現學者們所創造「香花是客家佛教」的學術言說，媒體渲染的「香花是梅州的客家文化」，以及香花僧人們自發進行的儀式創新等等複數的行動者基於不同的動機共同參與其中，彼此之間又相互作用產出連鎖反應，最終才得以呈現出我們所看到的，香花葬禮成為了梅州客家特色的宗教藝術這一結果。需要注意的是，對不同行動者而言，香花作為「客家資源」有著不同的價值。如非遺團隊將香花科儀和民系論聯繫在一起，認為香花的客家價值在於傳達了客家漢人的孝悌思想及其具備的獨特本土特色（客家話及山歌腔調）。和非遺團隊多有合作關系的媒體也多強調香花的客家價值在於其具備的「客家佛教藝術」價值。對地方政府而言，香花可以帶來政治經濟上的價值，以及解決長期擱置的香花佛教宗派定性問題，所以最終承認香花是梅州客家的佛教。而部分學者則認為其價值源自於「既有研究較少，可以作為客家研究的課題」這一目的，也因這一原因這些學者透過自己的學術作品進一步強化了「香花科儀＝客家文化」的印象。而對一部分的香花僧人而言，香花作為客家文化則有更深一層的意義。他／她們利用自己是客家文化、梅州客家佛教這一招牌，來為自己的流派正名，強調自己並非是迷信而是佛教正信。因此，在香花「資源（客家）化」的過程之中，我們會發現這些對於「資源」（其客家價值所在）的不同詮釋（正如對「客家」的不同定義一般）會在實踐中交織在一起。學者、非遺開發團隊、地方政府及僧人們，對香花的客家價值詮釋不同，每個行動者都有著各自的目的，但同樣利用客家這一資源，最終共謀出了作為「客家文化」的香花科儀。而在這一過程中，學者們並非是完全客觀的，他們參與進塑造客家文化這一客家運動之中。在資源論的視野下，區隔出純粹的學術場域、政治場域或客家運動場域也變得不再重要，因為它們共同作為資源化過程的整體而存在。

六、結論：從資源論到公共客家學的可能

（一）關於資源論的幾點說明

筆者必須坦言，我們現在不得不懸置如何建設客家學這一問題。孔恩（Thomas Samuel Kuhn）在《科學革命的結構》中強調在面對無法解釋的現象時，會出現典範轉移的規律。然而面對如今客家研究中典範並置共存，且朝向各自的方向逐漸發展的現象，我們必須考慮到學術場域之外行動者的參與，其中一大主因便是客家運動及其背後蘊含的意識形態。因此，在討論建設怎樣的客家學之前，必須要明確建立客家學的目的是什麼，以及基於這一目的，不同的行動者採取了怎樣的論述及做法。這也是筆者撰寫本文最初的立意。即，直接分析想要去建立這樣一門學問的學者們的邏輯及其背後動力，對客家研究未來的發展而言更具有借鑒意義。

筆者在本文中闡述，作為獨立學科的「客家學」的提倡，實際上是回應客家研究與客家運動雙方面需求而應運而生的產物。在筆者發表本稿的初稿後，有學者私下告訴筆者：他所期待的獨立的客家學（筆者按：和本文所描繪的「客家學」相反），恰恰是想要讓客家研究能夠走出市場或客家意識形態等外部的影響，轉而升為純粹學術場域內的學問。這又印證了開頭所說的「客家學」概念的多義性。然而如本文所分析的一般：單純通過學術場域內的典範更迭，來完成客家學創立的邏輯自身便有內在的矛盾。更何況，我們不得不承認這樣一個現實：客家研究始終未能離開社會活動的場域，同時，成就一門客家學，本身也是客家運動場域中的客家資源推手們所樂見其成的現象。[12] 也有當事人告

訴筆者，有些關於客家學的論述，是出於文章發表的策略才不斷去強調客家的特殊性及實用主義，實際上和作者自身的想法還不盡相同。但筆者認為，策略性地迎合客家意識形態進行文本建構其自身，正是「學術－政治雜糅體」所具有的重要特徵，我們更不能忽視這一現象。[12]

或許有的讀者會發現，筆者所使用的資源論[13]和「關係論」及「情景論」的典範有相近之處。需要進行區分的是，在特定語境下，相比於首先聚焦於特定的「人類」行動主體的行為，資源論更優先地討論作為「物」的資源本身（當然，這一過程不可避免地要由研究者本身來選定資源對象），並以此資源為中心，去展開圍繞其本身的，包括不同行動者在內的網絡，進而重塑其複雜性及關係性，並揭示「物＝資源」可能對於行動主體產生的反身性作用。筆者想要特別強調，盡可能地需要將研究者本人納入分析對象之中（因為作為選定研究對象的行為主體的研究者本人，也是這一網絡構成的要素之一），這需要研究者盡可能誠實地面對自己的立場及主觀感受，並有記錄它們的勇氣。

本文最後，筆者需要澄清兩點可能會招致的誤解：首先，筆者並非過剩地強調客家學具有的運動傾向，來否定客家學本身在學術領域做出的成果。恰恰相反，許多客家學的討論往往並不局限於客家本身，對近代體制下普遍存在的族群議題有很大貢獻。但筆者想要說明的是，這些成果，往往是在經過學術

12 筆者（邢光大，2021）也曾抱有客家研究或客家學應該盡可能地擺脫其固有的意識形態這樣的看法。然而很快筆者便轉變了這一想法，意識到使用「擺脫」一詞似乎不夠恰當。正如上述分析所說，「客家」的生產及再生產，始終無法脫離一張由政治和學術（甚至在如今其變得更為複雜），以及多樣意識形態共同交織的網絡。因此，與其說「擺脫」網絡，不如說如何「把握」網絡本身才是今後客家研究問題的核心，本文中提倡的資源論典範便是其嘗試之一，而公共客家研究則是基於資源論的視野所帶來的，客家研究的另一種可能性。

13 本論文中筆者所使用的資源論和部分日本學者使用的典範並不完全一致。依據研究對象的不同，資源論有許多不同的展開方式，具體可以參考弘文堂的《資源人類學》系列。

與運動的「糾纏」（交織）及「雜糅」之後，在學術場域之中過程的體現。我們不能忽略其具有的另一個側面：族群研究和族群運動仍存在有內在聯係。其次，筆者提出資源論非是為了完全解構、或者否定客家這一概念本身。在圍繞以「客家」為名的資源網絡中，我們會發現每個人對於「客家」有不同的理解，但這些理解被累積、疊加了起來，成為一個開放的合集，而這一客家標籤的疊加，正是不斷被生產、建構的客家所具有的「類本真性」。我們絕不能認為這一種被作為標籤的、不斷疊加的客家叢集是一種假象，因為它提供了一種客家大眾的行動及實踐（比如尋根、保護客家話等）提供了合理性（或「意義」）。這一「類本真」的客家標籤，會引導人們以客家的名義行動，以自己的方式對其進行再生產。特定語境下，彼此之間會發生相互作用，並展現出「客家生產」的網絡系統。

此外，資源論本身並非是對固有現象進行全新詮釋的理論，而是一種純粹的方法論上的裝置。因此，我們需要的並非是對既往研究的否定，或者是對「客家學研究」的努力抱持懷疑，相反，我們需要的是一種對「客家」以及「客家研究」在方法論上的、研究視點的轉換。即，我們首先需要拋開典範新舊的成見，無論是民系論、族群論，還是本文集中探討的客家學研究，無論學者本人是出自於學術場域的考量（無關其本人的意志，其學術產物往往會背離研究者本身的意願而被重新組裝到社會運動之中），還是更為現實的社會目的來進行研究活動（當然在更多時候，這些複雜的動機會糾纏在一起），我們都需要將「客家」以及「客家研究」的概念，在具體的語境中放置於資源生產及再生產的脈絡下重新進行理解。我們無需定義真僞客家，傳教士時代、羅香林時代、族群論時代，不同時期對客家下真僞判斷的標準都不一致，如今客家研究多典範的語境下再去糾結這一問題也會走入死胡同。甚至於我們不需要定義客家的具體內容，因為對每個主體而言其解釋並不相同，但一致的是每個主體都在以自己的方式生產名為客家的資源。因此，在任何時空語境下通用的是：客家作為一種資源被不同的主體以不同的方式生產，而這一「資源化＝客家化」生產的場域，是由學術與運動的多種意識形態相交織形成的權力網絡，我們如果想要更為完整地去把握客家研究的全貌，必須不去區分純粹的學術場域和純粹的客家運動場域，而是將之純粹作為「資源化＝客家化」生產的場域來理解。

（二）公共客家學：作為一種嘗試

本文的最後，筆者認為有必要進一步闡述今後客家研究的價值所在。對於強調價值中立的學者，很可能對客家研究本身和客家運動糾纏不清的現象作出負面的評判。然而筆者不這麼認為。伴隨著近代學術體制的確立，學術場域內早已和其他社會經濟場域相互連結，透過以學術權威及科學之名周旋其中。就算我們不去計較純粹的學術場域是否存在，也不能單純地認為存在純粹客觀的「學術人」。客家研究本身具有的學術與運動相交織這一特質，恰是針對學術理想主義的一把利刃。筆者想要說明的是，至少在現代社會中，學術並不是高高在上的象牙塔，縱使有其專門性，我們也不能忽視它的地基依然深深扎根於、生存於市井之中。

因此，筆者需要進一步指出：實際上不僅僅是學者擁有往返於客家研究與客家運動之間的能力，近年來，以地方非遺專家、傳承人、甚至是地方文化產業投資人等看似非學者的客家大眾，同樣得以進入客家學術領域。2019 年由廣東嘉應學院客家研究院舉辦的「首屆客家學論壇」上，便邀請一位客家菜料理人以當事人的身分專門講述客家菜的特色。[14] 他以料理人這一當事人的身分，指出過去的客家菜往往有「油膩」的印象，而他所說的新客家菜則根據當

14 其論述內容完整度非常之高。事後有人告訴筆者，這是由於這一料理人和學者長期合作的關係。至少在筆者實際接觸的客家研究範圍，類似的合作還有很多。

代需要進行了改良等。即，在講壇上對客家菜的概念進行了現代性的重構，並對其內涵賦予其完整的、新的符號意義。我們似乎可以發現一種「公共客家學／客家研究」[15] 成立的可能性。

然而這種可能性的展開，要求我們更加積極地去打破客家研究的大門，這種做法或許不可避免地遭受到更多的批判，同時會帶來更加大量的，被評判為「不合格」的研究產物。但我們也不能否認其優勢——前述的客家菜大師便是極為有趣的案例。我們能看到，嘗試在學術場域內接受新的「行為主體」參與進各種「客家」的生產之中，促成學者與非學者之間的交流這一點並不見得都是壞事。

實際上早在 90 年代，廣東梅州嘉應學院的客家研究院便已開創了這一先河。客家研究院聯合國際客家學會與法國遠東學院等機構，曾嘗試與當地人共同協作的客家研究方法。據項目主理人之一的房學嘉的說法，先由學者們制定好框架和內容，再交由當地人進行描述，當地人將研究成果初步整理後寄回給學者，學者們再進行評定提出修改之處，透過這樣往復的對話，最終寫成了 1996 年出版的《梅州地區的廟會與宗族》一書。而近年來，邀請學者之外的人士登壇發表自己對客家的理解也逐漸普及。除了上述客家菜大師的例子外，2019 年在中國贛南師範大學舉辦的第 10 屆客家文化高級論壇上同樣邀請了客家米酒的傳承人來進行演講，不僅限於大陸，2018 年在日本國立民族學博物館召開的「臺灣客家與日本客家」（台湾客家と日本客家）演講會，也邀請了臺灣的客家文學作家等非客家研究者登壇，同年度在同地召開的國際學術會議「客家族群與全球化現象——華僑華人的擴張與現在」上，也邀請了香港客家

15 在資源論的視野下，我們無需再刻意區分客家研究和客家學。因為無論何者在生產客家資源這一層面上都是統一的。

文化研究會的代表與會討論。上述現象似乎預示著，由學者和非學者共同建構的「公共客家學／客家研究」典範，似乎逐漸成為一種新的趨勢。

我們接納資源論，意味著我們將學者和非學者同樣作為客家文化的生產者來進行捕捉，因此學者與一般大眾之間往往被先驗設定的二元對立會自然瓦解。在這一視野下，加深學者與一般大眾之間的溝通途徑，透過一般大眾與學者們的互動交流來迸發新的靈感，能夠擴張客家研究及客家學的更大可能性。縱然我們不能急於求成或對這一趨勢過度地樂觀，但並不妨礙我們對其有所期待——或許客家研究／客家學會成為一門，不去「虛掩」那虛構的象牙塔之門的學科。

附記：本文初稿發表於 2019 年於贛南師範學院客家研究中心舉辦的「第 10 屆客家文化高級論壇」，並在初稿基礎上進行大幅度地加工及修正而成。在此特別感謝與談人張維安教授提供的意見。

參考文獻

王東，1996，《客家學導論》。上海：上海人民。

吳澤，2010，〈建立客家學芻議〉。頁 24-33，收錄於《客家文化與經濟發展論壇論文集》。廣西：第 3 屆博白客家文化節。

邢光大，2021，〈多樣的客家文化與「做客家」：全球化語境下的客家學研究方法〉。《客家研究輯刊》2021（1）：41-49。

周建新，2016，〈客家文化的研究歷程與理論範式〉。《廣西民族大學學報（哲學社會科學版）》2016（6）：81-85。

房學嘉，1994，《客家源流探奧》。廣州：廣東高等教育。

房學嘉編，1996，《梅州地區的廟會與宗族》。香港：國際客家學會、海外華人研究社、法國遠東學院。

林修澈，2004，〈客家學研究史論：客家學的成立與發展〉。《行政院客家委員會》，12 月 20 日。https://www.hakka.gov.tw/Content/Content?NodeID= 624&PageID=36749，取用日期：2020 年 1 月 10 日。

河合洋尚，2012，〈「民系」から「族群」へ：1990 年代以降の客家研究におけるパラダイム転換〉。《華僑華人研究》9：138-148。

______，2016，〈「世界遺産」と景観再生：円形土樓と囲龍屋の比較研究〉。頁 123-139，收錄於《國立民族學博物館調查報告》。大阪：國立民族學博物館。

______，2020，《〈客家空間〉の生產：梅県における「原郷」創出の民族誌》。東京：風響社。

徐正光、張維安，2007，〈導論〉。頁 1-15，收錄於徐正光編，《台灣客家研究概論》。臺北：南天書局。

張維安，2019a，〈學術研究與客家發展〉。頁 6-8，收錄於蕭新煌編，《客家研究與客家學》。新竹：國立交通大學出版社。

______，2019b，〈客家意象、客家研究與客家學〉。頁 31-39，收錄於蕭新煌編，《客家研究與客家學》。新竹：國立交通大學出版社。

清水展，2007，〈文化を資源化する意味付與の実踐：フィリピン先住民イフガオの村における植林運動と自己表象〉。頁 123-150，收錄於山下晉司編，《資源人類學 02 資源化する文化》。東京：弘文堂。

莊英章，2002，〈試論客家學的建構：族群互動、認同與文化實作〉。《廣西民族學院學報》4：40-43。

曾令存，2017，〈返本溯源：作為學科對象的客家研究〉。《華南師範大學學報（社會科學版）》2017（5）：5-14。

渡邊欣雄，2020，〈客家と中華：1970～80年代の調查体験から〉。頁31-47，收錄於河合洋尚、張維安編，《國立民族學博物館調查報告150：客家族群與全球現象》。大阪：國立民族學博物館。

菅豊，2004，〈資源のダイナミズム：誕生から崩壊、そして再生〉。頁205-210，收錄於內堀基光、総括班編，《資源の分配と共有に関する人類學的統合領域の構築：象徴系と生態系の連関をとおして》。東京：東京外語大學アジア・アフリカ言語文化研究所。

黃志繁，2013，〈典範、概念與方法：中國大陸客家研究的學術歷程與理論反思〉。《全球客家研究》1：163-184。

楊國鑫，2019，〈現階段客家學的定位：從方法論的角度探討〉。頁61-85，收錄於蕭新煌編，《客家研究與客家學》。新竹：國立交通大學出版社。

萬建中，2018，〈客家研究的文化政治學：基於客家研究現狀的反思〉。《雲南師範大學學報（哲學社會科學版）》2018（2）：65-71。

窪田幸子，2007，〈アボリジニ美術の変貌：文化資源をめぐる相互構築〉。頁181-208，收錄於山下晉司編，《資源人類學02資源化する文化》。東京：弘文堂。

橫田浩一、河合洋尚，2013，〈客家文化的人類學、民俗學研究〉。頁51-64，收錄於河合洋尚編，《日本客家研究的視角與方法：百年的軌跡》。北京：社會科學文獻。

蕭新煌，2018，〈臺灣客家研究的典範移轉〉。《全球客家研究》10：1-26。

瀨川昌久，1993，《客家－華南漢族のエスニシティーとその境界》。東京：風響社。

______，2012，〈序論〉。頁1-11，收錄於瀨川昌久、飯島典子編，《客家の創生と再創生—歴史と空間からの総合的再検討》。東京：風響社。

瀨川昌久、飯島典子編，2012，《客家の創生と再創生：歴史と空間からの総合的再検討》。東京：風響社。

羅香林，1992，《客家研究導論》。臺北：南天書局。

客家產業經濟研究的理論與途徑：回顧與展望

俞龍通 *

一、前言

客家產業經濟隨著客委會成立後有政策和計畫性地推動之後，再加上客家研究院系所的成立，在質、量方面皆有增加。兼容並蓄地吸納了不同研究領域的專業來探究客家產業。也正因為質、量大幅增加及吸引多重專業的投入，客家產經成為分析臺灣地方及族群產業經濟的重要領域，因此以客家為視窗、以客家為方法成為引領這些領域的標竿。在經過 20 多年的累積後，客家產業經濟研究究竟提出哪些觀點、概念、方法或理論？抑或者客家產業經濟研究是否仍舊有許多問題需要深入探究，方能對客家產業經濟的理論與概念提出一個較為完整的研究理論。基此，本文將先簡要地回顧客家產業經濟的議題，並根據這些議題檢視所採用的理論，最後再綜整評述未來客家產業經濟研究可以廣化與深化的面向。

客家產業研究首先要釐清的是，什麼是「客家產業」？其是否等同「客庄產業」？是屬人主義的以經營者為定義？把客家人經營的產業視為客家產業，

* 俞龍通（ylong168@gmail.com），國立聯合大學客家研究學院文化觀光產業學系教授。

還是以區域為界定的產業？將客庄的產業視為客家產業？還是以目的為導向的客家產業，將能夠帶動地方創生、引領青年返鄉的產業視為客家產業？這些問題牽涉到客家產業最基本的定義問題，而現有客家產業研究卻鮮少深入討論，致使客家產業經濟研究的基本概念與理論建構方面顯然還有發展的空間。

其次，客家產業研究的關鍵主體為何？是客家文化還是客家產業經濟發展？客家文化的定位與功能為何？若是以客家文化為主體，則所謂的客家產業必須具有客家文化內涵與元素，具有客家族群特質或客家性。若不具備這些內涵與元素者，則不屬於客家產業研究的範疇，不是客家產業研究的對象。反之，若研究主體為產業經濟，則不管其是否擁有客家文化元素與內涵，都是研究焦點與主題，都可納入研究範疇。倘若客家產業必須具有客家文化特質，則應該繼續探究所謂的客家文化元素有哪些？所呈現的意象是傳統或是現代？客家產業是要再現傳統的客家意象還是強調客家新意？這對一個族群的印記影響深遠，文化再現的問題也是值得深入檢視與討論的議題。

再者，誰是客家產業的主要推動者與參與者？是政府部門、產業業者、學術研究單位，或是一般的民眾？這問題牽涉到治理的概念。最常用的治理概念為公私協力夥伴關係，除此之外是否還有其他有助於分析客家產業的治理概念？也是值得深入檢視與討論。

最後，客家產業議題也關切產業的發展，由於既有客家產業多數都是傳統產業，亟須轉型與升級，哪些理論有助於發展此一兼具客家文化傳承與經濟發展的「客家產業」？

針對上述的問題，本文歸納成如下的研究問題：

一、客家產業經濟定義與理論邊界

二、客家產業經濟推動主體與關鍵力量

三、客家文化在產業經濟理論的功能與定位

四、客家文化意象、文化象徵與詮釋的變遷

五、經營管理技術與方法取向在產業的應用

二、客家產業經濟研究的關鍵議題

（一）客家產業經濟定義與理論邊界

如前文所言，客家產業研究首要釐清的是「什麼是客家產業？」一些研究常將「客家產業」、「客庄產業」、「客家地方產業」、「客家社區產業」等交換使用，似乎假定這些概念所指涉的產業或區域是可以互換、是雷同的。甚至可以發現相關的客家政策也在這些概念間擺盪，最常見的就是以客庄產業泛指客家產業，認為只要有助於客庄產業發展的就是客家產業。以近年最熱門的客庄地方創生政策為例，即是以客庄地區產業指涉客家產業，並沒有區別客庄裡的產業究竟何者是客家的產業，何者不是？這與客委會最早提出的「客家文化特色加值產業計畫」明示客家產業必須要有客家文化特色的基調與定義明顯有別，增添了更多模糊與寬鬆的範疇。

針對此一問題的重要性和迫切性，俞龍通（2009：15-21）曾於《亮點客家》一書中透過現有客家產業經濟研究相關文獻的探討，並經由深度訪談主要的客家研究學者對於客家產業定義的看法後，釐清客家產業的內涵，歸納出五個相關的定義，其中「社會文化意義說」及「客家文化加值產業說」的觀點，最能符合客家產業的定義與內涵。

「社會文化意義說」所界定的客家產業，指稱產業在客庄生產的歷史事實，基於客家族群對生產材料選擇、製作處理與產品品質的經驗，發展出屬於特有的客家產業特色，創造客家品牌之意象與認同。此說植基於社會經濟學和文化人類學的理論，如鑲嵌理論等界定客家的產業，認為產業因其具有客家文化內涵與客家文化元素與特色或客家性，方屬於客家產業（張維安，2000）。這些產業多數屬於客庄傳統經濟的產業，如客家米食、農業及傳統特色產業，如香茅、樟腦油、東方美人茶、柿餅、擂茶、苗栗陶燒、美濃菸草、關西仙草等。

「客家文化加值產業說」則認為，不管產業的型態或類別為何，凡是能夠將客家文化的元素、內涵或價值轉化加值而發展成客家產業，即為客家產業。此一定義主要的依據來自於客家委員會成立即有的「客家文化特色加值產業計畫」。產業定義的關鍵在於產業是否具有客家文化元素在其中，這些元素包括特別能夠凸顯客家族群之生活文化、生態文化、生產文化的產業，如客家文學、電影、山歌、客家傳統表演藝術採茶戲、客家工藝、美術等視覺藝術、客家民俗技藝、客家服飾、客家建築聚落（夥房、圓樓、文化園區及館舍等）、客家慶典（客庄十二大節慶）、客家習俗等，都有具體可辨認的客家文化特質。產業內涵若能融入這些客家文化元素即為客家產業。以上兩種觀點收斂成「以客家文化為核心價值、透過文化加值，可以傳承客家文化、繁榮客庄的產業」的定義。

依前文論述脈絡，某些看似符合客家產業者如從地方創生為出發點的「區域說」、「產業目的說」及「機關說」都不夠充分能被稱為客家產業。此三者皆從客庄空間的概念及產業發展之目的而被稱為客家產業，認為凡是客庄裡面的產業皆是客家產業。這種不問產業類型是否具有客家文化的產業定義，有違客家文化復振的初衷與客委會成立的宗旨，未思考客家產業對於客家文化復興的角色與功能。

（二）客家產業經濟推動主體與關鍵力量

客家產業推動力量的研究，主要為治理的議題，牽涉到治理的型態與方法。多數研究焦點為政府公部門和民間私部門企業間合作關係的治理，即公私協力治理與夥伴關係。

協力治理與夥伴關係強調公私部門之間一種基於相互認同的目標，建立在不同行動者之間的動態關係。透過協力的治理，政府與各非政府部門組織採取合作，導入豐沛的民間社會力量於公共事務中，不僅減輕政府因應繁雜事務處理所造成的壅塞現象，更能提升治理效能。公私協力夥伴關係中，政府以輔導協助取代監督管制，這種在磨合適應期間所經歷的衝突與調和、退讓與協力經驗，始足以蓄積後續共事協力的信任基礎（Ansell and Gash, 2008: 544；李宗勳，2007；陳定銘，2008；陳敦源、張世杰，2010）。

（三）客家文化在產業經濟理論的功能與定位

客家產業的治理研究多數以公私協力治理為焦點，較少觸及客家產業核心議題的文化治理問題。相對於治理，文化治理則是一個比較新的概念。這牽涉到文化與治理的關係，也關係到文化究竟是目的還是工具？究竟是對文化的治理（governance of culture），文化被視為被治理的客體；還是以文化治理（governance by culture），文化成為主體，成為治理的本質、理性、心態與技術？文化治理的過程與結果所延伸出文化與政治、經濟與社會的關係和圖像為何？文化是一個獨立的範疇，文化治理就是對這個獨立範疇的治理？還是文化附屬在政治經濟與社會之下，屬於工具性的功能與價值，來促進政策效能：經濟提升和社會發展的殘餘附屬性工具？

就文化與政治、經濟與社會的互動關係，可以呈現幾種圖像，這些圖像同時也界定了文化的位置與特性：

對於文化的定義常見的有幾種：第一種是認為文化是人類生活的總體，是社會成員習得的複雜總體，包括知識、信仰、藝術、道德、法律、習俗和其他的能力與習性（Tylor, 1958: 1）。第二種的文化定義與論述為馬克思主義者的觀點，將社會結構區分為下層結構（經濟與物質結構），與上層結構（文化結構），並主張文化結構為下層結構之反應。第三種是文化工具論，將文化視為工具、作用與方法，作為提升政治權力、經濟利益或社會發展的工具，其價值為殘餘且邊陲的價值，在此模式下「文化經常被視為是一種依附於現實政治、經濟資源的爭奪與分配的依變項，或者可被操控、篩選、擺布的客體，欠缺主體性與本真性價值」（劉俊裕，2018：60）。在這樣的概念下，國家基於某種需要，以政策計畫為治理的手段來推動某文化，實現國家發展目標的手段與工具。第四種就是將文化治理視為是文化的治理，文化成為一個與政治、經濟、社會單獨存在的範疇，文化作為系統中的相對主體（王志弘，2014：73-75；劉俊裕，2018：59）。第五種則是以文化治理，將文化治理視為「一種以藝術、文化內涵為核心的本質性論述，以藝術、人文價值理性為治理中心的理想論述，將文化置於治理的中心位置、設立一套文化意義、價值的思想標準來衡量治理的機會與限制」（Hall, 1996: 228；劉俊裕，2018：59）。

究竟客家文化在產業經濟扮演的角色與功能只是純粹的工具性價值，作為文化加值產業的工具？客家文化產業是對於客家文化的治理還是以客家文化來治理？這些都與客家文化指涉的範疇為何有密切相關，這也是探究客家產業的關鍵議題。

（四）客家文化意象與符碼研究

客家產業文化意象與符碼的研究，即為客家產業的文化再現議題。所謂的「再現」指涉再次呈現，再現一個東西，就是取其原始，傳達它以及「處理它還原」（pay it back），但在這個過程中，原始的真實（實在）已有所改變（Grossberg et al., 1998），也就是客觀真實已被轉換。「再現」可理解為聯繫真實（reality）與意義（meaning）兩層面的符號系統，是將外在的事物（客觀真實）轉化成符號（符號真實），並藉由這些符號來理解「外在真實」的意義。「再現」是在紛雜的客觀真實社會事件中，主動加以挑選、重組、編排，並以文字或圖像等符號真實系統組成一套有秩序、可理解、有意義的敘述方式

（李美華、劉恩綺，2007：13）。這樣的挑選、重組、編排是一種社會建構，涉及社會中的各個文化成員如何被歸類與命名，亦即涉及社會成員的權力、支配與鬥爭的關係。Hall（1996: 28）從建構者的觀點出發，認為再現乃透過語言而來的意義生產，人們把符號組織進去語言之中，用以和他人進行有意義的溝通。這種歸類的工作是一直在進行的，其中一部分人被標籤化（labeling）或刻板印象化（stereotyping）。一旦刻板印象化被固定下來，媒體再現時就可將特定個體加以標籤化，有時會成為污名化（stigmatized）（李美華、劉恩綺，2007：10）。

（五）經營管理技術與方法取向

儘管客家產業關注核心的客家文化議題，然回歸產業的本質，仍須關注經營管理的課題，因此延伸出客家產業的經營管理議題。客家產業一方面要關注這個產業是否具有客家文化，另一方面也要注意產業的經營是否能夠生存與獲利。因此採借文化產業或文化觀光領域的管理理論成為回應與強化客家產業的途徑之一，其中之一就是文化真實性管理（cultural authenticity management）理論。當客家文化資源或資產被轉化與加值成為產業的資本，文化轉化成商品或文化融入商品的過程中，必須要關注客家文化是否能夠維持其本真性的問題，因此採用文化真實性管理理論來探究與分析客家產業是一個相當適切的理論。特別隨著客委會針對客家桐花祭或客庄 12 大節慶的推動和各式區域文創觀光產業的勃興，許多客家文化資源與資產被用作觀光產品的原料，客家文化真實性的程度高低，深深影響遊客對旅遊目的地的意象，使得文化轉化成為觀光產品時是否仍保有文化真實性，成為熱門話題（Urry, 1990; McKercher and Cros, 2002; Hughes, 1995）。

此外，鑑於多數客家產業皆是傳統產業，若要存續發展下去，轉型與升級為必經之路，因此相關管理學與行銷學的理論也被高度引用。常用的就是策略管理理論的資源基礎理論與關鍵成功因素和行銷學。

資源基礎理論強調企業組織是由許多資源組成，面臨外部環境高度不確定性，公司策略的焦點應更專注內部的獨特資源，找到特有的能力，建構企業的核心能力，才是競爭的優勢基礎（Wernerfelt, 1984: 171-180; Grant,1991: 115; Barney, 1991: 99-120; Collis and Montgomery, 1995: 118-128；松田久一，2013）。

三、客家產業研究相關理論範疇

（一）社會經濟學、文化人類學鑲嵌理論

相關研究指出某種產業被界定為族群產業，關鍵在於其是否具有族群的文化內涵與元素，以客家產業為例，特質之一就是具有客家性，進一步成為族群的象徵。傳統上被廣為認定客家產業的客家飲食毫無疑問的較無客家產業定義的問題，因為飲食代表一個族群（賴守誠，2019）。民以食為天，食衣住行育樂，飲食排在第一位。食物除了滿足飢餓食用的生理需求外，更是一個民族的表徵。德國諺語「什麼人吃什麼東西」，道盡了食材或食物構成的飲食文化，成為物質生活實踐場域重要環節。物質生活的重要準則之一就是「知道你吃什麼，就能說出你的身分」（Braudel, 1992）。反之，某些傳統上被認定為客家產業的樟腦、香茅與菸葉，甚至是茶業，是許多學者經由研究從這些產業找出屬於客家族群的性格或特質，及其與環境形塑與政府制度影響的關係。

研究指出北臺灣的客家人後所居住的自然環境主要為緯度和海拔較高的丘陵和台地的桃竹苗地區，主要的產業型態為農林牧礦業的第一級產業為主。而南部六堆地區的美濃和其他地區所從事的菸葉和稻作等，除了受到環境生態影響，適合種植菸葉外，更因客家社會女性勞動和家戶交工關係及政府穩定收購

制度所致，讓菸農成為穩定的公務農（洪馨蘭，1999），促成客家族群大量從事菸葉。樟腦產業也是類似的情況，隨著國際市場需求及政府穩定收購制度，致使樟腦產業的蓬勃發展（溫紹炳，2004）。從菸葉產業中可以看出客家族群的特質與價值。因此縱使菸葉受到政府政策不再種植影響，南部六堆農民不管維持稻作、轉作檳榔或是養殖業等，皆反映著六堆的傳統客家性——包括區位邊緣、聚族／離散的宗族社會內部矛盾，以及教育投資產生相對較高的階層能動性（洪馨蘭，2017）。

地理的依存度、族群的性格與特質和政府制度的影響，造就了客家的傳統象徵性產業的獨特性和族群文化風格。張翰璧（2000）研究北臺灣的客家茶產業後歸結：「客家族群從事茶產業的現象，歸因於大量的移民流入特定地區，移民在此特定區域從事墾殖，配合自然環境與社會資源的使用，選定了特定的農業生產，且因為移民多屬於同一群，形成某一族群在某一地理區域從事相同經濟生產活動，族群與產業間劃上了等號，此謂族群的象徵性產業。」對於客家族群特質的影響就呈現在其主要的性格為小農性格，保守、勤儉和刻苦耐勞（張維安，2000：39-40；林育建，2007）。進一步從族群比較的觀點而言，相對地客家人以農林獵業為主，和閩南的河洛人較注重商業是有極大差異的。主要的價值觀是比較保守，生活型態上一切講究實用。

客家產業的族群性或文化性除了從產業經營過程中所展現的族群性格與價值觀外，也可以從產業價值鏈加以區分。基於專業分工與勞務投入時間與資源多寡，傳統上客家族群專注於上游的生產製造，較無其餘時間從事下游的銷售，這種專業分工乃是各有所長的思考，並非客家人不擅於從事行銷販售等經濟行為。本文研究者針對南投客家產業業者的研究發現有許多客家鄉親從事下游行銷的工作，對於產業的經營管理非常擅長，創造自己的事業版圖（俞龍通，2020）。這樣的分工也呈現在藺草產業（潘美玲，2011）和北臺灣的茶產業。

整個茶產業的產銷分工呈現不同族群分布。生產、製造集中在客家地區，而銷售市場中心則集中在大稻程的福佬籍和洋行。後因市場轉變，政府政策改變，如開放小型製茶工廠設立或新的茶產品出現，使得原先位居生產、製造為主的客籍製茶業者，特別是製茶工廠，在某些資源與條件許可下，有新的機會另組不同臺北茶商組織的製茶公會組織，掌控整個茶產業上下游價值鏈（徐幸君，2010：109-119）。這說明了人類能動性的概念，隨著環境與政策的轉變，人們是有能力跟著環境改變，轉而從事某些原先沒有的商業活動。

外在環境決定的自然資源和政府制度鼓勵（菸草公賣制度），使得樟腦、香茅、茶業、菸草和檳榔等經濟作物的產地與客家分布的地區重疊，也使得這些經濟產物成為客家的象徵性產物。因此與其說客家人選擇這些產業，不如說這些產業選擇了客家（張維安，2000：12）。

（二）公私協力治理理論

隨著各式客家產業、節慶活動、文化園區、客家社團及政府生活營造計畫大力推動，以公私協力治理為研究主題的文章也大量產生。

在客庄地方產業方面，就有苗栗公館鄉紅棗產業（黃宏至，2010）、苗栗舊山線鐵道地方文化產業（林玟佑，2013）、臺灣客家地方特色產業與日本 OVOP 運動（張淵鈞，2014）及苗栗縣公館鄉農會（陳莉樺，2015）都是關切政府與協力單位在地方特色產業中所扮演的角色。

在節慶活動方面，研究個案主要為客庄 12 大節慶，包括客家桐花祭、土城桐花節、南投國姓「搶成功系列活動」、高雄市夜合客家文化藝術季、臺中市哈客文化藝術節、新北市客家義民文化嘉年華活動、苗栗市「全國客家日」及新埔鎮「迎花燈」活動，多數皆從協力治理及公私夥伴關係的建構提出興革意見（吳信慧，2009；王秀雲，2010；祝養廉，2011；郭旭芳，2011；廖繼暉，2011；朱淳妤，2012；朱惠玲，2013；徐素珍，2013；賴慧珠，2014）。

在客家文化館舍和文化保存區的研究方面，研究個案包括桃園縣客家文化館、臺北市客家文化主題公園、東勢客家文化園區及新竹竹北新瓦屋客家文化保存區等，探討這些館舍與保存區創建過程中，中央與地方政府層級及與社區的互動關係的協力治理過程及其文化治理造成的影響加以探析（徐憶君，2009：71-79；陳憲炎，2011；邱郁芬，2012；余思嫻，2015；涂美芳，2012）。

在客家社團方面，主要集中在新北市與桃園市兩個縣市之客家主管機關與客家社團的協力治理與夥伴關係，發現客家事務機關仍舊扮演主導的角色，客家社團處於資源依賴的情況，研究指出這樣的協力關係出現某些隱憂（陳定銘，2016；李珺樺，2010；陳定銘、陳樺潔、游靖宇，2012；袁文華，2013；張雅愛，2015；高曼茜，2017；湯麗鈺，2018）。

在客家生活營造計畫的協力治理方面，都是針對桃園市的計畫為研究個案，探究協力治理過程中各個利害關係人的互動與夥伴關係建立情況（吳珮菱，2013；林秀珠，2015）。

（三）文化治理理論

針對客家文化治理問題，本文作者以客委會近年來客家產業經濟輔導專案的三大旗艦計畫：「臺三線客家產業群聚亮點輔導計畫」、「客家特色產業精進計畫」和「客家認證餐廳」為研究案例，深入探究其文化治理相關議題（俞龍通，2019）最令人關注就是客家文化作為客家產業經濟附加價值的借用與挪移，究竟在整個治理過程中，客家文化扮演何種角色和發揮何種功能？這樣的角色與功能是客家文化應該扮演或是需要調整？文化治理究竟是文化的治理，抑或是以文化治理，強調文化治理乃秉持客家文化精神價值為核心，所有政治經濟社會的文化治理皆須依客家文化精神與價值而定？

客委會這三大旗艦計畫皆採用「客家文化加值」產業做法，以客家文化融入產業經濟來提升其附加價值。這樣的做法使得客家文化成為附屬於政治、經濟與社會範疇的殘存和邊陲價值，而這樣的價值又受到產業是否屬於客家傳統經濟產業或非客家經濟產業特性而呈現不同文化定位模式。若是文化加值的產業屬於客家傳統經濟產業特性，因為產業本身就是客家族群象徵性產業，產業的產製涵蓋了客家鄉親的生態、生產與生活，則這樣的產業本身即是文化。文化成為涵蓋政治、經濟、社會的整體，文化即是整體的生活方式。因為這些產業本身即為客家文化的代表和符碼，在文化加值產業的輔導歷程中，也透過文化再現的方式，展現客家文化傳統元素與符碼及其意義。因此文化的角色與定位成為政治、經濟、社會的介面，內在意義生產和價值、邏輯的協商、調節、辯證等主體化的過程。

此種模式也是非客家傳統經濟產業轉化成為客家產業常用的模式，即積極的建構、塑造或構連（articulation）作為理解政治、經濟、社會的存在。採取這種模式的文化加值策略，更凸顯產業類型與範疇不必然一定屬於客家傳統經濟產業的範疇，可以是其他與客家文化沒有關聯性的產品，只要透過適當方法融入客家文化，其商品就可以轉化成為客家文化產業，這也延續了上述針對客家產業之「以文化加值產業」的定義。

歸結上述所言，如果產業經濟屬於客家傳統產業經濟範疇，則文化的角色與定位為展現了工具性價值及文化即生活的總體，政治經濟社會等皆為文化的表徵。若產業經濟非屬於客家傳統產業經濟範疇，既可以透過客家文化加值，採取客家文化屬於工具性價值的模式，也可將文化視為是瀰漫式的內在意義生產。

除了以上三種模式外，把客家文化作為系統相對主體，與政治經濟社會是互為主體存在的，也是不證自明。客家音樂（流行音樂與客家山歌）、戲曲（採茶戲、舞蹈）、客家文學、客家工藝等屬於客家文化核心內涵，有其專屬的文化質素，有別其他政治社會經濟領域。這類型的文化藝術產業化後，成為文化經濟的核心項目，其主體性和獨立性並未受到經濟領域的覆蓋而消失，仍舊保存良好，甚至文化經濟成為文化保存的良善做法。

從以上的討論可知客家文化加值產業概念下的客家文化與政治經濟社會互動關係模式涵蓋四種模式：客家文化工具性模式、客家文化整體生活模式、客家文化作為瀰漫式的內在意義生產模式，及客家文化作為系統相對主體，與政治經濟社會是互為主體存在的。從文化治理的觀點論之，客家文化作為一個獨立存在範疇，對於客家文化的作為，就是對客家文化的治理。而針對政治、經濟、社會及藝術等範疇，以客家文化積極的建構、塑造或構連作為理解政治、經濟、社會的存在，文化瀰漫於大社會中，貫穿了各種領域，成為各領域得以運作的憑藉，更是以文化治理的體現。將客家文化視為優質與良善文化傳統來進行經濟產業的提升、社會環境的美化與政治運作等，即是以客家文化治理，儘管目前較具成效的為產業範疇，但未來應可推廣至其他領域。通過文化與政治經濟社會的辯證過程，有效地釐清與界定文化的角色與定位，同時也回應和鏈結過去有關客家產業定義的相關研究。

（四）文化象徵學與詮釋學理論

在紛雜的客觀真實社會事件中，客家族群的意象被加以挑選、重組、編排，及以文字或圖像等符號真實系統組成一套有秩序、可理解、有意義的敘述方式。挑選者或是建構者包括非客家族群者的傳播媒體和其他社會成員，也包括客家族群自我的建構（認知）。文化再現的途徑包括媒體、戲劇、舞蹈、博物館、電影、文化園區與文學。

根據客委會 2011 年發表的「99 年至 100 年全國客家人口基礎資料調查研究」調查結果，客家民眾自我認知「客家文化」的內涵統計為「客家飲食習慣」（55.0%）排名第一；「特有的禮俗」（20.2%）排名第二；第三為「桐花意象」（16.6%）和「客家服飾」（16.2%）；其次為「客家山歌民謠」（14.1%）、

「傳統工藝」（11.3%）、「勤儉特性」（7.1%）、「客家語言」（6.4%）和「客家建築」（5.3%）（張維安，2011：144）。

這些民眾所認知的客家文化內涵與元素，也是戲劇、舞蹈、博物館和電影中常見的客家文化元素與題材，顯然這些媒體與傳播的管道與途徑成為影響人們對客家文化的認知（王俐容，2005；吳佩芳，2016；古佳惠，2010；黃琬喬，2010；林彥亨，2003；林信丞，2008；何淑君，2006；廖經庭，2011）。在媒體方面的客家意象再現，客家意象呈現出濃厚的鄉愁與鄉民生活，無論是再現唱山歌、打採茶這些傳統的藝術內容，或是濃縮過去生活經驗的客家諺語，反映稻作民族的米食文化，傳承生命禮儀的風俗禁忌，以及回顧農耕記憶的地方產業、分享祖輩口傳的移墾經驗，這些在在都是凝聚客家族群的公約數，絕大部分都來自前工業時期的集體記憶。儘管如此，仍舊看到逐漸轉變中浮現的客家新意象，特別是客家運動及客委員會成立後，客家形象的呈現與之前傳統意象有許多改變，以文化產業的面向為重點，包括職業不再只有穩定的軍公教角色、服裝也展現出較為現代和時尚打扮（林信丞，2008）。在博物館相關的展示與論述上更是試圖跳脫傳統窠臼展現新意象，如「從『中心化的客家』到『去中心化的客家』；從『被動的客家』到『主動的客家』」；「從『同質性的客家』到『異質性的客家』」；文化展示不僅展示臺灣在地的客家，同時也展示海外的客家貌（羅郁瑛，2014）。

（五）策略管理、文化創意產業與文化觀光管理

文化創意產業和文化真實性的管理策略，強調過去的歷史、傳統與文化元素能成為增加產業經濟價值的再生資源，強化產品的識別與品牌，特別是強調一脈相傳的原汁原味與正統，此策略特別適用於客家產業的品牌識別。在區辨客家產業的屬性與獨特時，強調與凸顯客家文化內涵成為非常重要的方法。

張維安等從「被發明的傳統」觀點認為「類似客家桐花這種被創造的傳統

都奠定在人們對現下社會時局的反映之上，以懷舊情境的形式，重現族群過去的生活。……桐花祭除了是美感與休閒的，也是文化與歷史的，它為我們展開了一張傳統客家與新客家的歷史地圖」（王雯君、張維安，2004：121-146；張維安、謝世忠，2004：180）。相同的，俞龍通（2008，2009，2014）也分別深入分析客家桐花祭文化產業化和產業文化化的歷程，翔實地論述了客家桐花祭傳統與創新。擂茶也非臺灣傳統客家文化象徵，也是運用文化真實性管理的策略，透過刻意創造的策略，所形成的臺灣客家集體記憶（黃一民，2004）。

客家產業亟須轉型與升級，許多產業因為採取文化真實性管理策略和文化創意產業的方法，在轉型與升級產生良好成效。在《客家族群象徵產業的當代新風貌》（俞龍通，2014）及《從傳統創新：客家產業轉型與升級之鑰》（俞龍通，2016）書中，從客家族群象徵性產業的概念出發，選擇具客家族群象徵性的「客家桐花祭」、樟腦、木雕、東方美人茶、擂茶、客家醃製豆腐乳、醬油、草莓、陶瓷、茶油、油、客庄文化空間等產業個案，運用文化真實性的管理策略，以客家文化加值產業、產業創新營運模式和關鍵成功因素分析，發現在客家文化加值產業方面，許多業者除了廣為運用桐花符號外，也都透過挖掘本身獨特的發展歷程，和其各自所屬客家族群象徵性產業的符號、故事、歷史、儀式、共同記憶和感動等，將之轉化為可以加值產業的再生資源與文化資本，以這些客家文化符碼加值產業，增添產品的故事性和文化性，並透過包裝設計加值，有效轉化商品價值，使之成為炙手可熱的文創商品。在產業創新營運模式方面，業者們都透過開設、進駐或連結觀光工廠、產業文化館、產業文化園區的模式，轉型與升級為複合式的文化創意產業。搭配近年來政府舉辦與建置的各式節慶活動和軟硬體設施，有效地轉型與升級為客家產業的亮點。

除了文化真實性管理論外，針對代表客家族群的象徵性產業因環境變遷而沒落所產生的問題，許多研究者也針對客家產業的轉型與升級提出相關理論與觀點。張維安與謝世忠（2004）調查新竹和苗栗縣沿臺三線15個客家鄉鎮之生態文化產業的發展，描繪和解釋了其中轉型與升級的觀點與做法。其他如結合產官學的能量進行資源整合；透過田野調查方式進行文獻資料紀錄，依據產業特色找出妥適市場定位；透過設計管理與技術研發能力，提升產品精緻化與獨特性；透過產業認證機制與產品專利權之協助，強化行銷與推廣效果；透過地方產業與觀光結合的營運模式，將傳統木雕工藝、客家桐花、及130線獨特風情結合，型塑三義的觀光意象，提供多元且豐富的觀光發展空間（徐洪勳、丁原傑，1996；周錦宏、丁原傑，1999；連瓊芬，2003；鄧淑慧，2003；張怡平，2004；劉嘉琪，2005；張維安、鄧淑慧，2006；黃世明，2007；彭映淳，2007；鍾丰琇，2008；姜尚禮，2010；邱郁芬，2012；俞龍通，2012；謝佩格，2013）。

四、結語

本文針對現有客家產業簡要回顧和相對應的理論探究後，提出以下幾點結論與客家產業經濟理論建構的反思與建議。

第一，客家產業經濟首重在挖掘與確立其客家文化內涵或客家性（洪馨蘭，2017），如此才能確認研究的主題，接續才能討論其經營管理或公私協力治理議題。凡是未能確立客家文化或客家性內涵的產業研究，等同於商管學院的商業經營，並不屬於客家族群產業經濟的研究範疇。這一反思對於客家產業經濟研究的理論深化與廣化至關重要。客家產業經濟研究應延續現有社會經濟學與文化人類學理論的客家研究成果與傳統，讓各種產業的客家文化內涵或客家性能夠更多被挖掘與凸顯，有效達到客家文化傳承與經濟產業發展交織的效益。

第二，治理的討論數量不少，但多數較著重在治理過程之公私協力夥伴關係的討論。以文化為治理的討論甚少，使得客家文化的定位與功能在客家文化特色加值產業政策的推動下，只限於工具性的價值；或只是對客家文化的治理，至於更寬廣與更高層次的以客家文化治理的觀點，除本文作者外，尚未見到相關討論，這是客家政策的重點與內涵，未來應該更著重此一觀點的探討，讓客家文化超越工具性價值，成為主體。

第三，文化意象與文化再現仍舊以傳統刻板印象居多，文化創新仍舊薄弱，是一大隱憂。在理論的延伸與擴展上，除了傳播領域的研究外，品牌行銷和文化觀光理論也是重要的領域。對於政策與產業實務方面的建議，應更加重視內容產業人才培養，與對客家文化的傳統與創新能夠兼容並蓄的思潮與觀念的提升與創作。

第四，經營管理技術與方法取向。面對客家產業多數面臨轉型與升級的壓力，及地方創生與鼓勵青年返鄉的政策需求，產業經營管理理論與人才的培養有其迫切性。常被使用的理論包括文化創意產業、文化觀光和策略及行銷管理等理論範疇應該更加拓展至客家研究領域。商管理論較常使用量化研究方法，這在以文化、語言及歷史、族群為研究焦點的客家研究領域較為少見，這部分應該更加擴展跨領域學科人才的參與。

總結本文的研究，綜觀客委會產業經濟政策的發展，既有傳統與當代經濟產業類型，又有物質與非物質文化遺產的保存與發展，一方面既要文化傳承又要產業經濟發展，多重性的政策目標與多樣性的產業人才需求，使得客家產業經濟需要跨領域科際整合的理論研究途徑。以客家文化為主體，以經濟產業運用為舞台，採取科際整合的理論途徑來培養多樣化的客家文化產經人才。

本文主要觀點是筆者近 20 年的研究心得與觀察，從回顧與展望的角度出發，檢視現有客家產業經濟研究各面向的重點及未來可以再增補和強化的焦點供大家討論，希望有助於提升客家產業經濟的理論意涵與客家學的建構。

參考文獻

王志弘，2014，〈文化治理的內蘊衝突與政治折衝〉。《思與言》52（4）：65-109。

王秀雲，2010，《客家節慶活動的網絡治理途徑分析：以南投縣國姓鄉「搶成功系列活動」發展歷程為例》。國立暨南國際大學公共行政與政策學系研究所碩士論文。

王俐容，2005，《當代台灣「客家文化」的再現與重構：以文化節為例》，客家委員會 94 年度獎助客家學術研究計畫。新北：客家委員會。

王雯君、張維安，2004，〈客家文化與產業創意：2004 年客家桐花祭之分析〉。《中大社會文化學報》18：121-146。

古佳惠，2010，《媒體框架與客家意象之研究：以電影「一八九五」為例》。國立中央大學客家政治經濟研究所碩士論文。

朱淳妤，2012，《客家桐花祭與日本櫻花祭之比較研究：以文化治理的觀點》。國立中央大學客家政治經濟研究所碩士論文。

朱惠玲，2013，《公私夥伴關係之研究：以 2011 － 2012 年新北市客家義民文化嘉年華活動為例》。國立臺北大學公共政策研究所碩士論文。

何淑君，2006，《台灣客家文物館之文物詮釋與展示》。國立雲林科技大學視覺傳達設計研究所碩士論文。

余思嫻，2015，《東勢客家文化園區的文化治理與營運管理》。國立聯合大學客家語言與傳播研究所碩士論文。

吳佩芳，2016，《年輕創作者眼中的客家意象：以發現客家－ 2014 客家微電影得獎作品為例》。國立聯合大學客家語言與傳播研究所碩士論文。

吳信慧，2009，《客家桐花祭政策網絡關係之研究：以苗栗縣為例》。國立中央大學政治經濟研究所碩士論文。

吳珮菱，2013，《公私協力參與客家文化生活環境營造之研究：以桃園縣龍潭鄉水田老屋客庄研究調查計畫為例》。國立中央大學客家政治經濟研究所碩士論文。

李宗勳，2007，《政府業務委外經營之理論、策略與經驗》。臺北：智勝。

李美華、劉恩綺，2007，〈臺灣報紙如何再現客家形象與客家新聞：1995-2007〉。《客家研究》2（2）：31-81。

李珺樺，2010，《臺北縣客家社團互動與網絡分析之研究》。國立中央大學客家政治經濟研究所碩士論文。

周錦宏、丁原傑，1999，《故鄉之窯·窯之故鄉研討會論文集》。苗栗：苗栗縣政府文化局。

松田久一著，林瓊華、林隆全譯，2013，《策略圖解：大企業原來是這樣成功的!》。臺北：商業周刊。

林秀珠，2015，《客家文化生活環境營造計畫協力網絡之研究：以桃園市楊梅區為例》。國立中央大學客家政治經濟研究所碩士論文。

林育建，2007，《族群、產業與社會資本：以屏東檳榔業「行口」為例》。國立中央大學客家政治經濟研究所碩士論文。

林玟佑，2013，《地方文化產業發展與網絡治理策略：以苗栗舊山線鐵道為例》。國立臺北大學公共政策祭行政學系碩士論文。

林信丞，2008，《從客家雜誌分析台灣客家形象之變遷》。國立交通大學傳播研究所碩士論文。

林彥亨，2003，《客家意象之形塑：台灣客家廣播的文化再現》。國立清華大學人類學研究所碩士論文。

邱郁芬，2012，《臺北市客家文化治理策略之研究：以客家文化主題公園為例》。國立中央大學客家政治經濟研究所碩士論文。

俞龍通，2008，《文化創意 客家魅力：客家文化創意產業觀點、策略與案例》。臺北：師大書苑。

______，2009，《點石成金：30 個文化創意產業 X 檔案》。臺北：師大書苑。

______，2012，《亮點客家：台灣客家文化創意產業之路》。臺北：師大書苑。

______，2014，《客家族群象徵產業的當代新風貌》。臺北：師大書苑。

______，2016，《從傳統創新：客家產業轉型與升級之鑰》。臺北：師大書苑。

______，2019，《客家文化產業：治理・真實・再現》。臺北：師大書苑。

______，2020，《南投客家產業：再移民與多元共構下的軌跡與圖像》。臺北：師大書苑。

姜尚禮，2010，《台北縣客家文化園區經營績效評估之研究：以平衡計分卡觀點》。國立中央大學客家政治經濟研究所碩士論文。

洪馨蘭，1999，《菸草美濃：美濃地區客家文化與菸作經濟》。臺北：唐山。

______，2017，〈當代臺灣六堆客家農業地景變遷與其「客家性」研究〉。《民族學界》39：171-212。

徐幸君，2011，《戰後臺灣北部客家茶產業經營性格》。國立中央大學社會文化研究所碩士論文。

徐洪勳、丁原傑，1996，《從苗栗的陶瓷藝術看臺灣陶瓷之源流與展望》。苗栗：苗栗縣立文化中心。

徐素珍，2013，《「全國客家日」的地方治理與文化傳播：以苗栗市為例》。國立聯合大學客家語言傳播研究所碩士論文。

徐憶君，2009，《「文化治理」中的不對等權力關係：以桃園縣客家文化館為例》。國立中央大學社會文化研究所碩士論文。

涂美芳，2012，《文化保存與文化治理：以新瓦屋客家文化保存區為例（2005-2010）》。國立中央大學客家社會文化研究所碩士論文。

祝養廉，2011，《從地方治理觀點析探土城桐花節》。國立中央大學客家研究碩士在職專班碩士論文。

袁文華，2013，《桃園縣客語薪傳師協會與政府協力推動客家文化之研究》。國立中央大學客家研究碩士在職專班碩士論文。

高曼茜，2017，《桃園市客家社團網絡治理指標之研究》。國立中央大學客家研究碩士在職專班碩士論文。

張怡平，2004，《文化創意產業促進地方經濟發展策略之研究：以苗栗縣地方特色產業為例》。逢甲大學土地管理所碩士論文。

張淵鈞，2014，《日本 OVOP 運動與臺灣客家地方特色產業的比較分析：協力角色觀點》。國立中央大學客家政治經濟研究所碩士論文。

張雅愛，2015，《桃園市客家社團網絡參與之研究》。國立中央大學客家研究碩士在職專班碩士論文。

張維安，2011，《99年至100年全國客家人口基礎資料調查研究》。新北：客家委員會。

張維安、鄧淑慧，2006，《苗栗裝飾陶瓷產業》。苗栗：苗栗縣政府文化局。

張維安、謝世忠，2004，《經濟轉化與傳統再造：竹苗台三線客家鄉鎮文化產業》。南投：臺灣省文獻委員會。

張維安編，2000，《台灣客家族群史：產經篇》。南投：臺灣省文獻委員會。

張翰璧，2000，〈桃、竹、苗茶產業與客家族群經濟生活間的關係〉。頁 87-121，收錄於張維安等編，《台灣客家族群史：產經篇》。南投：臺灣省文獻委員會。

連瓊芬，2003，《文化創意產業品牌形象之視覺設計與應用研究：以苗栗窯業為例》。國立臺灣師範大學設計研究所在職進修碩士論文。

郭旭芳，2011，《高雄市夜合客家文化藝術季之文化治理與權力脈絡》。國立高雄應用科技大學觀光與餐飲管理研究所碩士論文。

陳定銘，2008，〈非營利組織與政府協力之研究：以三個公益組織方案為例〉。頁230-255，收錄於江明修編，《第三部門與政府：跨部門治理》。臺北：智勝文化。

______，2016，〈都會地區客家族群認同與政策網絡之研究：以新北市為例〉。《客家公共事務學報》14：1-7。

陳定銘、陳樺潔、游靖宇，2012，〈政府與客家社團協力指標之析探〉。《行政暨政策學報》54：41-82。

陳莉樺，2015，《客庄特色產業網絡治理之研究：以苗栗縣公館鄉農會為例》。國立中央大學客家政治經濟研究所碩士論文。

陳敦源、張世杰，2010，〈公私協力夥伴關係的弔詭〉。《文官制度季刊》2（3）：17-71。

陳憲炎，2011，《桃園縣客家文化館組織定位與治理模式之研究》。國立中央大學客家政治經濟研究所碩士論文。

彭映淳，2007，《文化創意產業感性行銷之研究：以苗栗三義木雕為例》。國立中央大學政治經濟研究所碩士論文。

湯麗鈺，2018，《新北市客家社團協力治理之研究》。國立中央大學客家語文暨社會科學學系客家研究碩士在職專班碩士論文。

黃一民，2004，《文化與商品：擂茶的社會學考察》。國立臺北大學社會學研究所碩士論文。

黃世明，2007，《苗栗地區族群文化與地方行銷之研究：以三義鄉為例》，客家委員會96年度補助大學校院發展客家學術機構計畫。新北：客家委員會。

黃宏至，2010，《地方產業通路建構之網絡治理探討：公館鄉紅棗產業為例》。國立聯合大學經濟與社會研究所碩士論文。

黃琬喬，2010，《尋找客家影像：臺灣電影中客家族群表現與形象分析研究（1973-2008）》。國立高雄師範大學客家文化研究所碩士論文。

溫紹炳，2004，《台灣樟腦產業與客家人社會地位提升之研究》，客家委員會93年度獎助客家學術研究計畫。新北：客家委員會。

廖經庭，2011，〈桂花在哪裡？南庄老家觀光產業中客家文化再現〉。《客家研究》4（4）：151-192。

廖繼暉，2011，《台中市客家社團參與客家公共事務協力關係之研究：以哈客文化藝術節為例》。國立臺北大學公共行政暨政策學系碩士在職專班碩士論文。

劉俊裕，2018，《再東方化：文化政策與文化治理的東亞取徑》。高雄：巨流。

劉嘉琪，2005，《振興地方產業之研究：以三義木雕產業為例》。環球技術學院中小企業經營策略管理研究所碩士論文。

潘美玲，2011，《藺草產業中的客家族群關係：經濟分工角色與社會日常互動》，客家委員會補助大學校院發展客家學術機構計畫。新北：客家委員會。

鄧淑慧，2003，《酒甕的故鄉：苗栗酒甕的歷史與文化特色》。苗栗：苗栗縣政府文化局。

賴守誠，2019，〈現代消費文化動力下族群飲食文化的重構：以臺灣「客家菜」當代的休閒消費轉型為例〉。頁 87-121，收錄於俞龍通編，《客家文化產業生成與發展》。新竹：國立交通大學出版社。

賴慧珠，2014，《公私協力推動客庄傳統節慶研究：以新竹縣新埔鎮「迎花燈」活動為例》。國立交通大學客家文化學院客家社會與文化學程碩士論文。

謝佩格，2013，《客家文化園區之協力網絡研究：以苗栗縣三園區為例》。國立中央大學客家政治經濟研究所碩上論文。

鍾丰琇，2008，《台北縣客家文化園區營運策略之研究》。國立臺灣師範大學社會教育學研究所碩士論文。

羅郁瑛，2014，《文化展示與客家論述：以苗栗客家文化園區為例》。國立中央大學客家社會文化研究所碩士論文。

Ansell, C., and Gash, A., 2008, “Collaborative Governance in Theory and Practice.” *Journal of Public Administration Research and Theory* 18(4): 543-571.

Barney, J. B., 1991, “Firm Resources and Sustained Competitive Advantage.” *Journal of Management* 17(1): 99-120.

Braudel, Fernand, 1992, *The Perspective of the World: Civilization & Capitalism, 15th - 18th Century Volume 2*. California: University of California Press.

Collis, D. and Montgomery, C. A., 1995, “Competing on Resources: Strategy in the 1990s.” *Harvard Business Review* 73: 118-128.

Grant, R. M., 1991, “The Resource-Based Theory of competitive Advantage: Implications for Strategy Formulation.” *California Management Review* 33(3): 114-135.

Grossberg L., Wartella E. and Whitney DC., 1998, *Media Making: Mass Media in a Popular Culture*. London: Sage.

Hall, S., 1996, “Cultural Studies and its Theoretical Legacies.” Pp. 261-274 in *Critical Dialogues in Cultural Studies*, edited by Stuart Hall, David Morley and Kuan Hsing Chen. London and New York, Routledge.

Hughes, G., 1995, "Authenticity in tourism." *Annals of Tourism Research* 22(4): 781-803.

Mckercher, B and Hilary. Du Cros., 2002, *Cultural Tourism: The Partnership Between Tourism and Cultural Heritage Management*. New York: The Haworth Hospitality Press.

Tylor, E. B., 1958, *Primitive Culture: Research Into the Development of Mythology, Philosophy, Religion, Art and Custom*. London: J. Murray.

Urry, J., 1990, *The Tourist Gaze*. London: Sage Publication.

Wernerfelt, B., 1984, "A Resource-Based View of the Firm." *Strategic Management Journal* 5: 171-180.

語言符號景觀：
理論、方法與實地研究

陳湘琳 *

一、前言：語言符號景觀研究

本文擬通過在韓國首爾進行的語言和符號景觀（Linguistic/semiotic landscape）研究來探討東南亞／臺灣族群／客家研究的可能理論框架和方法。

就理論而言，語言和符號景觀研究（或簡稱語言景觀研究）是關於公共空間文本的研究（Landry and Bourhis, 1997; Shohamy, Ben-Rafael and Barni, 2010）。通過對語言符號景觀的觀察，不但可以界定、標記某一語言群體所居住的地理空間，也同時可以成為社會語言學現象的索引（Papen, 2012），由此引導外來者對相關的公共／地理空間有更系統和深入的認識。

Scollon 及 Scollon（2003: 110）認為語言符號景觀研究中的「符號」指的是「包括語言和話語在內的任何符號學系統」。換言之，語言景觀研究不純粹是有關語言本身的研究。一些學者認為，語言景觀研究可以幫助人們「對宏觀的社會政治意義有更好的理解」（Leeman and Modan, 2009: 332）。人們也可以通過在語言景觀建構中對不同的社會語言所作的選擇，以及其他符號

---

* 陳湘琳（Seong Lin Ding, slding@um.edu.my）, Associate Professor of Sociolinguistics, Faculty of Languages and Linguistics, Universiti Malaya.

學的形式來表達身分認同，並由此參與公共空間的象徵性構建（Ben-Rafael et al., 2006）。

迄今為止，語言符號景觀學說的理論與實地研究已經越來越多樣化，研究調查的對象甚至已經超越了語言，而開始涉及各個區域地點的各種重要議題。Kallen（2010）認為，研究者需要對公共標牌的索引功能保持敏感，因為它們是標牌生產者／招牌業者和消費者之間對話的一種形式。不但如此，正如 Scollon 及 Scollon（2003）所提出的那樣，標牌不僅提供了可索引性，即語言被用來指向語言之外的世界，而且標牌的放置也往往帶有重要的社會意義，因為標牌通常與塑造或導致當前語言符號景觀的社會政治文化背景有密切的關係。舉例如 Coupland（2012）的研究所顯示的，語言景觀其實更多是一個地方的主觀展示，而不是一種客觀表現。因此，一個地區的語言符號景觀不應被看作是對其所處地理空間環境的某種添加，而實際上是構成和塑造這個地理空間的重要部分（Trinch and Snajdr, 2017）。在多數情況下，權力關係和不斷改變的政治制度／政權對語言符號景觀的塑造往往起著關鍵作用（Spolsky and Cooper, 1991）。Shohamy 及 Waksman（2009: 321）將語言景觀描述為一個「各種議程進行爭戰，談判和支配」的場域。換句話說，通過公共標牌上的文本和圖像，我們所觀察的並非定量性的語言使用，而是特定意識形態的可能展示——那些潛在的競爭和談判，掠奪和反抗，可能的權力鬥爭和社會變革。

以韓國為例，首爾語言符號景觀的調查研究如何為許多問題提供多樣化的解釋和新的見解，包括如何呈現、凸顯地緣政治和地緣經濟對韓國社會的影響？而韓國社會又是如何回應？如何在這樣的全球化壓力中堅持本身的文化與身分認同？從這個角度出發，我認為語言符號景觀研究可以為東南亞／臺灣族群／客家研究提供不同的理論、方法和視角，成為當代社會應對族群語言文化與政治經濟變化和挑戰的有力見證。

二、語言符號景觀理論與方法

本文將以三個重點理論為例，討論語言符號景觀理論在首爾的實地研究中的具體成果。

（一）理論

1. Scollon 及 Scollon（2003）「場所中的話語」理論

此「就地話語」理論探討如何通過解釋公共文本的含義來理解文本周遭的社會和物質世界。根據這個理論，公共標牌的話語可以按照話語的類別進行分類：

- 監管：具有法律依據，可以依法執行監管的標誌（例子：「不得停車」標誌）
- 指示：官方機構製作的標誌，例如官方通知和街道標誌（例子：路名標誌）
- 商業：一般是由下而上（Bottom-up）的私人商號標牌（例子：店面招牌）
- 違規：與公眾預期背道而馳的符號或者標誌（例子：塗鴉）

2. Scheff（2005）

Scheff（2005）的主張是：Goffman（1974）的框架分析可以說是理解語境／背景和解讀文本的一個重要理論步驟。根據 Goffman 的想法，如果研究只關注話語而忽視更大的語境，則很可能會誤解話語的含義。而一個主觀的語境通常涉及多個框架／數個框架的集合。通過這些框架所提出的對話語的有效解釋，可以有序地定義語境，從而揭示標牌如何可以與更大的社會結構聯繫起來。以韓國首爾為例，地緣政治與地緣經濟是比較突出的所謂「更大的社會結構」。

換言之，雖然韓國和許多國家一樣，有本身的文化和語言遺產，但在韓國悠久的歷史發展中，也自然不能倖免於與其他種族／國家，特別是與中國、日本以及美國產生爭議和衝突（Kim, 1980; Kim, 2009; Lewis, 2017; Park, 2013; Rhee, 2014）。因此，今天在首爾公共場域所展示的語言符號景觀，無論是就語言本身的爭議（比如漢語、韓文漢字、日語或英語），還是指涉歷史／當下社會事件的符號景觀，都不免受到美國、日本和中國等超級大國的地緣政治和地緣經濟的影響（Ding et al., 2020）。

3. van Leeuwen（2005）

社會符號學理論假設符號學體現並反映社會現象，同時符號也會根據社會需求和變化的影響而因應改變（Hodge and Kress, 1988; Kress, 2010; van Leeuwen, 2005）。解釋圖像含義的其中一種方法是通過「框架」（Framing）來理解相關標誌（van Leeuwen, 2005）。此理論為 Kress 及 van Leeuwen（2006）所提出，後再由 van Leeuwen（2005）作進一步詮釋。「框架」概念表明，「視覺語言」（Visual language）提供了符號學資源和多模態性（multimodality），因此給可能無法通過一般的文本模式完全被人所理解的社會景觀／變化提供了更充分的展現空間和交流平臺。

如下所示，我採用的分析方法是「框架」概念（van Leeuwen, 2005: 13）的修改版本（Ding, 2021）：

- 整合（不同的標牌／標誌占用相同的空間）
- 分隔（標牌／標誌與標牌／標誌之間有分隔／空間距離）
- 合韻（標牌／標誌雖然被分隔，但彼此具有共同的品質，例如顏色或形式）
- 對比（標牌／標誌在品質方面有所不同，比如顏色、形式特徵等）
- 重疊（標牌／標誌可能會相互滲透）
- 隔離（標誌占據完全不同的領域，表明它們應被視為屬於不同的層次）

（二）方法

1. 資料收集

研究的資料收集涉及當代首爾市中廣泛的自上而下（top-down）和自下而上的公共標誌，包括韓語、英語、其他語言的標誌（文本），以及一些符號標誌（非文本）。資料包括店面標牌、街道名稱、地鐵站、旅遊資訊、打字／手寫通知、標語、官方公告、廣告、塗鴉、雕像、旗幟、建築物等。所有資料以照片拍攝的方式取得。在拍攝照片之前，我對所有選定的區域進行了多次訪問和觀察，開始拍攝時考慮到「定量」的大樣本需求，以更好地理解並建立整體語言符號景觀的視角；拍攝的第二階段則將採樣範圍縮小至特定的目標（Ding et al., 2020），以便對整體景觀有更深入的了解（Moser and Korstjens, 2018; Patton, 2002）。

2. 資料分析

語言符號景觀分析的第一步是將攝影數據分類為文本和非文本標牌／標誌。此外，根據 Scollon 及 Scollon（2003）的理論，對這些數據進行了分組：即監管、指示、商業和違規。一旦編碼過程完成，再據此分類，試圖揭示其超出文本之外的目的，比如標誌的意涵、對象，是否具有其他更深遠的含義、象徵或思想意義。通過考慮上述所有觀點（文本或非文本、自上而下或自下而上、類型、目的和內涵），接下來即可通過框架分析來具體討論語言符號景觀理論的實踐可能。

此外，另一個在數據分析過程中值得注意的是立場問題。正如許多學者所指出的那樣，有理由期望研究人員的信念、政治立場和文化背景等皆是可能影響研究過程的重要變數（Bourke, 2014; Chereni, 2014）。一些學者認為，位置性是「由一個人相對於『另一個人』的立場決定的」（Merriam et al., 2001: 411），而其他學者則提出了內部／局外人（emic/etic perspectives）的概念

（Morris et al., 1999; Pike, 1967）。

根據所收集的數據，還有諸多韓國以及非韓國學者撰寫的參考資料，我試圖從「內部」的觀點和角度來了解韓國曾經歷的霸權和動蕩歷史，從而更好地理解那些為身分認同而鬥爭的韓國人，並由此建立共識。然而，我同時也傾向於從「外部」／局外人的視角考慮美國／西方，中國和日本對韓國的影響。一方面，emic 或內部視角使研究者能夠從當地人的角度生成值得信賴的數據（Malinowski, 1922）；另一方面，外部視角將文化習俗與外部先行因素聯繫起來（Morris et al., 1999），例如地緣政治和經濟影響。如此兩相結合，希望可以為研究提供一個相對平衡的觀點。

三、語言符號景觀理論的實地研究：以韓國首爾為例

基於 Scheff（2005）的觀點，即主觀語境通常涉及框架的集合，同時參考了 van Leeuwen（2005）的理論，我由此因應實地研究的特殊情況，開發了不同的框架。為了討論的方便，本文將之整理成主要的四個主要框架，即地緣政治框架、地緣經濟學框架、調和、衝突與隔離框架，以及身分認同框架（Ding et al., 2020; Ding, 2021）。通過第一個框架，論文揭示了如何通過自上而下的標牌，特別是 Scollon 及 Scollon（2003）所提出的監管和指示標牌，來展示過去的歷史文化和當代社會政治對現代韓國的強大影響。第二個框架，即地緣經濟學框架，主要與國際經濟和商業影響有關，因此自下而上的商業話語在討論中占主導地位。第三個框架從社會階層的角度，探討首爾地區的貧富和族群融合／衝突／隔離的課題。第四個框架主要由自上而下的標誌組成，揭示了韓國語在地緣政治和地緣經濟的強大影響下爭取自主語言身分認同的努力與某種程度上的掙扎。

（一） 地緣政治框架

以 Scollon 及 Scollon（2003）「場所中的話語」理論裡邊的「監管」為例，同樣是有法律依據，可以依法執行監管的標誌「不可進入」，首爾美國駐韓軍營外的語言標誌（圖 1），與同一軍營外不同地點的符號標誌（圖 2），所彰顯的其實皆是類似的地緣政治對韓國的影響。韓國作為中日之間的一個小國，面對國家面積和人口更龐大，經濟和軍事實力也更強大的鄰國，朝鮮／韓國歷來是爭論與衝突的中心點（Bluth and Dent, 2008）。第二次世界大戰後，韓國不僅經歷了巨大的苦難，而且在冷戰期間還遭到了似乎無可避免的南韓北朝的分裂（Cuming, 1997）。從歷史中吸取了慘痛的教訓，當代韓國似乎正在與美國和中國採取一種微妙的中庸關係，即為了維持地區穩定和經濟繁榮而實施的戰略和政策（Han, 2008; Hilpert and Wacker, 2015）。反映在語言符號景觀上，所展示的就是一種 van Leeuwen（2005）所提出的「隔離」般的差距，為研究者提供了一個進一步追蹤地緣政治與語言符號標誌之間關係的機會。

圖 1

圖 2

（二） 地緣經濟學框架

根據 Scollon 及 Scollon（2003）「商業」話語中的語言符號景觀而言，一般是由下而上的私人商號標牌。圖 3 展示的標誌顯示：不管是 American Style 還是 American Breakfast，所強調的是韓國人深受美國語言文化影響的一面。

圖 3

圖 4 的商業廣告比較特殊。與一般英文標牌通常為了面向講英語的顧客有所不同，使用簡體中文標牌明顯是為了招徠來自中國的遊客／消費者（Ding et al., 2020）。這與當時的政治經濟情勢有很大的關係。由於韓國安裝美國支援的 THHAD 反導防禦系統，導致中國和韓國的緊張局勢，北京因此展開大規模的非正式旅遊抵制。在 2018 年，中國遊客人數雖然仍舊達到 4,789,512 人，占訪問韓國的所有遊客中的 31.2%，但值得注意的是，遊客人數已經遠低於 2016 年記錄的 8,067,722 人（46.8%）（Moodie, 2019，數據原見於 Korea Tourism Organization, 2019）。中國市場對韓國旅遊業和經濟的重要性可見一斑。

圖 4

（三） 和諧與衝突框架

韓國首爾的語言景觀大體而言展現了一種「和諧」。這種「合韻」（van Leeuwen, 2005）框架反映在基礎設施話語中，例如路標和旅遊資訊，出於市場導向的原因，這些話語通常是雙語和多語言的。官方如此，民間對多元語言文化主義的強調也通過豐富的符號學標誌得到了正確的描繪，例如一所國際教會中不同國家的國旗在教堂內展示（圖 5）。

圖 5

但起因於收入不平等和社會分層不均的「衝突」（van Leeuwen, 2005）並非不存在。商業和違規標誌尤其為城市發展中不平衡的問題提供有意義的宏觀視角。以首爾梨泰院地區為例，雖然有高檔餐廳和舒適的咖啡館，但在步行距離之內，人們還可以找到低端商店、便宜的愛情汽車旅館以及劣質酒吧。基於Bourdieu（1984: 23）的「必需品品味」和「奢侈品品味」分類，梨泰院的商店可以分為必需品商店和奢侈品商店。奢侈品商店主要以商業為導向，有英語／外語標牌。而必需品商店出現在經濟等級的較低層次，並傾向於提供日常必需商品和服務，韓語通常是唯一的語言或主要語言（採用一兩個英語單詞）（見圖 6 與 7）。

圖 6

圖 7

（四） 語言身分認同框架

根據研究結果顯示，韓國的身分認同概念明顯與其古代到當代的地緣政治和地緣經濟發展密切相關，並因此受到很大影響。值得注意的是，無論地緣政治和地緣經濟對韓國社會的影響有多大，「表達其身分」的努力（Ben-Rafael et al., 2006: 7）仍然活躍而強烈。在首爾，這種立場在語言景觀的語言選擇中得到了很好的體現。圖 8 顯示了朝鮮語學會在首爾北村地區的原址，該學會由一群朝鮮語學者於 1921 年創立。這個學術團體通過提高公眾對韓語的認識並標準化的努力來引領全國的韓語運動（Song, 2012）。二戰後，朝鮮語學會及其支持者開始積極推行韓字（Hangul）的專用政策，似乎想通過這樣的政策來表達與慶祝國家的獨立——因為他們開始意識到，獨立不只是意味著政治上的掌控，更包括了語言文化意義上的自主。鑑於漢字（Hanja）在過去兩千年中對韓國社會語言文化的滲透與深刻影響，只有擺脫漢字，專門使用韓字，或許才能真正提高韓字的地位，進而提高韓語的地位，增強韓國的文化獨立性，並使韓國人獲得文化自尊（Song, 2012: 45）。

圖 8

這種強烈的語言文化和身分認同，展現在語言景觀上，就形成一種自上而下的商店招牌政策。比如在仁寺洞這樣的著名韓國歷史文化區域，就強制要求所有國際零售連鎖店（比如星巴克和 Baskin Robbins 等）都必須以韓語標牌翻寫英文／其他語言品牌而聞名，法國專賣店 Lina's（圖 9）的招牌正是此政策下一個很好的例子。

圖 9

四、結論

許多學者以處於「鯨魚群中的蝦隻」來形容韓國在地緣政治／地緣經濟壓力與維護國家身分自主權之間的艱難和掙扎處境（例如 Bluth and Dent, 2008; Shim, 2009）。而從語言符號景觀的角度審視，韓國人試圖在全球競爭的背景下保持其語言、文化和身分的獨立，其實是一種困難的堅持。

那麼，這些語言符號景觀的理論框架是否可以應用於東南亞或臺灣族群和社區的研究呢？語言符號景觀研究是否可以為東南亞／臺灣族群／客家研究提供不同的理論、方法和視角呢？我個人是持樂觀態度的。

參考文獻

Ben-Rafael, Eliezer, Elana Shohamy, Muhammad H. Amara, and Trumpet-Hecht, Nira, 2006, "Linguistic Landscape as Symbolic Construction of the Public Space: The Case of Israel." *International Journal of Multilingualism* 3(1): 7-30.

Bluth, C., and Dent, C.M., 2008, "A Shrimp among the Whales? Korea in the Northeast and East Asia Regional System." Pp. 247-71 in *China, Japan and Regional Leadership in East Asia*, edited by Christopher M. Dent. Cheltenham: Edward Elgar.

Bourdieu, Pierre, 1984, *Distinction: A Social Critique of the Judgement of Taste*. Cambridge, MA: Harvard University Press.

Bourke, Brian, 2014, "Positionality: Reflecting on the Research Process." *The Qualitative Report* 19(33): 1-9.

Chereni, Admire, 2014, "Positionality and Collaboration during Fieldwork: Insights from Research with Co-Nationals Living Abroad." *Forum: Qualitative Social Research* 15(3), Art. 11. DOI: https://doi.org/10.17169/fqs-15.3.2058

Coupland, Nikolas, 2012, "Bilingualism on Display: The Framing of Welsh and English in Welsh Public Spaces." *Language in Society* 41(1): 1-27.

Cuming, Bruce, 1997, *Korea's Place in the Sun, A Modern History*. New York: W.W. Norton.

Ding, Seong Lin, 2023, "Social Class and Ethnic Disparities in the Semiotic Landscape of An American 'Camp Town'." *Social Semiotics* 33(3): 539-559.

Ding, Seong Lin, Hyun-cheol Kim, and Yong-joong Kang, 2020, "Imagined Homogeneity: Identity and Geopolitical and Geoeconomic Influences in the Linguistic Landscape of Seoul." *Lingua* 244(1): 102851.

Goffman, Erving, 1974, *Frame Analysis: An Essay on the Organization of Experience*. Cambridge, MA: Harvard University Press.

Han, Sukhee, 2008, "From Engagement to Hedging: South Korea's New China Policy." *Korean Journal of Defense Analysis* 20(4): 335-351.

Hilpert, Hanns G., and Gudrun Wacker, 2015, "Geoeconomics Meets Geopolitics: China's New Economic and Foreign Policy Initiatives." *SWP (Stiftung Wissenschaft und Politik) Comments* 33. https://www.swp-berlin.org/fileadmin/contents/products/comments/2015C33_hlp_wkr.pdf (Date visited: April 21, 2023).

Hodge, Robert, and Gunther Kress, 1988, *Social Semiotics*. Cambridge: Polity.

Kallen, Jeffery L., 2010, "Changing Landscapes: Language, Space and Policy in the Dublin Linguistic Landscape." Pp. 41-58 in *Semiotic Landscapes: Language, Image, Space*, edited by Adam Jaworski and Crispin Thurlow. London: Continuum.

Kim, Key-Hiuk, 1980, *The Last Phase of the East Asian World Order: Korea, Japan, and the Chinese Empire, 1860-1882*. Berkeley: University of California Press.

Kim, Seung-Young, 2009, *American Diplomacy and Strategy Toward Korea and Northeast Asia, 1882-1950 and After: Perception of Polarity and US Commitment to a Periphery*. New York: Palgrave Macmillan.

Kress, Gunther R., 2010, *Multimodality: A Social Semiotic Approach to Contemporary Communication*. London: Routledge.

Kress, Gunther, and van Leeuwen, Theo, 2006, *Reading Images: The Grammar of Visual Design*. London: Routledge.

Landry, Rodrigue, and Bourhis Richard Y., 1997, "Linguistic Landscape and Ethnolinguistic Vitality: An Empirical Study." *Journal of Language and Social Psychology* 16(1): 23-49.

Leeman, Jennifer, and Gabriella Modan, 2009, "Commodified Language in Chinatown: A Contextualized Approach to Linguistic Landscape." *Journal of Sociolinguistics* 13(3): 332-362.

Lewis, James B., 2017, *The East Asian War, 1592-1598: International Relations, Violence and Memory*. London: Routledge.

Malinowski, Bronisław, 1922, *Argonauts of the Western Pacific*. London: Routledge. https://wolnelektury.pl/media/book/pdf/argonauts-of-the-western-pacific.pdf

Merriam, Sharan B., Johnson-Bailey, Juanita, Lee, Ming-Yeh, Lee, Youngwha, Ntseane, Gabo, and Muhamed, Mazanah, 2001, "Power and Positionality: Negotiating Insider/Outsider Status Within and Across Cultures." *International Journal of Lifelong Education* 20(5): 405-416.

Moodie, Martin, 2019, "Chinese tourism to Korea closes 2018 strongly; Japanese traffic on the rise." In *The Moodie Davitt Report*, 28 January. https://www.moodiedavittreport.com/chinese-tourism-to-korea-closes-2018-strongly-japanese-traffic-on-the-rise/#:~:text=Chinese%20visitor%20arrivals%20in%20South,new%20Korea%20Tourism%20Organization%20figures (Date visited: April 21, 2023). 所有數據原見：Korea Tourism Organization, 2019, "Statistics of arrivals and departures by item." In *Korea Tourism Organization*. https://kto.visitkorea.or.kr/eng/tourismStatics/keyFacts/KoreaMonthlyStatistics/eng/inout/inout.kto (Date visited: September 28, 2019).

Morris, Michael W., Leung, Kwok, Ames, Daniel, and Lickel, Brian, 1999, "Views from Inside and Outside: Integrating Emic and Etic Insights About Culture and Justice Judgment." *Academy of Management Review* 24(4): 781-796.

Moser, Albine, and Irene Korstjens, 2018, "Practical Guidance to Qualitative Research. Part 3: Sampling, Data Collection and Analysis." *European Journal of General Practice* 24(1): 9-18.

Papen, Uta, 2012, "Commercial Discourses, Gentrification and Citizen's Protests: The Linguistic Landscape of Prenzlauer Berg, Berlin." *Journal of Sociolinguistics* 16(1): 56-80.

Park, Seo-Hyun, 2013, "Changing Definitions of Sovereignty in Nineteenth-century East Asia: Japan and Korea between China and the West." *Journal of East Asian Studies* 13(2): 281-307.

Patton, Michael Q., 2002, *Qualitative Research and Evaluation Methods*. Thousand Oaks, California: Sage.

Pike, Kenneth L., 1967, *Language in Relation to A Unified Theory of The Structure of Human Behavior*. The Hague: Mouton.

Rhee, Young Hoon, 2014, "Economic Stagnation and Crisis in Korea during the Eighteenth and Nineteenth Centuries." *Australian Economic History Review* 54(1): 1-13.

Scheff, Thomas J., 2005, "The Structure of Context: Deciphering Frame Analysis." *Sociological Theory* 23 (4): 368-385.

Scollon, Ron, and Suzie W. Scollon, 2003, *Discourses in Place: Language in the Material World*. London: Routledge.

Shim, David, 2009, "A Shrimp Amongst Whales? Assessing South Korea's Regional-Power Status." *German Institute of Global and Area Studies working papers* No.107. https://www.giga-hamburg.de/en/publications/giga-working-papers/a-shrimp-amongst-whales-assessing-south-korea-s-regional-power-status (Date visited: April 21, 2023)

Shohamy, Elana, and Shoshi Waksman, 2009, "Linguistic Landscape as an Ecological Arena: Modalities, Meanings, Negotiations, Education." Pp. 313-31 in *Linguistic Landscape: Expanding the Scenery*, edited by Elana Shohamy, and Durk Gorter. New York: Routledge.

Shohamy, Elana, Eliezer Ben-Rafael, and Monica Barni, eds., 2010, *Linguistic Landscape in the City*. Bristol: Multilingual Matters.

Song, Jae Jung, 2012, "South Korea: Language Policy and Planning In The Making." *Current Issues in Language Planning* 13(1): 1-68.

Spolsky, Bernard, and Robert L. Cooper, 1991, *The Languages of Jerusalem*. Oxford: Clarendon Press.

Trinch, Shonna, and Edward Snajdr, 2017, "What the Signs Say: Gentrification and the Disappearance of Capitalism Without Distinction in Brooklyn." *Journal of Sociolinguistics* 21(1): 64-89.

van Leeuwen, Theo, 2005, *Introducing Social Semiotics*. London: Routledge.

後記

河合洋尚 *

在論文集最後寫「後記」或許是日本的習慣，但請容我在此簡單概括本書的意義。

19 世紀以來，歐美的傳教士和中國的文人開始著手進行「客家研究」。時至 20 世紀前半，在客家精英之間也掀起了客家研究熱，許多人開始理論化客家人的起源和其民族性質。尤其是 1933 年羅香林出版《客家研究導論》之後，客家學界開始將中原起源說和民系論視為客家理論的基礎。然而，20 世紀 80 年代後，學者們逐漸批判民系論及其本身帶有的本質主義傾向，並採用具有建構主義色彩的族群論取而代之。時至今日，關於客家族群的理論研究已經有相當多樣且豐碩的成果。

從上述研究動向出發，本論文集收錄的各篇論文，嘗試從各自的觀點深化客家理論研究。客家理論研究至少可分為三個階段。第一階段，生活在當地的客家人自身，觀察自己與其他族群的差異，從而主張自己的族群特色。這一過程可稱為客家民間社會中「內發性的理論化」過程（民間的自我表徵）。在第二階段，學者、記者等以當地客家人的生活資料和自我表徵為素材，用人文社

* 河合洋尚（kawaih@tmu.ac.jp），日本東京都立大學社會人類學系副教授、廣東嘉應學院客家研究院客座副教授。

會科學的知識來描繪客家及其社會文化（學術的表徵）。在有些時候，第一階段和第二階段不能明確地區分開，特別是用學術語言描繪客家社會文化的學者本人，正是當地出身的客家人之時。第三階段則是學者對第二階段的學術表徵進行反思的階段。具體來說，第三階段學者們檢討自身的學術工作，進一步分析學者們如何發明「客家族群」、「客家文化」等概念，對複雜的現實進行分類，並創造新的社會現實。

我認為，目前第一階段和第二階段的客家研究碩果頗豐，但第三階段的客家研究理論仍然處於萌芽階段。本論文集中的不少論文關注第三階段的客家理論研究，從不同的理論角度展開分析，如：藉助 Luhmann 的「二階觀察」對客家族群進行分析、客家研究的知識社會學分析，關注客家研究的空間論轉換、對客家學發展所依附的社會背景進行理論分析等。這可謂是本論文集對客家理論研究作出的貢獻之一。此外，這本書還系統整理、討論了日本及東南亞客家研究的視點和理論方向。這樣的跨國際性質也是本書的特點之一。

另一方面，目前客家理論研究較偏向歷史學、社會學、民族學、人類學及語言學。本論文集的大部分作者以及各自論文中方法論也都脫不開上述學科。但是我認為，客家理論研究的未來需要更多學科及研究視角的參與，特別是需要關注自然科學視野下的客家理論研究、發展人文社會學科和自然學科交叉的理論和方法等。本書雖然未能與自然科學進行對話，但也試圖開拓語言景觀等新的研究方法，以期擴張客家研究的範圍。總之，我參與編輯本論文集之後，深刻地感覺到我們還有很多需要著手進行的工作。除了深化在本論文集提及的理論視角，還需要開拓新的理論方向。我希望本論文集能成為推進客家理論研究的動力之一。

為了編輯這本書，2021 年 10 月 17 日、23 日、30 日、31 日，在張維安教授的主持下，舉辦了「族群與客家研究理論工作坊」。由於時值疫情期間，包括我在內的幾位作者都是透過線上會議的方式，來進行國際性的學術對話。除了本書收錄的論文之外，不少資深學者作為報告人、與談人或主持人參與工作坊，並提出了寶貴意見。他們包括徐雨村、張陳基、張光宇、張孟珠、曾純純、張翰璧、蔡芬芳、羅烈師、黃玉晴、飯島典子、賴守誠、何純惠、曾建元、劉瑞超、簡美玲、廖建翔、陳秀琪、魯貴顯、黃衍明、許維德、柯朝欽、彭瑞金（按照發言順序）等各位教授。另外，本書得以出版，還要感謝國立陽明交通大學周倩副校長的支持與協助，在編輯過程中，我們還得到助理詹韻蓉小姐，以及人文與社會科學研究中心成員高君琳、邱嘉鈴的大力協助。陽明交大出版社的執行主編程惠芳、編輯陳建安的幫忙更是不在話下，在此，我向參與本書的各位表示衷心的感謝！

國家圖書館出版品預行編目 (CIP) 資料

族群與客家研究理論 = Theories of ethnicity and Hakka studies/ 王保鍵 , 邢光大 , 河合洋尚 , 俞龍通 , 胡正光 , 張維安 , 陳湘琳 , 黃子堅 , 黃信洋 , 楊國鑫 , 劉堉珊作 ; 張維安 , 河合洋尚主編 .
-- 新竹市 : 國立陽明交通大學出版社 , 2023.09

面 ; 公分 . -- (族群與客家系列)

ISBN 978-986-5470-72-2(平裝)

1.CST: 客家 2.CST: 族群 3.CST: 民族學 4.CST: 文集

536.21107 112013864

族群與客家系列

族群與客家研究理論

主　　編：張維安、河合洋尚
作　　者：王保鍵、邢光大、河合洋尚、俞龍通、胡正光、張維安、陳湘琳、黃子堅、黃信洋、楊國鑫、劉堉珊
編 輯 助 理：詹韻蓉
封 面 設 計：萬亞雰
美 術 編 輯：黃春香
執 行 編 輯：陳建安

出 版 者：國立陽明交通大學出版社
發 行 人：林奇宏
社　　長：黃明居
執行主編：程惠芳
地　　址：新竹市大學路 1001 號
讀者服務：03-5736308、03-5131542 （週一至週五上午 8:30 至下午 5:00）
傳　　真：03-5731764
網　　址：https://press.nycu.edu.tw
e-mail：press@nycu.edu.tw
製版印刷：華剛數位印刷有限公司
初版日期：2023 年 9 月
定　　價：420 元
ISBN：9789865470722
GPN：1011201088

展售門市查詢：
國立陽明交通大學出版社 https://press.nycu.edu.tw
三民書局（臺北市重慶南路一段 61 號）
網址：http://www.sanmin.com.tw　電話：02-23617511
或洽政府出版品集中展售門市：
國家書店（臺北市松江路 209 號 1 樓）
網址：http://www.govbooks.com.tw　電話：02-25180207
五南文化廣場臺中總店（臺中市臺灣大道二段 85 號）
網址：http://www.wunanbooks.com.tw　電話：04-22260330